당신의 조직을 가장 강하게 조련시킬 수 있는 이는
오직 당신뿐입니다.
냉정과 온정의 양 날개로 나는
당신의 강한 리더십을 응원합니다.

_______________ 님께

_______________ 드림

강한 리더

2012년 4월 20일 초판 1쇄 | 2019년 5월 2일 9쇄 발행
지은이 · 김성회

펴낸이 · 김상현, 최세현
마케팅 · 김명래, 권금숙, 양봉호, 임지윤, 최의범, 조히라, 유미정
경영지원 · 김현우, 강신우 | 해외기획 · 우정민
펴낸곳 · (주)쌤앤파커스 | 출판신고 · 2006년 9월 25일 제406-2006-000210호
주소 · 경기도 파주시 회동길 174 파주출판도시
전화 · 031-960-4800 | 팩스 · 031-960-4806 | 이메일 · info@smpk.kr

ISBN 978-89-6570-070-8(03320)

• 이 책의 국립중앙도서관 출판시도서목록은 서지정보유통지원시스템 홈페이지(http://seoji.nl.go.kr)와 국가자료공동목록시스템(http://www.nl.go.kr/kolisnet)에서 이용하실 수 있습니다.
(CIP제어번호 : CIP2014002297)

• 잘못된 책은 구입하신 서점에서 바꿔드립니다. • 책값은 뒤표지에 있습니다.

강한 리더

| 김성회 지음 |

프롤로그

이기는 게임을 하는 강한 리더가 되어라

말을 물가까지 데려갈 수는 있지만 물을 먹일 수는 없다. 많은 리더들이 고민하는 문제다. 심지어 물가까지 데려가는 것조차 힘들어하는 리더들도 있다. 이 문제를 타개하기 위한 이론도, 책도 난무한다. 여기저기서 마르고 닳게 인용되니 좌판에 벌여놓은 보따리장수의 가짜 약처럼 보이기도 한다. 이래도 리더십이 원인이요, 저래도 리더십이 특효약이다.

그렇다면 진정 리더십은 만병통치약인가? 카리스마, 서번트, 나침반, 360도, 팀장 리더십 등 각종 리더십 이론과 종류는 많은데, 정작 리더십이 부재라고들 한다. 그렇다면 과연 효과적인 리더십이란 무엇인가?

이 책은 리더십에 대한 각종 교육과 이론서와 자기계발서적 등 여기저기서 들은 야담과 진실 사이에서 고민하는 당신을 위해 씌어졌다. 리더십을 발휘하겠다는 열정에 불타지만 막상 적용하면 책에서 언급되지 않은 장애물, 즉 리더인 나의 자질, 부하의 특성, 조직의 상황 때문에 좌절한 적은 없었는가.

많은 리더십 관련 서적에는 '상황'이란 괄호가 숨겨져 있다. 대다수의 시중 리더십 서적에서는 고래도 춤추게 하는 소프트 리더십을 강조한다. 때론 카리스마적 리더십의 번쩍번쩍한 영향력이 중시되기도 한다. 하지만 현실에서는 쉽사리 먹히지 않는 경우가 많다. 리더십 효과의 전제가 괄호 안에 가려져 있어서다. 마치 물 아래에서 바쁘게 발을 움직이는 오리를 물 위에서 관찰한 것처럼, 이론 뒤에 정작 치열한 현장에서의 프로세스가 드러나 있지 않은 경우가 많다.

호랑이는 배가 부르도록 고기를 먹어야 한다. 만약 굶주리게 되면 사람도 잡아먹는다. 매는 배를 곯려야 길들일 수 있다. 만약 배가 부르면 멀리 날아가버린다. 이처럼 리더십도 조직이나 구성원의 사정과 속성에 따라 달리 적용해야 한다. 그렇지 않고 천편일률적으로 남 따라 했다가는 낭패 보기 십상이다.

CEO 인터뷰 전문기자로서, 또 CEO 과정 주임교수로서 나는 그동안 수백 명의 CEO를 만나고 상담해왔다. 그러면서 이들이 교과서 속의 리더십을 실천하려다, '맞지 않는 옷'에 억지로 몸을 꿰어맞추려다 오히려 얼치기가 되어 실패했다는 고백을 많이 들었다.

상황을 전제하지 않은 단면적인 '리더십 만병통치' 환상에서 이제는 벗어나자. 리더의 영향력은 명령만으로도, 애걸과 영합만으로도 얻어지지 않는다. 비타민은 중요한 영양소이지만 비타민만 먹어서는 건강이 유지되지 않는 것과 같은 이치다. 권력, 신뢰, 소통력이 버무려져야 리더와 구성원이 하나가 되어 목표를 향해 질주하고, 기대 이상의 성과를 이룰 수 있다.

조직의 성과향상을 위해 리더인 당신은 영향력을 행사하고, 신뢰를 확보하며, 팔로워들을 유혹하고 조종할 수 있는가? 구성원들을 물가에 데려가 어떻게 자발적으로 물을 먹도록 할 것인가? 이 책은 그 같은 질문에 답하고자 씌어졌다.

이 책의 초점은 분명하다. 나를 알고, 부하를 파악하고, 상황에 맞춰 성과를 내는 리더십. 앞으로 이어질 글에서 때로는 터져나오는 화산처럼 뜨겁게 조직을 몰아치고, 때로는 엄동설한처럼 차갑게 원칙을 세우는 양수겸장의 방법을 얻을 수 있다.

독자들은 이 책을 읽으며 간혹 모순되는 메시지에 고개를 갸우뚱할지도 모르겠다. 때론 갈등을 불사하라고 말하고, 때론 합종연횡의 조화를 강조하기도 한다. 때론 저돌적 추진력이, 때론 유연한 포용력이 중시된다. 왜 그럴까?

That's a leadership! 실제로 리더십이 그렇기 때문이다. 상황적합성이 작용해야 진짜 리더십이 완성된다. 강함은 경직성만으로도, 유연성만으로도 획득될 수 없다. 서로 모순되는 '이면서 아니다'가 조화를 이룰 때 힘과 감동이 발생한다. 리더십은 그림 속 '정물'이 아니라 상황에 맞춰 움직이는 '동물'이다. 50대 50으로 평균을 정량적으로 맞추는 것이 아니라, 파도타기를 하듯 상황에 따라 평형을 맞출 때 비로소 힘이 발생한다. 이 책을 통해 상황에 맞춘 리더십의 파도타기법을 익힐 수 있을 것이다.

이 책의 구성은 다음과 같다. 1장은 온정이 넘치지만 소위 '말발'이 부하에게 먹히지 않는 상사들에게 현실적 영향력을 강화하는 방법을 알려준다. 이 장에서 상사로서 권력과 영향력을 확장하는 실전전략을 익힐 수 있을 것이다. 2장은 상사가 실행해야 하는 기본 행동강령으로, 이 항목들만 지켜도 신뢰받는 상사에 성큼 다가갈 수 있을 것이다. 3장은 엄정하지만 온정이 부족한 리더를 위해 감정을 조절해 직원들과 효율적으로 소통하는 전략을 다뤘다. 이를 통해 업무력뿐 아니라 매력까지 갖춘 리더가 되는 방법을 전하고자 했다.

우리 주위에서 지금도 벌어지고 있는 현장사례, 중국 고사, 그리고 리더십에 관련된 경영학 이론을 통해 강한 리더십의 패牌를 드릴 것이다. 이를 가지고 이기는 게임을 하기 바란다. 이기는 게임이란 팔로워의 마음을 사로잡고 조직에서 고성과를 내는 것을 뜻한다.

현재 크든 작든 조직을 이끌고 있고 고성과를 올리고 싶은 분, 나아가 이상적인 리더의 본보기가 되기를 꿈꾸는 분들에게 이 책의 패가 도움이 되기를 바란다.

김성회

contents

PART 2

친근한 리더보다 엄정한 리더가 돼라

PART 3

솔직한 리더보다 사려 깊은 리더가 돼라

PART 1

착한 리더보다 강한 리더가 돼라

'그런데' 상사보다 '그래도' 상사가 돼라

독한 상사, 착한 상사, 강한 상사. 나는 상사의 유형을 크게 3그룹으로 구분한다. 내가 정의하는 독한 상사는 독단적 성향으로 부하의 미움을 받는 '전제군주형' 상사다. 착한 상사는 인정에 쏠려 부하의 호감만 얻고자 하는 '순둥이' 상사다. 그렇다면 강한 상사는? 부하를 성장시키고 조직의 성과를 내기 위해 상황에 맞춰 독한 상사와 착한 상사사이를 균형 있게 오가는 상사다.

강한 상사 밑에서 일하는 부하들과, 싫은 소리 한번 할 줄 모르는 착한 상사의 부하들 사이에서 드러나는 언어습관의 가장 큰 차이가 뭔지 아는가? '그래도'와 '그런데'다. 강한 상사 밑의 부하들은 "우리 부장님 정말 독해. 지난번 프로젝트 말이야, 밤새며 해야 했다니까. 정말 힘들어 죽겠어" 하다가도, 잠시 생각하고는 "그래도 이번 일을 통해 회계 처리하는 법은 확실히 배웠어. 어디를 가도 이제는 겁나지 않을 것 같아" 하며 "다른 건 몰라도 일에서만큼은 배울 만하다니까"라고 마무리한다. 상사가 숨 쉴 틈 없이 몰아붙여 죽기 직전이라고 들숨 날숨을 내쉬면서도, '그래도'의 전환 접속사를 쓰며 상사살이, 직장살이를 견뎌낸다.

반면 착한 상사 밑의 부하는 "대강 해서 보고서 올렸는데 별말 없더라고. 한소리 들을 줄 알았는데 십년감수했다니깐. 정말 우리 부장님 사람 하나는 좋아"라며 칭찬을 하다가도, "그런데…" 하며 말꼬리를 흐린다. 얼마 후 만나보면 회사를 옮기거나 조직 내 고충처리를 요구해 팀을 바꿨다고 말한다.

왜? 한마디로 '배울 것'이 없기 때문이다. 반대로 배울 것이 있다고 생각하면 고추 당초보다 매운 상사살이에도 인내력을 발휘하게 돼 있다. 젊은 그들이 좀 약은가. 당장 힘들어도 자신에게 이득이 된다고 판단하면 야근도, 주말 근무도 기꺼이 버텨낸다.

부하직원에게 상사란 성장력 자원이다. 즉 배울 게 있을 때 의미가 있다. 그런 면에서 배울 게 없는 무골호인 착한 상사의 폐해는 '사이코패스' 악질 상사 못지않게 크다. 다만 사람이 좋으니 겉으로 뭐라고 말은 못하고 조용히 살 길 찾아 떠날 뿐이다. 제 앞가림 할 줄 아는 전도양양한 직원이라면 만만한 '친구형' 리더와 어깨동무하기보다, '형님형' 강한 리더에게 시달리고 단련받고 싶어 한다.

강한 리더는 성과에 초점을 맞추고, 그것을 창출하는 방법을 안다. 적극적으로 기회를 추구하는 용맹함과 주어진 상황에서 한 단계씩 발전시켜 해결점에 도달하는 성실함을 갖추고 있다. 정기적으로 부하의 성과, 목표에 대한 기대를 체크하고 피드백을 해준다. 기존 업무방식을 바꾸거나 새로운 방법을 시도해 효과를 확인하는 일도 게을리하지 않는다. 비전과 미션을 명확하게 천명하고 규율을 엄격히 시행해 상과 벌을 분명히 한다.

물론 응원과 격려가 전혀 필요 없다는 말은 아니다. 하지만 업무능력이 탁월하지 못한 상사의 응원은 공갈빵이요, 별무신기다. 상사가 아무리 '위하여'를 연창해도 소용이 없다. 조직에 '하면 된다'의 열기를 불어넣으려면 상사에게 이를 리드할 능력이 있음을 직원들이 충분히 납득할 수 있어야 한다. 당면 문제의 해결방법과 목적지를 안내할 방법을 제대로 아는 리더라고 인정받을 때 부하들은 비로소 따를 마음을 품는다.

실제로 직원들은 어떤 상사와 함께 일하고 싶어 할까? 최근 조사에 의하면 전문성이 뛰어난 상사(46.9%)가 1위로 뽑혔고, 부하직원의 의견을 경청해 적극 수용하고 이해시키는 상사(46.2%)가 2위, 업무에 실제 도움을 받을 수 있는 전문가나 지인 등 인맥이 풍부한 상사(44.1%)가 3위에 올랐으며, 4위는 업무성과에 대해 공정한 평가를 내리는 상사(41.7%)가 뽑혔다. 하나같이 '업무력'이 뛰어난 상사들이다.

혹시 리더십 상향 평가 점수에서 낮은 점수가 나와 배신감을 느낀 적은 없는가? 술 한잔의 소통이 부족한 게 원인이라며 다시 한 번 점수를 만회해보겠다고 헛된 판단을 내린 적은 없는가? 그 이유는 술 한 잔 덜 기울여서가 아니라, 업무력이 관계력을 따라가지 못해서다. 아무리 가까운 척해도 상사는 가까이 하기엔 기본적으로 '거리가 있는 당신'일 수밖에 없다. 같이 한잔 하며 허물없이 이야기할 친구는 밖에도 많다. 하지만 업무에 대해 매섭게 틀어쥐고 한 수 가르쳐줄 상사는 직장에서 구할 수밖에 없다.

리더는 업무력과 관계력을 같이 가질 때 비로소 강한 힘을 발휘한다. 요즘 유행하는 리더십은 대개 관계력에 무게중심이 쏠려 있다. 특히 각광받는 착한 상사의 신화는 크게 서번트servant 리더십, 펀fun 리더십 그리고 피그말리온 효과Pygmalion effect 3가지로 요약된다. 이들의 효과는 크다. 하지만 그것이 실현되기 위해 미리 놓여야 할 징검다리를 무시한다면 목적지에 도착하기도 전에 시냇물에 휩쓸려가기 십상이다. 리더의 힘은 호감이 아니라 신뢰에서 나온다. "우리가 남이가", "하면 된다!"고 백번 목 놓아 외쳐본들 절대 부하들은 움직이지 않는다.

서번트 리더십, 물론 좋다. 하지만 '서번트' 뒤에 '리더십'이란 말이 함께 있음을 주목하라. 리더가 서번트가 돼야지, 서번트가 서번트가 되는 것은 전혀 이야깃거리가 아니다. 이와 관련하여 《로마인 이야기》의 저자 시오노 나나미가 인터뷰에서 한 이야기는 귀담아 들을 만하다. "로마인은 수많은 전쟁에서 이겼다. 그러나 이기고 난 뒤에는 양보했다. 중요한 것은 이기지 않고 양보하면 질서가 생기지 않는다는 점이다."

상사와 부하의 관계에서도 마찬가지다. 능력과 권력을 갖춘 상사가 양보하고 배려하는 것은 시너지를 낸다. 하지만 역량이 없으면서 배려의 제스처를 한다면? 굴종으로 받아들여져 계속 밀리기만 하고 약점만 잡힐 뿐이다. 그러다가 부하가 상사의 머리 꼭대기에 올라가는 법이다.

K대표는 임원들에게 늘 이런 이야기를 한다. "겸손은 강한 자의 전리품이다. 겸손도 성과를 낸 강한 상사가 되어야 취할 수 있다. 올림픽에서 메달을 따지 못한 감독을 보라. 그들에게 그동안의 노고와 노하우를 물어보는 법 있는가? 부하들에게 공을 돌리는 겸손을 보이기 위해서라도, 먼저 승리부터 거둬라."

펀 리더십은 어떤가. 핵심을 놓친 채 이벤트 일변도로 흐르다가 오히려 부정적인 결과를 낳을 수도 있다. 생각해보라. 기념일 챙기고 단합대회 열면서 살갑게 굴던 리더가 업무회의 때 안면몰수하고 다그칠 때의 그 거리감을…. 화려한 호박마차를 타고 궁전에 갔다가 다시 궁핍한 현실로 돌아왔을 때 신데렐라는 예전보다 행복했을까? 궁전을 구경하지 못했던 때보다 더 좌절이 컸을 것이다. 현실을 잊게 하기보다 현실을 돌파하게 해줘야 참 리더다.

피그말리온 효과 역시 이와 같은 맥락이다. 구성원에 대한 리더의 기대치가 높으면 최상의 성과를 이루게 된다. 단, 여기에는 리더가 능력을 갖추고 있어야 한다는 전제가 필수다. 피그말리온 효과의 유래가 된 그리스 신화로 거슬러 올라가보자. 만일 피그말리온의 재주가 신통치 않아 못난이 여인상을 조각했더라도, 그가 그 여인상을 진심으로 사랑할 수 있었을까? 여신 아프로디테 또한 그의 사랑에 감동해 여인상에 생명을 불어넣어줄 리 없었을 것이다. 마찬가지다. 리더 당신의 능력이 뛰어나야 부하직원을 훌륭히 성장시킬 수 있고, 그래야 그들에게서 최상의 성과를 기대할 수 있다.

런던 비즈니스스쿨 학장 로라 타이슨Laura Tyson은 "리더가 똑똑한 사람들을 도울 수 있다는 것을 보여주거나, 해당 분야 전문가라는 것을 증명해야 존경받을 수 있다"고 말한다. 미국 뉴욕 대학 스턴 경영대학원의 바티아 위젠펠드Batia Wisenfeld 교수 연구진은 〈하버드비즈니스리뷰HBR〉 2011년 7~8월호에 실린 보고서 "왜 좋은 상사는 뒤로 밀리는가Why Fair Bosses Fall Behind?"에서 "부하직원 각각에게 발언권을 주고 처음부터 끝까지 점잖게 대하기만 해서는 강력한 리더십을 발휘하기 힘들다"고 주장했다. 왜일까? 이들 연구진은 수백 명의 의사결정자와 직원들에 대한 설문 등 다양한 연구를 바탕으로 "이 같은 상사들은 사내 자원에 대한 통제력과 부하직원에 대한 상벌 능력이 떨어지는 것으로 비쳐 결국 리더십 발휘에서 뒤로 처질 수 있다"고 지적한다. 이 같은 리더십이 성과를 내기 위해서는 3가지 조건이 전제돼야 한다고 주장했다. 즉 조직 내에서의 확고부동한 권력, 리더의 도덕성에 대한 높은 평판, 협력적인 조직문화 토양의 삼위일체 청정조건이 갖춰져야 한다는 것. 그렇지 않은 상태에서 마냥 착하게 대하기만 해선 뒤로 밀린다는 이야기다.

상사의 리더십 발휘는 권력, 실력, 신뢰력에서 나온다. 직원들은 자신에게 잘해주지만 도움은 안 되는 '짝퉁' 상사와, 자신의 직무에 필요한 정보를 얻고 상담을 청하며 의지할 수 있는 '명품' 상사를 칼같이 구분한다. '사람도' 좋아야 의지하게 되지, '사람만' 좋아서는 결정적 순간에 오히려 농락당하기 십상이다.

착한 호감형 상사보다 강한 고성과형 상사가 되어라. 부하가 일할 맛 나게 하는 상사는 술 잘 사주고 응원만 해주는 상사가 아니다. 부하가 당신에게 원하는 것은 술도 밥도 아닌 '성장력'이다. 자신의 자산이 될 커리어를 쌓도록 성장시켜주는 상사, 이것이 부하가 상사에게 기대하는 핵심이다.

당신은 부하들의 성장을 도와줄 '그래도' 상사인가, 싫은 소리 한번 못하고 '좋은 게 좋은 거지' 하며 그들의 시간과 경력을 허비하게 하는 '그런데' 상사인가? '그런데' 상사를 넘어 '그래도' 상사가 되어라.

자기 브랜드 값을 갖게 하라, 그것이 최고의 인센티브다

내가 경영자들을 대상으로 '강한 리더론'을 강의하면, 많은 분들이 "시류를 거스르는 것 아니냐"는 의문을 제기하곤 한다. 평소 '한 카리스마' 한다고 알려진 경영자들조차 "요즘 세상에 웬 '빡센' 리더? 시대착오적 아닌가? 요즘 젊은 친구들이 어떤 애들인데?" 하며 고개를 갸우뚱한다. 그럴 때마다 나는 먼저 독단적 리더와 강한 리더가 어떻게 다른지를 분명히 한 후, '요즘 세상이 달라졌기' 때문에 더 더욱 강한 리더가 대세라고 말을 풀어나간다. 좀 더 분명하게 말하자면, 요즘 같은 세상이라서 더욱 '빡센' 군기와 단련이 필요하다고.

'군기'라고 하니 상사에 대한 무조건적인 복종을 생각할지도 모르겠다. 하지만 그보다는 각 구성원이 밥값, 아니 '밥값 이상'의 구실을 하도록 실력을 단련시키는 쪽에 가깝다.

혹자는 "기업에서 웬 군기까지 들먹이는가?"라고 반박할지도 모른다. 맞다, 과거에는 오히려 응원만으로도 조직가동과 성과관리가 충분히 가능했다. 피라미드식으로 구성된 조직에서는 상사가 "아자아자! 파이팅!" 하며 격려하고 줄맞춰 따라 하라고 시킨 다음 시행여부만 체크해도 굴러갔다. 대량생산의 산업화 시대, 수직사회에서는 '아자아자 치어리더형'과 '퇴근 후 한잔 격려형'이 효력을 발휘할 수 있었다. 앞으로 나란히 줄만 따라가도 대세에 지장이 없었기 때문이다.

그러나 요즘처럼 각개전투해야 하는 사회에서 앞사람만 졸래졸래 따라 일했다가는 벼랑 끝으로 내몰리는 건 시간문제다. 조직구조가 수평화되고 팀제가 도입되면서, 오히려 부하에 대한 상사의 영향력과 책임은 예전보다 더 커졌다.

과거 수직적 조직사회에서는 각 구성원에 대한 '정량적 평가'만으로도 판단이 가능했다. 하지만 오늘날 수평적 조직사회에서는 '정성적 평가'가 필요하다. 겉으로 할당량을 채우는 것 못지않게 영감 어린 내면의 창의성을, 충성도 높은 조직몰입을 유도하고 파악해야 한다.

'개인 브랜드' 시대에 필요한 것은 '먹이'가 아니라 '사냥하는 법'이다. 온실에 모셔놓고 먹이나 나르지 말고, 거친 사막과 광야에 던져놓아서라도 생존법을 전수해야 한다. 부하를 '애완동물'을 넘어 생존력, 승리력을 가진 '맹수'로 키우는 것, 이것이 무너진 평생직장 시대에 고령화까지 맞닥뜨린 부하에게 상사가 줄 수 있는 최고의 인센티브다. 그러기 위해서는 부하의 창의력과 승리력을 최대한 끌어내고, 성공 경험을 통해 '이기는 프로세스'를 몸에 익히도록 성장시켜야 한다.

요즘 세상에 한 회사에서 검은 머리 파뿌리 되도록 일하겠다는 사람도, 또 그곳에서 정년을 꿈꾸는 세상 물정 어두운 사람도, 더욱이 그것을 보장해주는 착한 회사도 없다. 이런 사정을 빤히 아는 머리 굵은 부하들은 말을 안 듣고, 빈말로라도 장밋빛 미래를 보장해주기도 힘들고…. 상사 노릇하기 이래저래 힘들다는 하소연이 많다.

얼마 전, 한 중소 벤처기업의 사장이 내게 이런 어려움을 토로하며 상담을 청해왔다.

"우리 회사는 IT계열이라서 사실 40대 중반이면 거의 정년일 만큼 고용 안정성이 낮은 편입니다. 그러다 보니 메뚜기도 한철이라고 한창 날릴 때 최고 연봉을 달라는 것이 가장 큰 요구입니다. 나중에 회사가 더 커지면 준다고 하기엔 서로 빤히 물정 알기에 도저히 그럴 수 없고, 그가 요구하는 연봉을 주면서 붙잡아두기엔 엄두가 안 나고…. 나름대로 줄 것은 있어야 하는데 저 스스로도 장밋빛 미래를 약속할 자신은 없고, 정말 난처하고 답답하더군요."

당근도 채찍도 마땅찮아 고민하는 리더들에게 내가 제시하는 것은 '부하 성장력'이다. 앞에서 말한 '빡센' 부하성장 훈련 말이다. 부하를 위해서라도 특히 필요한 것은 자기 밥값, 이름값 이상을 하게 하는 담금질이다. 성과를 내는 선도적 리더들은 "내가 바짓가랑이 붙잡으며 제발 있어달라고 애원하는 직원으로 성장하게. 자네가 나를 나쁜 상사로 생각한다면 성공해서 복수하고, 좋은 상사로 생각한다면 보은하기 위해 성공하게. 이 분야에서 최고의 인재, 콧대 높은 전문가가 되게나" 하고 성장을 향해 가혹하게 몰아붙인다.

인텔의 창업자 앤디 그로브Andy Grove는 "열심히 일하면 회사가 책임진다는 것은 틀린 말이다. 믿을 것은 오직 능력뿐"이라며 직원들에게 끊임없는 성장을 촉구한 것으로 유명하다. 그는 직원들을 결코 편하게 놔두지 않았다. 팀장급 이상에게는 산업 전체의 동향과 자사의 전략적 방향에 대해 미래지향적 인식을 갖도록 요구하고, 구성원들에 대한 교육을 의무화하고, 그 실적을 급여에 연동시키면서 경쟁을 부추겼다.

하버드 경영대학원 경영학 교수 테레사 애머빌레Teresa Amabile와 스티븐 크레이머Steven Kramer의 연구에 따르면, 직원들을 가장 동기부여하게 만드는 요소는 '업무진전'이었다. 이들 연구진은 관리자 600여 명을 대상으로 설문을 실시했다. 설문 목적은 인정, 인센티브, 대인관계 관련 지원, 업무진전 지원, 명확한 목표 등 5개 요인이 직원의 동기 및 감정에 어떤 영향을 미치는지 파악하는 것이었다. 조사결과 응답자들이 자발적으로 일에 몰입하는 가장 큰 원인은 '업무에 진전이 있다고 느낄 때'였다. 놀라운 것은 상사들의 현실인식이다. 부하들이 상사에게 가장 바라는 것이 업무에 진전이 되는 실질적 지원인 데 반해, 대부분의 상사는 부하들에게 업무진전이 동기부여가 된다는 것을 인식하지 못하고 있었다.

강한 상사가 되고 싶다면 직원들에게 도전의식을 불러일으켜라. 중요한 사람이기에 중요한 일을 맡았다고 생각하도록 자존감을 북돋고 지원하라. 목표를 세워 돌파해본 경험과 자기관리 능력만이 냉혹한 이 시대를 살아남을 수 있는 힘이 된다. 이는 선택사항이 아니라, 미래를 헤쳐나가기 위한 생존의 필수요건이다. 젊었을 때 쌓아둔 경력과 실력, 그리고 이를 바탕으로 한 '자기 브랜드'에 따라 같은 직장에서도 몸값이 달라지고, 헤드헌터의 스카우트 오퍼 건수가 달라진다.

"울리며 고생시킨 강한 상사 웃으며 감사하고, 웃으며 탱자탱자 지내게 한 착한 상사 울며 원망한다"가 적확한 말이다. 부하를 배려한다는 명목으로 칭찬이나 듣기 좋은 말만 하거나 선심성 정책을 남발하는 포퓰리즘populism에 빠져서는 안 된다. "같은 월급쟁이 신세"라며 좋은 게 좋다는 식으로 하면 상사와 부하 모두 당장 몸과 마음은 편할지 모르지만, 결국 둘 다 망하는 지름길이다.

요즘처럼 상사 '말발'이 젊은 사원에게 먹히지 않는 시대에 이런 '강도 높은 훈련'과 '직설적 피드백'이 먹힐까? 걱정하지 마시라. 비행기도 자유롭게 하늘을 날아가는 것 같지만 정해진 항로를 따라 움직인다. 군기가 엉망인 조직은 자율성은 고사하고 존속도 기대하기 어렵다. 부하들이 두려워하거나 반발하는 것은 개념 없는 상사의 닦달이지, 자신의 역량을 업그레이드시키는 강한 훈육 자체가 아니다. 칭찬해주고도 욕먹는 상사가 있고, 모진 소리 퍼부어도 존경받는 상사가 있다. 문제는 부하를 위하느냐 하는 진정성 여부다. 부하직원들이 매력적으로 느끼는 상사는 친절하고 편안하게 해주는 리더가 아니라 자신의 잠재력을 끌어내 육성해주는 강한 상사임을 잊지 말라.

51%면 충분하다, 때론 갈등도 불사하라

내가 맡고 있는 CEO 과정에 참여하는 OB 경영자와 YB 경영자가 한데 어울릴 자리가 있었다. 모 중소기업의 Y사장이 모든 임직원으로부터 지지와 인정을 받는 회사를 만들고 싶은데 마음대로 안 된다고 고민을 털어놓았다. 그러자 30년 경력의 백전노장 K사장이 즉석에서 상담사로 나섰다.

"에고, Y사장. 직원들 모두의 지지를 받는다는 것은 정말 힘든 일이라네. 어차피 2표 차이야. 2표 더 받을 수 있으면 밀어붙이는 거야."

Y사장이 의문스레 쳐다보자, K사장이 말을 이어나갔다.

"어차피 많은 정책이 49대 51이라네. 2표 차이로 당락이 결정되는 것이지. 나는 2표를 더 받을 수 있을 만큼 합당한가 생각해서 자신 있다면 우리 직원들을 설득한다네. 반대가 전혀 없다면 아무 일도 하지 않고 있다는 뜻이고, 반대가 100%라면 실패한 정책으로 하면 안 되는 것이지. 시스템을 바꾸게 되면 불가피하게 희생되는 사람이 생기게 마련이지 않나. 이들에게까지 100% 지지를 받고 시작하려면, 시기와 시장 모두 놓치기 십상이지. 추진하면서 동시에 설득하는 과정이 필요하다네."

그렇다. 강한 리더가 되려면 조직을 위해 때론 부하들이 싫어하는 일을 할 줄도 알아야 한다. 부하와의 갈등을 피하지 말라. 리더는 때로 손에 피를 묻힐 줄도 알아야 한다. 이는 강한 리더가 되기 위한 동서고금의 공통수칙이다. 빌 게이츠 역시 비슷한 취지의 말을 한 바 있다. "나는 성공의 열쇠는 모른다. 그러나 실패의 열쇠는 안다. 그것은 모두의 비위를 맞추려 드는 것이다."

혹시 당신은 '스타 리더'를 꿈꾸는가? 부하들의 '뒷담화'를 의식하고, 인기투표에 은근히 촉각을 곤두세우며 이미지 관리하는가? 또는 "다수결이 최고!"라 외치며 너스레 떨고 있지는 않는가?

강한 리더는 부하들의 인기와 환호에 목매지 않는다. 그들은 '존경'을 먹고 산다. 물론 말처럼 쉽지는 않다. 오죽하면 리더십의 대가 워렌 베니스조차 한때 "사람들이 나를 알면 좋아해줄 거라는 그릇된 희망을 품고 살았다"고 했을까. 그는 대학 총장이 된 후 "리더란 사랑받을 수도 없거니와 사랑을 기대해서조차 안 된다는 점을 절실히 깨달았다"고 한다. 그리고 "무릇 리더라면 다른 사람들로부터 '매번' 동의나 인정을 받지 않고도 지낼 수 있어야 한다. 특히 일을 추진해나갈 때 모든 일에 항상 동의를 얻으려고 하는 것은 해로울 뿐 아니라 비생산직이다. 리더에 대한 호감도보다 중요한 것은 사람들과 협력을 통해 나오는 일의 질적 수준이다"라고 강하게 못 박았다.

이런 맥락에서 그저 좋은 게 좋은 '착한 리더'는 '나쁜 리더'의 동의어이기도 하다. 리더는 목적을 완수하겠다는 냉철한 의지를 가져야 한다. 정에 이끌려 원칙을 허물고 직원에게 영합하려 하면 그들이 먼저 당신에게서 등을 돌린다. 가령 전쟁에서 적군을 죽이는 게 인도주의에 위배돼 괴롭다면 어떻게 전투를 하겠는가. 당신이 사령관으로서 그런 장교를 본다면 어떻게 대응하겠는가? 그럴 때 열이 죽어야 백이 산다고 설득할 수 있어야 한다. 백을 살리기 위해 열의 희생을 감수하는 결단을 내리고, 비난도 감수하는 리더가 되어야 한다.

리더로서 조직을 운영하다 보면, 결단의 순간이 오게 마련이다. 누군가는 손해를, 누군가는 이익을 보게 되는 결정뿐 아니라, 일부 구성원들을 곤경에 빠뜨릴 수 있는 결정을 힘들게 내려야 할 때도 있다. 이때 어떤 용단을 내리느냐에 따라 당신의 리더십에 대한 평가가 달라진다. 갈등을 정면 돌파해 문제를 해결하면서 추진한 결정은 부하의 신뢰와 조직의 발전을 유도하는 잠재력이 된다.

역사상 가장 위대한 정복자로 불리는 알렉산더 대왕의 삶을 다룬 영화 〈알렉산더〉를 보면, 올림피아스 여왕이 장차 마케도니아의 대왕이 될 아들 알렉산더를 훈육하면서 세뇌하듯 말하는 장면이 나온다. "왕은 태어나는 게 아니야. 칼과 고통으로 만들어지는 것이지. 감정 때문에 의무를 저버리면 안 된단다. 백성을 위해 싫은 일을 해야지."

그렇다. 싫은 일을 기꺼이 하라. 싸움을 피하지 말라. 이해득실을 가지고 닭 벼슬 세우듯 머리카락 곤두세우고 민감하게 반응하라는 이야기가 아니다. 원칙의 잣대로 판단하라는 뜻이다.

'도덕적 군자'의 표상을 강조한 공자나 '왕도정치'를 표방한 맹자, '권모술수'에 능한 리더를 옹호한 마키아벨리도 모두 리더십을 발휘할 때 갈등을 당당히 대면하라고 주장했다. 추구하는 가치가 어떤 것이든, 갈등을 불사하지 않고 실현하기는 힘들기 때문이다.

공자는 《논어論語》의 〈이인편里仁篇〉에서 "유인자능호인 능오인惟仁者能好人能惡人"이라 했다. 즉 오직 어진 사람만이 능히 다른 사람을 좋아할 수도 있고, 다른 사람을 미워할 수도 있다는 이야기다. 공자는 훌륭한 리더(군자)란 "모두 좋아하는 사람이 아니라 착한 사람이 좋아하고, 착하지 않은 사람들이 미워하는 사람"이라고 강조한다. 다시 말해 리더십을 올바르게 추구하면서 민심까지 존중하는 것이 결코 모든 이들의 비위를 맞추는 것은 아님을 분명히 하고 있다. 그런 점에서 인자무적仁者無敵은 '어진 이에겐 적이 없다'가 아니라 '대결할 맞수가 없다'는 것이 더 정확한 의미라고 나는 생각한다.

사실 모든 사람을 기쁘게 해주려면 두루뭉술하게 자신의 신념을 굽히면서 살아가지 않으면 안 된다. 본디 사람이란 비슷해서, 뒷감당은 생각지 않고 상황에 따라 대중의 비위만 맞추려는 이들이 어느 시대에고 존재했다. 공자는 이들을 '향원鄕原'이라 지칭하며, '사람들에게 두루 마음을 얻는 사람으로, 딱히 모난 곳이 없는 부류'라고 정의했다.

그저 좋은 게 좋은 거라며 둥글게 살아가고자 하기 때문에 어디로든 굴러가기 쉽고, 그래서 오히려 덕을 가장 해치기 쉬운 부류라고 맹공격했다.

마키아벨리의 《군주론》에는 이런 말이 있다. "적을 만들 줄 모르는 사람은 자신만의 원칙이 없는 우유부단함 때문에 오히려 다른 사람들에게 업신여김을 당하는 경우가 많다. 적을 만드는 것이 두려워 모든 사람들과 친하게 지낼 필요는 없다. 진실한 친구가 되기도 하고 진짜 원수를 만들 줄도 아는 군주, 그는 누구를 찬성하고 누구를 반대하는지 확실하게 밝힐 줄 아는 사람이다. 최악의 경우는 원수도 없지만 진정한 친구도 없는 사람이다."

적을 적으로 간주하지 않고 갈등을 회피하다가 몰락한 리더를 이야기할 때 빠지지 않는 역사적 인물이 있다. '송양지인宋襄之仁'이란 고사성어로 유명한 양공이 그 장본인이다. 춘추시대 송나라 양공은 국경을 침범해오는 초나라 군대를 앞에 두고서도 "군자는 전쟁에서 다친 자를 거듭 상하게 하지 않고, 반백의 늙은이는 사로잡지 않는 법君子不重傷不禽二毛"이라며 인의仁義만 앞세우다 반격의 기회를 놓쳤다. 그 결과 송나라는 크게 패하게 되었고, 그의 어리석음은 시대를 넘어 조롱거리가 되었다.

적을 적으로 볼 줄도, 대응할 줄도 모르는 사람은 통찰력 부족과 우유부단함 때문에 업신여김을 당하고, 결국은 자신이 속한 조직과 부하들에게 피해를 끼친다. 절대 원만한 중립을 내세우지 말라. 리더가 제삼자 입장에서 "안 되면 그만"이라며 원칙을 포기하고, 매번 칼을 뽑았다 넣었다를 반복하면 조직은 기준을 잃고 혼란에 빠진다. 차라리 조직 전체를 위해 갈등을 자청하라.

중국 차기지도자로 거론되는 시진핑習近平 국가부주석이 푸젠성 닝더시 서기를 할 때 규정을 어기고 주택을 지은 공무원 2,000명을 대거 조사해 사람들을 놀라게 한 적이 있다. 그때 그는 이렇게 말했다. "시민 300만 명에게 질타당하느니 수천 명에게 원성을 듣겠다." 이처럼 군기를 위반하는 소수의 적과 대결함으로써, 군기를 따르는 다수의 동지들을 규합시켜라.

강한 리더는 소수의 이해관계자에게 굴복해 원칙과 가치를 포기하지 않고, 만장일치의 지지를 받으려고도 하지 않는다. 오히려 만장일치를 무사안일이나 조직문화 위기의 신호로 받아들인다. 정책을 추진하다 보면, 이해당사자의 장애나 반대가 늘 생기게 마련이다. 앞서 얘기한 백전노장 CEO의 '49대 51 법칙'처럼 일부의 이익에 반하는 폐해보다 전체의 성과를 높이는 효과가 크다고 생각한다면, 불도저처럼 추진해야 한다. 난점과 폐해가 없는, 순수 100% 효과만 있는 일이란 드물다. 강한 리더들은 반대파의 의견도 주시하지만, 그렇다고 반대파와 맞서는 것이 두려워 결정을 미루는 법이 없다. 만인의 연인이 될 수 없는 것은 리더들의 숙명이다.

51%의 확실한 지지자를 확보한 리더, 색깔이 분명한 리더가 되어라. 2%의 차이는 당신이 아닌 누구라도 추진할 수 있을 만큼 공평무사하고 투명하다는 판단에서 생긴다. 그런 확신이 선다면 2% 차이만

으로도 충분하다.

당신이 좀 더 강경하게, 심지어는 우둔하게까지 원칙을 밀고 나가야 할 상황이 언제인지 생각해보라. 그리고 자신이 피하려는 갈등이 무엇인지 곰곰이 따지고 챙겨보라. 업무를 제대로 수행하지 않거나 지시에 따르지 않는 부하와 맞서 원칙에 입각해 정면승부를 걸어보는 것이 정말로 위험한 일인지 자문해보라. 상대방을 잠시잠깐 만족시키지 말고, 목표의 정당성에 초점을 맞춰라. 중요한 것은 '옳은 원칙과 정당한 목표'다. 공공의 적을 분명히 설정하고, 조직의 원칙과 가치가 무엇인지를 모두에게 분명히 해주는 것이 더 강한 연대임을 명심하라. 이는 당신이 신뢰받는 리더가 되는 데 장애는커녕 오히려 도움이 될 것이다.

단, 전제를 잊지 말자. 51%의 확실한 지지를 확보했을 때 추진해야 한다는 것을. 아무리 대의명분과 목표가 옳아도 51%의 지지조차 없는 상태에서는 성공하기 어렵다. 51%의 지지를 얻지 못한 경우라면 오히려 바닥 다지기를 하는 게 정답이다. 신뢰의 토대를 마련하지 않고 추진하면 부하들은 다양한 방법으로 교묘하게 거부하고, 결국은 원점으로 돌아가 시간이 더 걸릴 수 있다. 그런 점에서 '49대 51'의 2표 차 법칙은 신뢰의 토대가 확립된 이후 통용되어야 할 것이다.

더욱이 '독단적 결정'과 '49%의 반대를 무릅쓴 과감한 결정'은 때때로 경계가 불분명해 보인다. 남들에게는 보이지 않는 근거를 갖고 일을 추진하는데 주위에서 반대한다는 점에서 이 둘은 표면적으로는 같다. 하지만 의외로 쉽게 구별할 수 있는 기준이 있다. 바로 '상사 본인의 개인적 욕심이 얼마나 작용하는가'다.

강한 상사가 49%의 반대를 무릅쓰고 내리는 결정은 투명하고 윤리적이며 공정해야 한다는 전제를 깔고 있다. P사장은 부하들 상당수가 반대하는 결정을 추진해야 할 때, 반드시 스스로에게 다음과 같은 질문을 던진다고 한다. "내가 아닌 다른 리더라도 똑같은 결정을 내릴 것인가?" "신문 1면을 장식하게 돼도 똑같은 결정을 내릴 것인가?" "속도보다 방향에 초점을 맞춘다는 것에 자신있게 '예스'라고 답할 수 있는가?"

조직을 운영하다 보면 이해당사자의 반발도, 조직의 갈등도 겪는 법이다. 자신의 이해관계 때문에 원칙에 반발하는 부하와는 기꺼이 대립하라. 좋은 리더는 반대파의 의견도 주시하되, 반대파와 맞서기 두려워 결정을 미루는 법이 없다. 강한 리더가 되고 싶다면, 가치와 원칙의 수호자가 될 것임을 천명하고 가치관의 각을 세우라. 색깔 없는 무채색 리더보다 색깔 있는 원색 리더가 되어라.

작은 '인약仁弱'보다 큰 '인강仁强'을 베풀어라

어느 중소 의류디자인 업체의 경영자 얘기다. 한 직원이 퇴사하자 직속 팀장이 그에 대해 험담을 했다고 한다. 평소 팀장은 해당 직원을 칭찬하고 인사고과 때마다 꽤 좋은 점수를 주었으면서도 말이다. 그럼 그동안 왜 두둔했냐고 힐책하니 "우리 팀 사람인데, 나쁜 점수를 주면 부하라도 볼 면목이 없어서"라고 대답했다 한다.

월급이나 복지수준 등 여러 면에서 업무환경이 열악한 중소기업은 동료 간의 유대가 매우 중요하다. 조직이 작다 보니 서로 "형님 아우" 하며 인정으로 얽히는 경우도 많아, 원칙 중심으로 평가를 하기 힘든 게 사실이다. 하지만 생각해봤는가? 소수 직원에게만 인정을 베풀다가 공정함이 무너지면, 대다수의 직원들은 일할 맛을 잃게 된다. 인정 넘치는 조직과 휴머니스트 리더가 경계해야 할 '온정의 덫'이다.

문제가 있으면 제때 경고하고 주의를 줘야 한다. 관대함이 조직의 성과까지 끌어올리면 물론 '오케이'다. 그러나 대부분 원칙 없는 관대함은 조직의 기강을 무너뜨린다. 평가는 더 이상 의미가 없어지고, 불만만 쌓이게 한다.

이에 대해 피터 드러커는 이렇게 말했다. "업무나 과제에 초점이 맞춰진 관계에서 하등의 성과도 없다면, 리더가 온화하게 코칭한들 무슨 소용인가. 반대로 팀 전체에 성과를 가져다주는 관계라면, 때로 예의에 어긋난 말을 한다 해도 관계를 파괴하는 것은 아니다." 조직에서 좋은 인간관계란 조직의 공헌에 초점을 맞춘 생산적 관계를 뜻하지, '다정多情도 병'이란 말처럼 무엇에든 관대하고 인정을 베풀어 판단을 흐리는 관계는 아니라는 말이다. 인정과 공정은 확실히 구분하라.

자잘한 인정의 덫에 빠진 착한 리더를 이야기할 때 늘 비판의 도마에 오르는 인물이 중국의 항우다. 역발산 기개세力拔山氣蓋世, 즉 '힘은 산을 뽑을 만하고, 기개는 세상을 덮었다'는 구절을 떠올리면 항우가 왠지 힘만 센 미련한 장수 같지만, 천만의 말씀이다. 항우는 명석한 두뇌와 지략을 갖췄을 뿐 아니라, 뼈대 있는 중앙귀족 출신임에도 인간미가 넘쳤다. 적에 대해서는 맹수와도 같지만, 병졸을 대하는 상냥하고 부드러운 태도는 어떤 말로도 표현할 수 없을 만큼 인자했다. 병졸들에게뿐 아니었다. 추위에 떠는 사람이 있으면 자신의 비단옷도 아끼지 않고 벗어주었다. 한마디로 '휴머니스틱'한 리더였다고 할 수 있다.

이런 항우가 왜 '실패한 리더'가 되어 패배의 뒤안길에서 스스로 목숨을 끊었을까? 이는 항우가 인정을 베푸는 살가운 리더였을지언정, 제대로 신상필벌을 행하는 공정한 리더는 되지 못했기 때문이다.

항우는 인정이 넘쳤어도 막상 부하들에게 봉토를 나눠줄 때는 하도 망설여서 도장의 모가 닳을 정도였다고 한다. 자신이 아끼는 측근들에게는 공로 여부와 상관없이 포상했지만, 소원한 장수들에게는 인색했다. 그렇기 때문에 평소에 인정이 넘쳤지만, 결정적 순간에 부하의 신망을 얻지 못해 버림받았다.

전통적으로 인은 '인약仁弱'과 '인강仁強'으로 구분된다. '인약'은 이해가 작용하지 않는 일에는 인정이 넘치지만, 정작 이해관계가 생기면 몰인정하다. 반면 '인강'은 공정한 원칙에 따라 베풂을 일컫는다. 인약은 상사의 원칙 없는 자질구레한 인정 때문에 부하들 간의 갈등을 키우는 반면, 인강은 원칙 있는 인정으로 단합을 낳는다.

작은 인약보다 큰 인강을 베풀라. 자비와 선심이 당장은 대중의 기대치를 높여줄지 몰라도, 합당한 정책이 따르지 않는다면 대중의 불만을 폭발케 하는 기폭제로 돌변해버린다. 실제로 형님 아우 수십백씩 거느린 상사들이 리더십 다면평가에서 직원들에게 형편없는 점수를 받는 경우가 허다하다. 조직은 놀이터도, 친목계를 하는 곳도 아니다. 그런데도 많은 직장인들이 '온정-다정'과 '리더십'을 착각하곤 한다. 경고할 때는 경고하고, 평가할 때는 평가하라.

인간미만 넘치는 리더가 뒤통수를 맞는 경우는 구성원들의 여건, 즉 능력과 태도가 밑받침되지 않았을 때 특히 심각하다. 편하게 대해주고 권한도 대폭 위임했더니 회사 분위기며 근무태도가 말이 아니게 되면서, 오히려 예전보다 더 세게 기강을 잡는 체제로 복귀했다는 실패담이 나오는 것도 이 때문이다. 업무분담이나 권한위임은 하급자의 능력과 태도에 따라 완급을 조절해야 한다. 무조건 관대하게만 대하다가는 결국 직무유기라는 비판을 들으며 자신이 파놓은 함정에 빠지고 만다.

이와 관련해 하버드 대학의 데이비드 맥클리랜드David McClelland 심리학 교수는 주목할 만한 연구결과를 발표했다. 기업관리자에는 크게 성취욕구형, 권력욕구형, 친화욕구형 등 3가지 유형이 있는데, 이 3가지 유형 가운데 권력형 리더의 성과가 가장 높고 그다음이 성취형 리더였다(여기서 '권력'의 의미는 개인적 성공을 위한 권력이 아니라 조직 내에서 바람직한 영향력을 키우고자 하는 조직형 권력을 뜻한다). 의외로 친화형 리더의 성과가 가장 낮았다는 것이다.

관계 중심의 친화형 리더가 업무성과가 낮은 이유는 무엇일까? 이들이 종종 기준을 무시하면서까지 예외를 두는 실수를 저지르기 때문이다. 정책의 일관성 없이 정이나 관계에 이끌려 특정 소수를 위해 그때그때 순간적 판단을 내리니, 부하로서는 상사의 행동을 예측할 수 없다. 이들은 권력을 획득하고 효과적으로 사용하는 방법을 아는 강한 리더와 비교해보면 성과가 확연히 낮아, 조직에서 지위를 보전할 가능성 역시 당연히 낮다.

친화형 관계추구는 조직의 사기도 떨어뜨린다. 이런 상사 밑에서 일하는 직원들은 업무에 대한 책임감을 별로 느끼지 못하며, 자기 부서에 대한 자부심도 낮다. 부전자전, 아니 '상전하전'이라 해야 할까? 상사 따라 직원들 또한 쉽게 감정적인 부분에 치우치면서 업무성과가 전반적으로 떨어지는 경우가 허다하다. 상사와의 관계로 이득을 본 부하들이라고 늘 박수만 보내는 것도 아니다. 그간 일이 아닌 관계로만 유대를 강화해 놓았는데 막상 승진이나 인사고과에서 유리한 평가가 나오지 않거나 부탁이 거절되면 원망을 하기 일쑤다.

원칙이 아닌 관계에 의해 조직을 유지하는 친화형 상사들이 치러야 할 대가는 크다. 인정에 휩쓸려 자기 앞가림도 못하는 상사와 운명을 같이하고 싶어 하는 '희생적' 부하는 현실 세계에 거의 없다. 부하들 역시 상사에게 무자비할 정도로 냉정하다는 사실을 잊지 말라.

더욱이 친화형 상사들은 대개 놀 때는 함께이지만 일할 때는 따로따로인 경우가 많다. 밤새 술 한잔 거나하게 한 다음 날 자신은 늦게 출근했다가 점심에 사우나 가고 일찍 퇴근하면서, 부하들에는 칼출근도 모자라 마감시한 내로 업무를 완수하라고 명하면 부하들 마음속에서는 열불이 난다. 어제는 회사정책을 안주 삼아 함께 술 마시며 비난하고 떠들었는데, 다음 날 아침 정색하며 "회사 지시에 따르라"고 한다면 과연 그 말이 제대로 먹히겠는가. 술자리에서 허심탄회하게 털어놨던 얘기를 사무실에서 들먹이거나 소문을 퍼뜨린다면, 상사의 권위와 신뢰가 서겠는가. 안타깝게도 의외로 이런 무개념 상사가 많은 게 현실이다.

나는 관리자들에게 사적인 자리라도 부하들과 '형님, 아우님, 언니, 동생' 하고 부르며 친밀한 사적 인연으로 얽히지 말라고 조언한다. 이 끈끈한 관계가 '선한 의도'와 상관없이 조직에 파벌을 형성하고, 생산성을 저해하는 경우를 많이 보았기 때문이다.

소통은 직급 간 거리가 짧을 때가 아니라, 오히려 그 거리가 분명할 때 효과적으로 이뤄진다. 상사로서 당신이 서둘러서 해야 할 것은 직급 간의 분명한 역할분담과 영역구분이다. 당신 먼저 허용과 금지의 범위를 분명히 해두면, 엉뚱한 혼선이나 착각이 발생하지 않는다. 이와 관련해 리더십 컨설턴트 스티븐 콘Stephen Kohn과 빈센트 오코넬Vincent O'Connell은 다음의 4가지 질문을 늘 스스로에게 던져보며 부하들과의 친밀감을 경계할 필요가 있다고 조언한다. 첫째, 직원들과의 친밀감이 관리(목표설정, 지도상담 실적 평가)에 지장을 주지는 않는가? 둘째, 상사로서의 경계를 지키고 맡은 역할을 충실히 수행하기 위해 어떻게 행동을 삼가야 하는가? 셋째, 직원들은 내 직책에서 비롯되는 권한을 이해하고 존중하는가? 넷째, 잘못 생각하고 있는 직원들을 위해서는 어떤 메시지를 어떤 방식으로 전달해야 하는가?

부하들에게 존경받는 상사가 되고 싶다면, 인정과 공정이 충돌할 때 기꺼이 공정을 우선에 두어라. 가장 좋은 방법은 앞서 말했듯 '건강한 경계'를 두는 것이다. 부하와 벽은 허물되 넘지 말아야 할 선은 지켜야 한다. 이를테면 아버지도, 친구도 아닌 형님쯤으로 비유할 수 있다. 일본 에도막부의 초대 쇼군인 도쿠가와 이에야스는 부하와의 관계에 대해 "부하는 인연으로 묶어서도 비위를 맞춰도 안 되고, 너무 멀리해서도 가까이 해서도 안 된다. 위압적이어도 안 되고, 방심하게 해서도 안 된다. 부하를 두려워하게 만들어야 한다"고 했다. 여기서 두려워하게 만들라는 것은 무서움에 떨게 하라는 것이 아니라, 서로 긴장하고 주의하라는 뜻으로 해석할 수 있다. 그런 점에서 적절한 거리는 부하에 대한 존중의 다른 뜻이기도 하다.

어느 경영자는 "요즘 직원을 가족처럼 대우한다고들 하는데, 자신은 오히려 만년 손님처럼 어렵게 대한다"고 한다. 인재육성을 목적으로 잠시 수탁받은 손님이라 생각하니 행동거지를 스스로 조심하게 되고 존중한다는 것. 상사가 그렇게 하니 부하 역시 함부로 행동하지 않는다고 한다.

부하들 입장에서도 상사가 적절한 선을 그어줄 때, 오히려 편하게 다가갈 수 있다. 부하들은 의지할 수 있는 벽을 원하지, 넘을 수 있는 선을 원하는 것이 아니다. 직원들은 상사와의 개인관계가 어디까지 가능한지 이미 잘 알고 있다. 어차피 정해진 기준을 바탕으로 자신의 행동범위를 스스로 알고 있는데, 편하게 대하라고 해봤자 불편하고 어색할 뿐이다. '겉은 상사지만 마음은 평직원'이라며 직원 회식 3차까지 남아 있는 상사는 부하들의 친구가 아니라 눈치 없는 주책바가지일 뿐이다.

이 모든 이야기를 한마디로 함축하면 '불가근 불가원不可近不可遠'이라 할 수 있다. 상사 버전으로 해석하면, 부하를 너무 가까이 하면 기어

오르려 하고, 너무 멀리하면 느닷없이 뒤통수 맞기 십상이다. 물론 이 오묘한 소통의 경계가 어디까지인가는 어려운 숙제다. 젊은 나이에 고속승진을 한 임원은 실수가 드러날까 봐 아래 직원들과 말도 섞지 않았다고 한다. 그런가 하면 현대그룹의 힘은 고故 정주영 회장이 직원들과 어울려 모래판에서 씨름하는 친화적 전통에서 비롯됐다는 말도 있다. 도대체 어느 쪽이 정답인가?

부하를 파악하고 이해하는 데 해가 되지 않으면서, 고립된 중세 성주도 되지 않기 위해 적절한 사회적, 심리적 거리를 조절하는 균형의 능력은 강한 리더가 되기 위한 필수덕목이다. '말 통하는' 상사가 되는 것과 '만만한' 상사가 되는 것은 다른 차원이지 않은가.

공자가 일찍이 정치의 요체를 "군군신신부부자자君君臣臣父父子子"로 정의한 것도 같은 맥락에서다. '임금은 임금답게, 신하는 신하답게, 부모는 부모답게, 자식은 자식답게' 직급에 따라 명확히 역할을 구분해야 한다. '권위적'인 것은 경계하되, 상사로서 '권위'는 반드시 세우라는 뜻이다.

특히 남성이 대부분인 조직의 여성 상사, 부하보다 나이 어린 상사, 동기 중에 먼저 진급한 상사 등 소위 '마이너리티 리더'일수록 '벽 허물기'를 시도하여 부하들의 마음을 얻으려고 하는 경우가 많다. 친화력을 무기 삼아 부하와의 껄끄러운 관계를 해결하려는 전략이다. 그러나 십중팔구 벽은 허물어지지 않은 채 선만 넘게 되니 조심하라. 어느 경우에서든 리더는 공과 사를 구분해 겸손하되 엄중해야 한다. 이 양자의 균형을 맞춰야 강한 리더십을 발휘할 수 있다.

M팀장은 어제까지만 해도 K와 동료였다. 둘은 집도 같은 방향이라 카풀도 하고, 자녀들 방학 캠프까지 같이 보낼 정도로 사이가 돈독했다. 하지만 연말 인사에서 M이 팀장으로 승진하면서, 이들의 우정은 금이 가기 시작했다.

M팀장이 마음으로 불편한 것은 그렇다 하더라도, 동료에서 하루아침에 부하가 된 K의 냉랭한 태도는 자세한 사정을 모르는 사람도 눈치 챌 정도였다. 거의 모든 보고를 직접 찾아오지 않고 전자결재했고, 점심시간에는 쌩하고 사라졌다. 일정을 고려하지 않고 1주일간 장기휴가를 느닷없이 내기도 했다. 이런 일들로 지적할 일이 쌓였는데도, M팀장은 그것을 개인적인 감정으로 오해할까 봐 야단도 못 치고 속만 끓였다. 이 같은 대치국면은 주위 직원들에게까지 영향을 미쳐 하다못해 커피 마시러 갈 때도 이쪽저쪽 눈치 보느라 불편하게 했다.

주위에서는 M팀장에게 "차라리 인사고과를 나쁘게 줘서 탈락시키라"고 조언했다. 하지만 그는 "K는 이전 상사에게 나쁜 인사고과를 받았기 때문에, 이번에도 나쁜 점수를 받으면 자동으로 해고될 상황"이라며 '친구' 처지에 그렇게 하기에는 너무 매정하지 않느냐고 했다.

상담을 청하는 M팀장에게 나는 "공과 사를 분명히 구분하라"고 조언했다. 공과 사의 엄정함이란 공적인 면에서는 메시지를 분명히 하고, 사적인 면에서는 태도를 겸손하게 함을 의미한다. 이럴 경우, M팀장은 K를 개인적으로 불러 엄중히 경고해야 한다. 이번 인사고과에서 또 나쁜 결과를 받으면 더 이상 자신도 보호해줄 수 없음을 '일이 벌어지기 전에' 명확히 예고해주는 것이 상사의 의무다. 아울러 사석에서는 오만하게 보이지 않도록 의식적으로 노력하는 자세가 필요하다.

일본 3대 경영의 신이라 불리는 이나모리 가즈오稲盛和夫는 이렇게 말한다. "리더가 업무 중 주의를 주거나 지적하고 싶은 것이 있어도 지나치게 신경 쓰고 조심하다가는 오히려 회사 전체의 도덕성이 해이해질 뿐이다. '이것은 이래야 하지 않나' 정도로 (어정쩡하게) 직원들을 질책하거나 주의를 주지 않도록 하라. 누가 보아도 이상한 것은 안 된다고 단호하게 잘라 말해야 한다. 잘못해 주춤거리다 보면, 오히려 직원들이 반발해 회사가 혼란에 빠질 수도 있다."

겸손하게 대하되 의연하게 규칙을 관철시켜라. 직원을 질책할 경우, 리더 본인의 불편함 때문이 아니라 조직의 공공목표를 위해서라는 것을 납득시켜라. 공적인 자리에서 권위는 높이되, 사적인 자리에서 권위적 자세는 허물고 한없이 낮춰라. 의견을 수렴하되 결정과 책임은 당신의 몫으로 남겨라. 그것이 만만치 않은 상사가 되는 지름길이다. 강한 상사는 부하의 눈높이를 맞춰주되, 결코 쩔쩔매며 눈치 보지 않는다. 벽은 허물되 선은 넘지 않는 것, 그것이 바로 부하와 상사의 건강한 경계다.

'속통 리더'는 되지 말라

H사장은 제조업과 서비스업이라는 전혀 성격이 다른 두 기업에서 성공신화를 일궈낸 경영의 대가다. 조직을 변하게 하는 커뮤니케이션 능력으로도 유명한데, 그 성공의 이면을 보니 업종에 따라 직원과의 소통방식이 달랐다. 제조업 CEO 시절에는 직원들이 서로 몸을 부대끼며 어울릴 수 있는 축구시합 같은 행사를 많이 열었다. 반면 서비스 3차산업 CEO 시절에는 직원들이 되도록 혼자만의 시간을 가질 수 있도록 배려하고, 직원기숙사도 1인1실을 기본으로 했다.

왜 같은 경영자가 다른 방식으로 직원들과 소통한 것일까? 그에 따르면, 제조업에 종사하는 직원들은 업무 특성상 대화가 어려워 사람을 그리워하는 경향이 많으므로 이처럼 단합행사를 의도적으로 자주 마련했다고 한다. 반면 서비스업에 종사하는 직원들은 하루 종일 사람에 부대끼며 일해야 하는 '감정노동자'이기 때문에, 의도적으로 홀로 있는 시간을 최대한 배려해주었다고 한다.

모든 리더들이 이처럼 효과적 소통을 하는 것은 아니다. 한 조사에서는 조직 구성원들의 7%만이 자신의 상사가 커뮤니케이션을 잘한다고 응답했다. 리더들이 통상 업무시간의 3분의 2를 커뮤니케이션으로 보내는 것을 감안하면 끔찍한 결과다.

왜 그럴까? 많은 리더들은 커뮤니케이션이 지나쳐 상대방을 패닉에 빠뜨리는 소위 '쇽통shock痛'을 일으키곤 한다. 캐나다 몬트리올 대학의 앨라인 고셀린Alleine Gosselin 교수는 "커뮤니케이션에 욕심이 많은 리더들은 한 번에 너무 많은 정보를 담으려 하는 경향이 있다"고 지적했다. 이어 "이럴 경우 아랫사람들은 리더로부터 받는 정보의 양에 질려버리고, 스트레스를 받게 될 수도 있다. 심한 경우에는 의도적으로 리더와의 커뮤니케이션 기회를 피하거나, 리더의 말을 한 귀로 듣고 흘려버린다"고 설명했다. 요컨대 최근 소통에서 문제는 소통少通뿐 아니라 '쇽통'에서도 일어난다. 리더의 소통은 적은 것도 문제지만 잘못하는 것 또한 큰 문제다.

정보가 넘치는데도 부족하다 느끼는 이유는 개방성과 신뢰성, 관련성에 초점을 맞추지 못하기 때문이다. 당신이 전하는 정보가 왜 중요한지, 업무진행에 어떤 의미가 있는지를 설명해줘라. 나열보다 해석, 그것이 진정한 정보다. 정보가 무엇인가? '사정에 대한 보고情報' 내지 '정이 담긴 알림'이 아닌가. 중요한 것은 현상이 아니라 본질이다. 소통의 행위를 모방하지 말고 의도와 본질을 읽으라. 소통의 표면적 방식만을 생각하기보다 소통의 본질, 즉 조직문화와 구성원의 특성 및 적합성을 먼저 고려해야 한다.

간혹 무조건 소통한다며 직원들이 싫다는데도 막무가내로 호프데이를 정하고, 이를 강행하는 상사들을 볼 수 있다. 조직의 문화와 구성원의 특성도 고려하지 않은 채 내가 좋아하는 대로, 혹은 남들도 다 한다는 방식대로 무작정 밀어붙이지는 않았는지 반성해보자.

상사에게 필요한 커뮤니케이션 능력은 흔히 우리가 연상하는 유창한 입담과 웅변도, 이벤트도 아니다. 황상재 한양대 교수는 그의 저서 《조직 커뮤니케이션 이해》에서 소통에 관한 상사들의 '4대 오해'를 다음과 같이 지적한다. 첫째, 자신이 실제보다 부하직원들과 더 빈번하게 커뮤니케이션한다고 믿는다. 둘째, 자신이 실제보다 부하직원들과 더 효율적으로 커뮤니케이션한다고 믿는다. 셋째, 자신이 실제보다 커뮤니케이션에 대해 개방적이라고 믿는다. 넷째, 부하직원들이 생각하는 것보다 자신의 설득능력이 뛰어나다고 믿는다.

흔히 상사들은 자신이 말을 많이 하거나, 부하들과 자주 만나는 것만으로 소통을 잘한다고 착각한다. 천만의 말씀이다. 리더가 영양가 없는 일방통행식의 과잉 커뮤니케이션으로 '쇽통'을 일으키면 부하들은 귀찮아하거나, 기피하거나, '소귀에 경 읽기'식으로 흘려버리기 십상이다.

만약 당신이 '쇽통 리더'로 자체 진단된다면, 모국어가 아닌 외국어를 한다고 생각하며 말해보라. 상대가 하는 말을 열심히 듣고 그 말의 의미를 해석해야 '쇽통'이 생기지 않는다. 말을 모국어처럼 술술 거침없이 하다가는 실수도 많아지고 적도 많아진다. 상사의 불분명한 말이 많아질수록 부하들이 자의적으로 해석할 여지가 많아지고, 오해의 소지도 커지기 때문이다. 그러므로 분명한 사항을 간단명료하게 말하는 게 상책이다.

소통의 자리는 상사가 아닌 부하가 자연스럽게 입을 여는 자리가 되어야 한다. '하라면 해' 하는 식의 일방통행 소통을 하면서 "나는 하루라도 소통을 안 하면 입에 가시가 돋는다"라고 자족하지는 않는가? 부하들과 진정으로 소통하기 위해서는 그들에게 공감, 교감, 영감, 자신감, 쾌감을 주는 이른바 '오감소통'을 해야 한다. 이를 위해서는 소통에도 공학적 접근이 필요하다. 할수록 부작용만 커지는 '쇽통'을 하지 않기 위해서는 다음과 같이 소통공학의 4C 요소를 갖춰야 한다.

첫째, '맥락context'이 중요하다. 부하가 궁금해할 사항부터 먼저 말해주어라. 예전에 비해 부하들에게 전해지는 정보는 다양하고 풍부하다. 그럼에도 부하들이 소통이 안 된다고 하는 것은 정보의 '영양가'가 없기 때문이다. 영양가는 정보 그 자체의 중요도 문제가 아니라 부하의 필요와 매치되는가의 문제다. 예전에 나는 눌변 콤플렉스가 있는 한 경영자를 만났다. 그런데 그가 신년연설을 했을 때, '직원들을 위한 체육관'을 사내에 짓겠다고 하자 졸던 직원들이 모두 약속이라도 한 듯 눈을 반짝 뜨고 귀를 쫑긋 세웠다고 한다.

맥락에 닿는 이야기를 해줘라. 그러기 위해서는 당신이 하고 싶은 말보다 그들이 듣고 싶은 이야기가 무엇인지를 파악해 전진 배치할 필요가 있다. 상사의 소통에서 핵심이 되어야 할 점은 직원들에게 '내가 왜 상사의 말에 귀 기울여야 하나'를 설득하는 일이다. '쇽통'을 막는 접점의 중요성은 아무리 강조해도 지나치지 않다.

둘째, '명료성과 개념clarity & concept'을 갖춰야 한다. 리더의 소통에는 알맹이, 즉 핵심 메시지가 담겨 있어야 한다. 일이 어떻게 돌아갈지, 성과는 부하들에게 어떻게 돌아올지 생생하고 분명하게 그려줘라. 그리고 그 판을 짜는 데 당신의 말이 어떤 역할을 하는지 구체적으로 짚어줘라. 명료성은 당신의 학식이 아니라 그간에 쌓은 신뢰와 상식에서 비롯됨을 상기하라. 연설이든 지시든 부하들이 당신의 진짜 의도가 무엇인지 몰라 설왕설래하지 않도록 하라. 명료하게 전달하여 이론異論의 여지가 없게 하라.

인간은 기본적으로 자신이 듣고 싶은 것만 듣고, 보고 싶은 것만 보게 마련이다. 상사는 '아' 하고 말하더라도 부하들은 자신의 기대와 희망에 따라 '어' 하고 받아들일 수 있다. 그런 맥락에서 소통을 못하는 리더는 '말'을 못하는 리더가 아니라, 늘 "내 본래 뜻은 그게 아니었는데…" 하며 답답해하는 이들이다. 말해서 뒷감당 안 될 것 같은 문제는 차라리 보류하라. 말하기 전 부하의 입장에서 당신의 말이 확대 왜곡될 여지는 없는지 한 번쯤 검토해보라. 재론과 이론의 여지가 없이 명확하게 전달하라.

셋째, '배려caring'가 기본이다. 조직이나 구성원들에게 일어나는 일에 대해 관심과 배려를 갖고 표현해야 한다. 상명하복, 복종만이 당신들의 할 일이라고 내리꽂으면 부하의 마음에 도달할 수 없다. 부하를 목적이 아닌 도구로만 이용하려 드는 것은 어떻게든 드러나게 돼 있다. 그런 상사는 결코 성과를 내기 힘들다. TV 인기드라마 〈대장금〉의 밥 짓기 경쟁 장면을 기억하는가? 한 상궁이 최 상궁에게 이길 수 있었던 것은 최고의 밥 짓기 기술과 재료, 기기 때문이 아니라 각 상궁이 진밥, 된밥 중 어떤 밥을 좋아하는지 알고 있었기 때문이다. 직원 한 사람, 한 사람에 대한 관심과 배려를 표현하는 상사가 말 잘하는 상사보다 한 수 위다.

넷째, '공헌contribution'을 콕 찍어 이야기해주어라. 지금 하고 있는 일이 조직의 성과에 어떤 역할을 하고 얼마만큼 공헌하게 될지 부하에게 분명히 전달해줘야 한다. 가능하다면 목적지에 대한 서로의 생각을 상호대조 확인까지 하라. 부하가 설정한 목표는 대개 상사가 생각하고 있는 것과 차이가 나는 경우가 많다. 조직의 목표는 성과창출이다. 성과를 내기 위해 각자가 어떤 역할과 공헌을 할 수 있을지 공유하고, 그 공헌에 자신감과 자부심을 느낄 때 진정한 소통과 동료의식은 싹튼다.

나의 소통 스타일은 어떤 유형?

리더십학자 안토나키스John Antonakis와 애트워터L. Atwater는 현장경영지수와 부하와의 체감 권력격차, 업무 관련 상호소통 횟수에 따른 '리더십 소통 매트릭스'를 만들어 상사의 소통유형을 8가지로 구분했다. 이 모형을 바탕으로 개별 유형의 명칭과 내용을 다음과 같이 수정 보완해보았다. 당신은 어느 유형에 속하는지 진단해보기 바란다.

첫째, '유토피아형'이다. 앞서 말한 소통공학의 4C 요소를 겸비한, 질적으로나 양적으로나 최고의 의사소통 유형이다. 이들은 현장에서 부하들과 함께 부대끼고, 수평적으로 대하며 일과 관련해서도 선도적으로 영양가 있는 정보를 교류한다. 한국사의 인물로는 세종대왕을 꼽을 수 있다. 비록 그는 수직적 질서가 강한 왕조사회의 제왕이었지만 늘 신하, 백성들과 소통하고자 했다. 이처럼 현장에 자주 나타나 수평적으로 격의 없이 대화하고, 일의 의미와 가치 등을 공유하고 쌍방향 소통하면 직원들의 사기가 쑥쑥 올라갈 것이다.

둘째, '친구형'이다. 구성원이 원한다면 리더와 언제든지 소통할 수 있도록 통로는 열려 있다. 하지만 정작 일과 관련된 정확한 피드백 등은 즐겨 하지 않는다. 따라서 시스템이 완비돼 매뉴얼만으로 운영 가능한 조직이거나 창의적인 조직 등에서는 무방하지만, 일반적인 조직에서는 자칫 기강해이로 이어지기 쉽다. 이 유형은 4C 요소 중 특히 공헌 부분을 보완해야 한다. 성과를 내기 위해 각자 해야 할 몫은 무엇인지 분명히 하고 성과체크 시스템을 확실히 구축할 필요가 있다.

셋째, '이미지 관리형'이다. 부하들과 자주 어울리지는 않지만 수평적으로 자상하게 대한다. 그러나 늘 좋은 덕담 일색일 뿐, 막상 현실 적용은 안 돼 뜬구름 잡는 이야기뿐이다. 리더의 이미지 관리에는 좋을지 모르지만 조직의 성과향상에는 문제가 많으며, 특히 위기상황에선 위험하다. 상사의 지도편달이 필요한 조직에서 이 같은 솜사탕 소통을 하면 영양가 없는 상사거나 사내정치에 목숨 거는 상사로 치부되기 쉽다.

이들이 보완해야 할 것은 명료성과 개념이다. 한마디로 '콘텐츠' 있는 소통을 해야 한다. 이야기의 요점은 무엇인지, 전략은 무엇인지 손에 잡히도록 명백하게 말하라. 곤란한 이야기라고 슬쩍 구렁이 담 넘어가듯 하지 말고 오해의 여지가 없도록 하라. 지금 당신에게 필요한 것은 인기나 환심이 아니라 부하와 함께 성과를 내는 것이다.

넷째, '전략가형'이다. 직원들과 직접적으로 만나지는 않지만 수평적 사고를 갖고 있다. 업무와 관련한 소통은 수시로 활발하게 전달한다. 일선부하들과 자주 어울리지는 않지만 직속부하들을 통해 자신의 비전, 열정을 불어넣고자 하는 편이다. 이들 전략가형에게 부족한 것은 맥락 요소다. 자신의 그림이 창대한 나머지 직원들과의 접점을 소홀히 할 수 있다. 그런 만큼 큰 그림이 부하들 각자에게 어떤 혜택을 가져다주는지 확실히 강조하면 소통의 효과를 볼 수 있다.

다섯째, '사이버 강사형'이다. 현장에서 만나기 힘든 데다, 일과 관련한 자신의 생각은 늘 폭포처럼 일방적으로 퍼붓는 공자왈 맹자왈 사이버강사 유형이다. 1대 1 소통보다는 1대 다중의 집회, 특히 IT기술을 통한 간접 만남을 선호한다. 온라인 교시, 각종 팸플릿, 사보 등을 통해 뻔하디뻔한 가상의 정보는 넘치도록 전달하지만 진짜 피가 통하는 대화는 없다. 효율은 높을지 몰라도 직원들의 외면을 받는다는 점에서 효과는 낮은 대표적 소통 소화불량형이다.

'쇽통'을 방지하기 위해서는 소통채널부터 바꿔야 한다. 동상이몽을 멈추게 하려면 리더가 전달하는 정보가 직원 각각에게 어떤 접점과 의미가 있는지를 각개격파식으로 대면설득하는 작업이 필요하다. 또 정보의 배치, 분량을 간결하게 하고 횟수를 줄이는 것도 방법이다.

여섯째, '잔소리꾼형'이다. 현장에도 자주 나타나 수시로 '감 놓아라, 배 놓아라' 시시콜콜 간섭한다. 그러나 이들의 현장소통은 듣기 위해서가 아니라, 일방통행식 지시 및 감시를 하기 위해서인 경우가 많다. 실무지식으로 무장돼 자신감 넘치는 이들 유형의 상사에게 시급한 것은 배려다. 기술, 지식역량에 배려와 사랑을 양념으로 치면 당신은 한결 맛깔나는 소통 리더십을 발휘할 수 있을 것이다.

일곱째, '목 깁스형'이다. 현장에 자주 나타나지만 자신의 영토를 돌아보는 귀족처럼 목을 늘 뻣뻣하게 세우고 다닌다. 이런 유형의 리더들은 현장에서도 직원들과 말 섞는 것을 무슨 큰 금기처럼 여겨, 직접 소통하기보다는 중간관리자를 통해 몇 단계를 거쳐 간접 소통한다. 심지어 늘 직원을 '도구'처럼 생각하며 '나는 상사, 너는 머슴'이란 특권의식을 공공연하게 내비친다. 출장을 가서도 자신은 특급호텔에 묵으면서 직원은 경비절감 차원에서 모텔에 머무르게 한다. 한마디로 알면 알수록 정나미 떨어지는 상사다. 의외로 요즘에도 이 같은 상사가 많다. 이들에게 필요한 것은 소통의 기술이 아니라 의식의 전면개혁이다.

여덟째, '무인도형'이다. 현장에 잘 나타나지 않을뿐더러 수직적 계급의식을 갖고 있고, 일과 관련된 소통도 별로 하지 않는다. 홀로 떨어져 직속부하 외에는 다른 사람들과 자주 만나지도 않는다. 현장의 부하들에게 무심해 홀로 떨어져 있고자 하고, 그들과 연루되는 것을 기피하는 구제불능 리더다. 설마 그런 사람이 있겠느냐고? 히틀러를 떠올려보시라.

확실한 군기는 장애물이 아니라 지지대가 된다

"별~들에게 물어봐!" 한동안 코미디 프로그램에서 인기 있던 바보 캐릭터의 대사다. 원칙 중심의 리더십을 세워놓지 않으면, 위기상황에서 구성원들은 "상~사에게 물어봐!"를 외치며, 책임을 전가하며 우왕좌왕하기 일쑤다.

누구라도 돌발적 상황에서 일관된 판단을 하기 위해서는 조직에 원칙과 규율이 있어야 한다. 황량한 광야를 이정표 하나 없이 걸어야 한다면 얼마나 막막할 것인가. 이처럼 막막할 때 확실한 '군기와 지침'은 부하들에게 규제와 억제의 장애물이 아니라 오히려 넘어졌을 때 붙잡고 일어설 지지대가 된다. 부하를 위해서라도 확실한 원칙은 세워야 한다. 스포츠에서 반칙과 규칙을 알면 억지를 쓰거나 심판의 눈치를 볼 필요 없이 경기에만 집중할 수 있는 것과 같다.

강한 리더들은 군기를 세우고 잡는 데 명수다. 그렇다고 억압적인 위계질서의 신봉자는 결코 아니다. 군기란 조직의 가치관을 지켜나가기 위한 행동강령, 즉 규율을 의미한다. 규율은 말하자면 조직의 뼈대라 할 수 있다. 뼈대 없는 조직이 똑바로 서는 법은 없다. 그래서 강한 리더들은 조직에 규율을 세우는 것을 자신의 최우선 임무로 생각한다.

얼핏 규율은 조직의 활력을 억누를 것 같지만, 오히려 그 반대다. 조직원은 구호와 규율에 맞춰 행진할 때 동료애와 자부심을 강하게 느끼며, 이는 곧 조직의 힘으로 발현된다. 규율은 구성원을 상사의 명령에 의해 움직이는 '졸개'가 아니라 기준과 원칙에 따라 움직이는 '주인'으로 격상시켜준다.

강한 리더의 시발점은 가치관에 기반을 둔 규율과 행동강령이 조직 곳곳에 살아 숨 쉬게 하는 것이다. 진정 유능한 리더는 조직에 필요한 일이라면 매정하리만큼 규율대로 처리한다. 당장은 혹독한 비난을 받더라도 말이다. 중요한 것은 엄격하게 규율을 강조하는 게 자신의 편의를 위해서가 아니라, 궁극적으로 조직과 구성원 모두를 위한 것임을 보여주고 이를 통해 신뢰를 얻는 것이다. 이 같은 규율로 담금질된 부하들만이 자신의 능력을 120% 발휘하고, 한계를 돌파하는 경험을 통해 조직에 헌신하고, 상사에게 충성한다.

강한 상사는 '만인의 연인'이 아니라 '규율을 잘 지키는 부하들의 연인'이 되고자 한다. 규율을 준수하는 모범직원을 특별대우하고, 문제직원을 차별대우하라. 착한 상사들은 말썽쟁이 직원을 감싸느라 우수직원을 소외시키고, 결국 인재를 놓치게 되는 어리석음을 범하곤 한다.

규율의 본때를 보일수록 모범직원은 늘어난다.

미군 역사상 최다 무공훈장을 받은 군사전문가 데이비드 핵워스David Hackworth 장군은 이러한 규율의 힘을 잘 보여준다. 베트남전에서 지형적 열세에도 불구하고 사기저하와 태도불량의 부하들을 백전백승의 용사들로 변모시킨 비결은 규율확립이었다.

그가 부임하자마자 가장 먼저 한 일은 최대한 잔인하고, 거칠고, 못된 지휘관이 되는 일이었다. 경례 붙이기, 군모 착용, 무기 청소, 실전을 방불케 하는 규율훈련을 반복함으로써 부하들의 원성을 샀다. 부하들의 살해 위협과 모함에도 그의 의도대로 군기를 잡을 수 있었던 것은 '진정성'이 있었기 때문이었다. 병사들과 동고동락하며 그들의 복지에 관심을 갖고, 자신부터 투철하게 규율을 지켰기에 그의 군기는 위엄을 발휘할 수 있었고, 전쟁에서도 승리의 군대를 이끌 수 있었다.

'군대에서야 군기가 생명이지만, 기업은 다르지 않은가?'라고 의문을 품을지도 모르겠다. 결론부터 말하자면, 외양은 다르지만 명확한 가치를 지켜야 한다는 점에서 기업에서도 규율은 군대 이상으로 중요하다.

세계적인 리더십 전문가 존 카첸바흐John Katzenbach는 열정을 가지고 운영되는 조직들의 중요한 공통요소 가운데 하나로 규율을 꼽는다. 저서 《열정 컴퍼니Peak Performance》에서 그는 규율의 중요성을 다음과 같이 설파한다.

"직원에게 활력을 부여하는 방법을 기술한 수많은 목록에 규율이 올라 있는 경우는 드물다. 그러나 규율 없이는 직원을 활성화시킬 수 없다. (…) 규율은 관리자가 집행하는 명확한 행동규칙과 작업자 스스로 부과하는 자기규율이라는 두 가지 종류로 구성되는데, 헌신적이고 우수한 직원을 확보하기 위해서는 어느 하나라도 없어서는 안 된다."

펀 경영의 대명사로서, 고객보다 직원을 우선시한다는 사우스웨스트 항공사에서조차 규율 우선은 예외가 없다. 사우스웨스트의 축제문화 이면에는 전사戰士 윤리가 존재한다. 실제로 들여다보면, 이들은 훈련생 시절부터 회사에서 정한 신속성에 관한 규칙을 준수해야 하며, 그것을 위반해 부적응자란 결론이 내려지면 퇴출된다. 콜린 바렛Colleen Barrett 사장은 "동료들 사이의 경쟁이 치열해서 원칙을 지키지 않는 사람들은 추방당한다. 우리는 엄격한 원칙을 정해놓고 있다"고 말한다. 재미있는 조직을 만들려고 할수록 더욱 신경 써야 할 것이 규율이다. 규칙 없는 경기는 재미도 없는 법이다.

당신이 지켜야 부하가 따라 한다

조직의 기강을 살리기 위해서는 명심해야 할 것이 있다. 상사부터 실천해야 한다는 것이다. 리더가 카리스마를 보여주고 싶다면, 먼저 리더부터 칼같이 원칙을 지켜야 한다. 리더가 말로는 원칙을 강조하면서 행동으로는 적당히 타협하고 자신은 열외임을 주장할 때, 조직의 기강은 무너지고 상사의 리더십은 지하로 숨어버린다. 리더부터 지키지 않는다면, 구성원들은 "너나 잘하세요" 하며 존경과 신뢰의 문을 닫아버린다.

기업교육을 하면서 느끼는 것이 있다. CEO가 참석하느냐, 안 하느냐에 따라 강의실의 집중도와 분위기가 확연히 달라지는 점이다. 이는 심지어 학교의 학생들도 마찬가지다.

예전에 고등학생을 대상으로 '명사 재능기부 강연회'를 기획한 적이 있었는데, 학교마다 교장 선생님들의 태도가 천차만별이었다. 어느 교장 선생님은 강연자를 교문까지 나와서 맞이하는 반면, 출장 중이라며 얼굴도 안 비치는 경우도 있었다. 이때 재미있는 사실을 발견했다. 교장 선생님의 태도가 학생들의 태도에 그대로 반영된다는 점이다. 교장 선생님이 출장 중이라며 애써 참석한 인사에게 차 한잔 대접하지 않은 학교의 학생들은 난장판이었다. 허리를 젖히고 늘어지게 자는 학생, 아예 뒤돌아 얘기하는 학생 등 난리도 그런 난리는 없었다. 당황한 나에게 담당 선생님은 "요즘 애들은 주의가 산만하고 버릇이 없으니 이해하시라"고 변명을 늘어놓았다. 그런가 보다 생각하며 다른 학교들을 돌아보니 요즘 학생들이라고 다 그런 것은 아니었다. 조금 과장하자면, 문제는 교장 선생님의 리더십이었다. 교장 선생님이 교문까지 나와 맞이하고 강연에 참석한 학교의 학생들은 집중력도 높았고, 질문도 활발했다. 글쎄, 교장 선생님이 참석하니 짜고 치는 고스톱(?)으로 그랬는지는 모르겠다. 그러나 리더가 열정을 가지지 않으면서 구성원들에게만 하라고 해서는 절대로 리더십 효과가 발휘될 수 없다는 것만은 분명 확인할 수 있었다.

리더가 개인적으로 싫든 좋든, 조직에서 하기로 했으면 적극적으로 모범을 보여라. 백번의 구호와 호통보다 한 번의 시범이 부하들에게 더 큰 영향력을 발휘한다. 야성미의 상징 할리데이비슨 오토바이가 침체의 늪에서 부활, 전성기 때의 판매고를 회복하는 데 기폭제가 된 것은 CEO가 직접 이 오토바이를 애용하는 모습이었다. 자기는 싫으면서 부하에게 좋다고 권유하면 절대 하지 않는다. '그렇게 좋은 거면 당신이나 하지, 왜 우리에게만 하라는 거야?' 하지 않겠는가.

얼마 전 CEO 모임에서 스케줄 공유의 투명도가 이야깃거리로 올랐다. 그때 내가 놀랐던 것은 많은 경영자들이 임직원의 일거수일투족을 손바닥 들여다보듯 환히 꿰고 싶어 하면서, 정작 자신의 스케줄은 공개하기 싫어하는 이율배반성이었다. 한마디로 "사장의 일정을 임직원들이 알아서 뭐합니까?"라는 반응이었다.

물론 사업상 비밀이나 만나는 대상자에 따라 경영자의 동선에 대해 보안을 유지해야 하는 경우가 있다. 그렇다면 '비즈니스 스케줄'로 표시하는 정도로 운용의 묘를 발휘하면 된다. 상사인 당신이 직원에게 원하는 만큼, 당신도 직원에게 공개해야 한다. 적어도 사무실에 있는 시간이 언제인지는 밝혀야 부하들이 그 시간에 맞춰 업무보고를 준비하지 않겠는가.

리더는 조직의 기수旗手다. 기수의 움직임에 따라 조직이 움직인다. 당신에게 언제 찾아가서, 언제 보고하고, 언제 회의를 열면 되는지 '미지수'로 남겨둔 채 구성원만 일과 조직에 한결같이 몰입하는 '상수常數'가 되라고 몰아붙이지 말라. 한 경영자가 스케줄을 임직원에게 며

칠 공개해봤더니 족쇄가 되어 숨이 막히더라는 하소연을 해왔다. 하지만 곰곰이 되새겨볼 일이다, 왜 족쇄가 되는가를. 자신이 열심히 일하고 있다면 그것이 드러났을 때 오히려 자랑스럽고 직원들에게 격려가 된다. 부하가 하길 원하면 상사인 당신부터 먼저 하라.

리더의 솔선수범에 따른 성과 차이는 역사에서도 증명된다. 인사·조직 컨설팅 전문업체인 타워스페린의 박광서 사장은 "우리 역사를 보더라도, 왕이 전장을 누빌 때가 가장 영토가 넓었다. 바로 고구려 시대다. 리더가 직접 나가 모범을 보이는 것이 리더십"이라 강조한다.

조조도 예외는 아니었다. 조조는 후세에 '난세의 간웅奸雄'이라 하여 간신의 전형처럼 평가되기도 하지만, 천만의 말씀이다. 잠깐은 몰라도 간사한 꾀로 조직을 일사불란 움직이는 데는 한계가 있다. 오히려 그는 솔선수범으로 부하들을 규합했다. 일례로 그는 낙양북부위, 요즘으로 치자면 경찰서장에 임명된 후 야간통행 금지령을 내리고, 위반 시에는 사형시키는 벌칙을 정했다. 한번은 황제의 총애를 받으며 최고 권력을 누리던 환관 건석蹇碩의 숙부가 이 금령을 어겼는데, 조조는 규율대로 그를 오색 몽둥이로 때려 처형했다. 이 같은 '본보기'를 보여주는데, 금령이 실천되지 않으면 오히려 이상한 일이다.

'보리밭 군령' 역시 조조의 솔선수범을 보여주는 일화다. 각종 전투를 치르며 곡식의 소중함을 깊이 새긴 조조는 행군할 때 보리밭을 밟아서는 안 되며, 군령을 어기는 자는 가차 없이 참형을 당할 것이라 엄명했다. 그런데 하필 조조의 말이 비둘기가 퍼덕거리는 것에 놀라

보리밭에 뛰어들었다. 이에 조조는 스스로 군령을 어겼다며 자신의 머리카락을 베었다.

어찌 보면 목 대신 머리카락을 자른 것이 조조다운 간사함의 발로처럼 보일 수도 있다. 하지만 머리카락을 자른다는 것이 그 당시 육형肉刑 중 '곤髡'이라 불리는 대단히 가혹한 징벌이었다는 점을 감안하면, 위기 모면의 속임수라기보다는 리더의 솔선수범이라 보아야 할 것이다.

최근 단기간의 급성장으로 주목받는 CEO 전문 교육기관이 있다. 이들의 성장비결은 바로 성과에 대한 투명한 평가와 가치관 공유에 있다. 그들은 1주일마다 열리는 정기 조회와 문자, 메일로 강사진의 강의점수를 공개한다. 물론 이 기관의 수장인 C회장도 예외가 아니다.

어느 날이었다. C회장의 강의 평점이 2점대인 평가표가 나왔다. 회장이 자칫 강사평가에서 꼴찌를 할지도 모른다는 걱정에 실무자는 점수를 상향 조작했다. 얼마 후 그 사실을 알게 된 C회장은 "당신이 우리 회사를 망칠 작정이냐"며 노발대발 야단을 쳤다. 그는 "상사에게 충성한답시고 그가 위반한 것을 용납하고 넘어가는 것 자체가 기강 붕괴를 초래한다"며 "규율은 세우기 어렵고 오랜 세월이 걸리지만, 리더의 묵인으로 한번 무너지면 순식간"이라고 공개적으로 게시판에 올려서까지 경계했다. 그의 말대로, 리더가 나서서 위반하지 않더라도 묵인하는 것 자체로도 조직의 기강은 해이해지게 되어 있다.

얼마 전 P이사장을 만났다. 그는 직원들을 존중하기로 유명한 경영자다. 직원들을 대상으로 한 '상사와의 점심' 경매에서 그는 늘 상종가를 달린다. 나는 늘 재미있고 성과도 높은 조직을 이끄는 리더들의 비결이 궁금했다. 만난 김에 단도직입적으로 물었다. 그의 대답은 놀랍게도 군기, 즉 '조직기강 확립'이었다.

P이사장은 공공기관의 장長이기에 구체적 실천방법이 한층 궁금했다. '굴러온 돌'인 임명직 리더가 '철밥통'으로 신분보호가 되는 '박힌 돌' 공무원을 해고하고 강등시킨다는 것은 아무리 기관장이라도 쉬운 일은 아니기 때문이다. 이에 대한 그의 대답은 단호했다. "잘못한 부하들이 마지막 수단으로 대항하는 무기가 상사의 비리폭로 위협이지요. 상사의 비리나 위법을 빌미로 거래를 하자는 것인데, 제가 하늘 아래 한 점 부끄럼이 없기 때문에 비리 부하들을 처벌하는 것이 가능했습니다. 혹시라도 빌미될 것이 티끌만큼이라도 있었다면, 아예 처음부터 자신 있게 추진하지 못했겠지요."

윗물이 맑아야 아랫물이 맑다. 상사인 나는 열외이고, 부하들에게만 엄격히 적용하는 이중적 잣대는 조직에 활기를 불어넣기는커녕 족쇄가 되어 불만만 사게 한다. 마티스급 직원을 벤츠급으로 달리게 하는 기동률은 상사부터 규범을 실천하는 데 달려 있다.

리더의 감정이 아니라 규율과 법칙으로 조직을 창조적이고 자율적으로 움직이게 하라. 단호한 규율준수와 예외 없는 일벌백계로 군기를 확립하라. 그 같은 시범만이 고성과를 내는 승리의 리더십을 구현할 수 있다. 직원들이 "우리 회사는 사장님도 이 원칙을 어기면 해고됩니다"라고 자신 있게 말할 수 있을 때 강한 규율은 확립된다.

냉정과 온정의 아수라 백작이 되어라

당신은 따뜻한 리더인가, 차가운 리더인가? 이 질문에 당신이 해야 할 이상적 대답은 '둘 다'다. 진정으로 강한 상사는 냉정과 온정의 양면성을 띠는 아수라 백작의 얼굴을 하고 있다. 일사불란한 군기로 조직체계를 구축하되, 직원들의 마음을 부드럽게 휘어잡을 줄도 안다. 냉정과 온정의 관계가 '선택or'이 아니라 '양립and'으로 균형을 이룰 때, 비로소 강한 리더가 될 수 있다. 동양철학에서 음과 양이 공존하듯, 성과를 내는 리더는 '이면서 아니다'의 태극 리더십을 실현한다.

자유롭고 즐거운 분위기를 조성하면서도, 생산성 및 성과에 대해서는 엄격함을 보이는 다중인격성은 강한 리더의 요건이다. 강한 리더는 부하들과 적절한 '거리'를 유지하는 동시에 적절한 '관계'를 형성하는 방법을 안다. 독수리가 양쪽 날개로 날듯이, 리더도 냉정과 온정의 양 날개로 리더십을 발휘해야 한다. 어느 하나만 있는 리더십은 추락할 수밖에 없다. 부하들은 "업무 시에는 긴장감을 갖게 하고, 때로는 미워지도록 모진 마음으로 통솔하면서 결정적인 순간에는 믿고 따를 만한 무엇인가를 보여주는 상사가 가장 존경스럽다"고 입을 모은다.

한 경영자는 "인간적인 것이 성과향상과 유지에 전혀 걸림돌이 되지 않는다"고 말한다. 그가 말하는 '인간적'은 앞서 말한 '친화형 리더십'과는 다르다. 그는 더 많은 사람에게 이득이 돌아가게 하기 위해 나태한 직원들을 개조하고, 그래도 안 되면 해고하는 것이 오히려 인간적인 경영의 요체라고 말한다. 탈락한 직원들 역시 자신에게 적합한 일을 찾을 기회를 하루라도 빨리 얻을 수 있기 때문이다.

부패를 청산하고 싱가포르를 부국富國으로 만든 리콴유 전 총리 얘기를 할 때마다 전해지는 일화가 있다. 한번은 탁월한 건축설계사로서 정부의 고위관료가 된 그의 친구가 100만 달러의 뇌물 스캔들에 연루되어 징계대상이 되었다. 친구는 리콴유에게 몰래 찾아와 선처를 호소했지만, 리콴유는 법대로 할 수밖에 없다며 눈물을 머금고 그를 돌려보냈다. 결국 국민 여론의 매서운 질타 앞에 그 친구는 수치심을 이기지 못하고 자살해버렸다. 리콴유에게 평생 씻을 수 없는 아픔이 됐음은 물론이다.

"그 친구는 100만 달러의 뇌물 스캔들로 자살까지 했는데, 아마 그 친구가 우리나라에 벌어준 돈은 그 수백 배는 되었을 겁니다. 정말 유능하고 좋은 친구를 난 그렇게 할 수밖에 없었어요. 그런 매서운 각오 없이는 결코 부정부패 척결이 불가능하다고 봤기 때문이죠. 신뢰를 잃으면 개혁은 끝입니다."

이런 비인간적 거절은 '거룩한 냉혹함'이라 할 수 있다. 개인적 면에서 한번쯤 봐주고 승낙해주고 싶지만, 공적 측면에서 결연히 '노no'라고 했기에 조직의 규율은 '고go'할 수 있었다.

안세영 서강대 교수는 저서 《이기고 시작하라》에서 좋은 리더의 양면성을 세종대왕과 이순신 장군의 예를 들어 설명하고 있다. 세종대왕이라 하면 왕의 치적을 찬양하는 용비어천가만 울려 퍼졌을 것 같지만, 사서를 살펴보면 오히려 곤장을 치는 철퍼덕 소리가 전국에 메아리쳤다고 한다. 바로 관내에 굶는 백성이 없게 하라는 어명을 어긴 수령들이 볼기짝 맞는 소리였다. 세종대왕은 지방 관리들만 괴롭힌 게 아니라 한양에 있는 중앙 대신들도 들들 볶았다.

불멸의 이순신 장군도 마찬가지였다. 자상한 인물로만 알려져 있지만, 기록을 보면 부하들에게 아주 엄격했다. 일례로 금부나장 2명이 뇌물을 받고 도망병을 묵인해줬다는 보고를 받자 이순신은 사실 확인을 한 후 그 자리에서 그 둘을 처형했다.

직원들은 리더가 불같이 퍼붓기만 하면 피하고, 물같이 유하기만 하면 무시한다. 거듭 강조했듯이, 물과 불의 양면성은 좋은 리더가 갖춰야 할 조건이다. 그러나 한비자는 불같은 리더보다 리더를 물로 보게 하는 물 같은 리더의 부작용이 더 위험하다고 경고하며 "불에 타 죽는 사람보다 물에 빠져 죽는 사람이 더 많다"고 잘라 말했다. 목표에 치중하느라 인간적 배려에 어두운 불같은 리더십보다 인간적 배려 때문에 목표를 추진하지 못하는 물 같은 리더십이 더 위험하다는 의미다.

물 같은 리더십으로 나라를 난국에 빠뜨린 무능한 리더의 모델로 든 이는 정나라 재상 유길游吉이다. 이야기는 정나라의 재상 자산子産이 죽기 전 자신의 후임자 유길에게 유언을 남기면서 시작된다.

"내가 죽으면 유길 그대가 정나라 재상이 될 것이오. 부디 엄격함으로 백성을 다스려주시오. 무릇 불은 겉보기에 기세가 맹렬해서 사람들이 이를 두려워하므로 불에 타 죽는 사람이 많지 않소. 허나 물은 겉보기에 평온하고 부드러워 만만하게 여기기 때문에 물에 빠져 죽는 사람이 많은 법이오. 그대는 꼭 형벌을 엄격히 하여 당신의 양순함 속에 사람들이 빠져 죽는 일이 없도록 하시오."

그러나 유길은 마음이 약해 형벌을 엄중히 하지 못했다. 결국 정나라는 국가기강이 문란해져 도처에서 난이 일어났다. 그제야 유길은 자산의 말을 따르지 않은 것에 대해 후회했지만, 이미 때는 늦었더란 얘기다.

흐물흐물 뼈가 없는 리더십이 조직 전체를 어떻게 몰고 가는지 알았는가? 그렇다면 당신은 어떻게 하겠는가? 예컨대 술자리에서 부하가 당신에게 핵폭탄급 주사를 늘어놓고 있다면? 술자리 일이라며 그냥 허허 웃어넘기겠는가, 아니면 상사에게 무슨 짓이냐고 멱살을 틀어쥐겠는가? 전자라면 규율이 무너질 것이 걱정이고, 후자라면 속 좁은 상사라는 '뒷담화'를 들을 테니 진퇴양난 아닌가.

웅진 태양광에너지 오명 회장이 건설교통부(현 국토해양부) 장관으로 재임하고 있을 때다. 함께 술자리에서 있었던 한 과장이 "오명 장관!" 하고 맞먹을 태세로 주사를 부렸다. 주위의 만류에도 그 과장은 마이크를 놓지 않고 계속 소리를 질러댔다.

다음 날 아침 해당 과장의 상사인 차관이 헐레벌떡 와서 해명하느라 진땀 빼고 있을 때, 오 장관은 거두절미하고 "사표 받아" 한마디만 던졌다. 호기 부렸던 과장과 책임 국장, 또 그 국장의 책임자인 차관까지 모두 사표를 제출하라니…. 그는 이 3장의 사표를 책상 서랍 속에 보관해두었다. 언제 사표를 수리할지 모르니 당사자들이 긴장하는 것은 물론이요, 이 사건 이후 조직에서 술 마시고 해롱거리는 일이 완전히 사라졌다. 알고 보니 그 과장은 능력이 걸출한 인물이었는데, 장관 앞에서 자기 존재를 알리고 싶은 욕심에 그만 실수를 했던 것이다. 오 장관은 이 일이 있고 난 두 달 후에 그 과장을 국장으로 승진시켰다. 그리고 사표를 돌려주며 한마디 했다고 한다.

"지난번에 자네 사표를 처리하려 했는데, 일 하나는 똑 부러지게 하니까 특별히 봐줬네."

유능한 상사의 감동은 막연한 선의, 규율을 무시한 포용에서 나오는 것이 아니다. 밀고 당기고, 조이고 풀고, 병 주고 약 주고의 양수겸장에서 나온다. 냉정과 온정, 이 두 요소를 겸비하지 못한 리더는 부하를 성장시키기 힘들다.

규율을 엄격하게 시행하는 것은 때로는 비인간적이기도 하고, 때로는 번거롭기도 하며, 때로는 상사 자신의 위치를 위태롭게도 한다. 하지만 조직의 기강을 세우기 위해서 반드시 해야 할 일이다. 온정 일변도의 조직은 해이하고, 공포 일변도의 조직은 위축된다. 둘 다 구성원들의 일할 맛을 잃게 한다. 규율이 없이 좋은 조직을 만들기 힘들다. 강한 리더치고 조직에 군기를 반듯이 세워놓지 않은 이는 없다.

강한 상사가 되고 싶은가? 조직의 기강부터 제대로 잡아라. 리더 본인부터 앞장서 지키고, 냉정과 온정이 어우러질 때, 상사의 '포스'는 저절로 만들어진다.

낙관적인 선무당이 부하 잡는다

착한 상사가 흔히 범하는 오류가 있다. 이른바 '선무당식 코칭'과 '희망고문'이다. 선무당 상사는 서투르고 어설픈 코칭으로, 희망고문 상사는 막연한 희망으로 부하의 진을 뺀다는 점에서 그 폐해가 일맥상통한다.

"선무당이 사람 잡는다"고 한다. 요즘 코칭이 많아지면서, 선무당 상사에게 피해를 당하는 애꿎은 부하들이 늘고 있다. 상사의 풋과일 코칭의 떫고 신맛을 삼켜야 하는 마루타 역할을 하는 것이다.

물론 교육을 통해 성장하고 부하를 육성하며 리더십을 계발하는 것은 좋다. 문제를 스스로 찾고 해결을 모색해 동기부여하자는 데 토를 달 사람은 없다. 단, 알맞게 삭히고, 새기고, 조율하는 과정 없이 본인도 어설픈 상태에서 부하를 마루타로 삼아 실험하지는 말라. 어깨 너머 들은 것으로 실험하는 선무당 코칭 상사는 부하들을 기진맥진 힘들게 하기 일쑤다.

대기업 마케팅부서에서 일하는 Y는 L팀장 이름만 꺼내도 고개를 절레절레 흔든다. 팀장과 미팅을 하고 나면 머리에 쥐가 나고 온몸에 진이 빠진다는 것. L팀장이 코칭교육을 받은 후부터 나름 그것을 써먹는답시고 지시사항을 부하에게 신속 정확히 전달하는 법이 없기 때문이다. 자신의 결론이 이미 정해져 있고 심중에 정답이 있으면서도 결코 먼저 그 카드를 보여주지 않는다. 그리고 부하들이 자신의 생각을 맞힐 때까지 지루한 '밀당(밀고 당기기)'을 한다. 실무자의 재량에 맡긴다고 해놓고서는, 실제로 자신의 정답에 부합하지 않으면 결국 결과를 번복하고, 부하들은 이를 수습하느라 애먹고, 일은 일대로 이중삼중 꼬이기 일쑤다. 한마디로 설거지거리가 더 많아진다는 불평이다.

마음속에 결론이 확실하다면 그냥 지시하라. 부하에게 퀴즈의 정답을 맞혀보라며 게임을 강요하지 말라. 당신이 코칭을 한답시고 밀당 게임을 할 때마다 부하는 마음속으로 애타게 "저를 시험에 들지 말게 하옵시며…" 하며 기도문을 외울지 모른다.

모 골프장의 오너 경영자가 있었다. 어느 날 골프를 치다가 골프장 한 켠에 소나무 2그루를 심으면 좋겠다는 생각이 문득 떠올랐다. 경영자 리더십 과정에서 코칭교육을 들은 가락이 있던 그는 실무 책임자를 불러 단도직입적으로 말하지 않고, "저기 7번홀 고개 너머가 좀 허전

한데, 자네 생각은 어떤가?" 하고 물었다. 부하에게 적어도 자기 업무 영역 안에서는 자율적으로 일할 수 있다는 자부심을 주기 위한 배려였다. 자, 일선의 부하 존중, 지금까지는 좋았다.

여기에서부터 코칭과 고문이 갈리기 시작한다. 소나무 2그루라는 상사의 '본심 아이디어'와 부하의 '현장 아이디어'가 즉각 스파크를 튀기며 이심전심 맞아떨어지면 더할 나위 없이 이상적이다. 상사는 위임해서 좋고, 부하는 신임받아서 좋다.

문제는 '빙고!' 하고 정답이 안 나왔을 때다. "저도 그런 생각이 들었는데, 소나무 2그루 정도 심어보는 게 어떨까요?" 하고 기다리는 대답이 책임자 입에서 딱 나와줄 때까지 스무고개 게임을 지루하게 핑퐁 튀겨야 한다면, 이건 이미 코칭이 아니라 시간 낭비, 인건비 낭비다. 부하가 아이디어를 내는 것이 아니라 상사 눈치를 보면서 골머리를 싸매고 상사를 향한 독심술을 행해야 하기 때문이다. 스무고개 식의 어설픈 코칭은 부하의 기를 살리기는커녕 죽게 한다.

코칭할 것과 지시할 것을 명확히 구분하는 것은 리더의 능력이다. 목적지가 정해져 있는데, 새삼스럽게 목적지를 토론에 부치면서 부하들 시간을 낭비하고 진을 뺄 필요는 없다. 스무고개 코칭 게임한다고 일부러 핵심을 피해 빙빙 돌려 말하지 말고, 기대와 요구를 분명하고 간결하게 전달하라. 합의와 지시와 상담은 다르다. 지시는 코칭으로 다룰 문제가 아니다. 답을 숨겨두고 보물찾기해보라며 빵빵이 코칭을 당할 때, 부하는 조롱당한 기분까지 든다. 풀이과정을 요구할지언정 정답을 갖고 밀당하지 말라.

선무당 코칭 상사 못지않게 부하의 진을 빼는 이가 바로 '희망고문' 상사다. 김유정의 단편소설 〈봄봄〉에서 봉필 영감은 노비를 공짜로 부려먹기 위해 거짓으로 데릴사위 약속을 하고, 딸이 클 때까지 기다리라며 마냥 미루기만 한다. 봉필의 이 고약한 심보가 바로 희망고문이다.

조직에서도 마찬가지다. 못된 악질 상사 못지않게 조직의 성과를 떨어뜨리는 상사는 뒷감당 못할 해결사를 자임해 '결정의 본질'을 흐리는 오리무중 희망고문 상사다. 이들은 분위기에 휘말려 '정해진 결론을 번복할 가능성, 차후 논의' 등의 막연한 해결책을 제시해 부하들에게 그릇된 희망을 갖게 하고, 이후 뒷감당을 못해 나가떨어지기 일쑤다. 결국 결단과 전달의 시기를 놓쳐 조직, 부하 모두에게 피해를 준다. 결과적으로 본인에 대한 신뢰와 평점까지 떨어지니 '설상가상'이다. 코칭의 본령은 상사와 부하 모두 길을 잃고 미로를 헤매는 것이 아니다. 문제의 원인은 무엇인지, 바뀔 수 없는 조직의 결정은 무엇인지, 상사로서 요구사항은 무엇인지 부하에게 분명히 전달하고, 설명하고, 해결책을 모색하라.

모 공공기관 컨설팅 때 있었던 일이다. 본부가 지방으로 이전하게 돼 불평인 직원들이 많았다. 서울에서 일하는 평직원들은 자녀 교육문제도 있다며, '워크 스마트work smart'를 들먹이며 유동시간 근무제, 재택 근무제를 주장하고 나왔다.

희망고문 상사는 경청 하나는 열심히 한다. 문제는 해결책을 모색하지 못하는 데다, 책임을 상부에게 전가하기까지 한다는 점이다. 직원들이 그 같은 요구를 하더라도 조직에서 전혀 실행할 의지도, 검토계

획도 없다면, 전제 자체는 변함없다는 사실을 명확히 짚어줘야 한다. 직원대표가 "간부인 당신이 얘기하면 재고의 여지가 있지 않겠느냐"고 물을 때, 당신이라면 어떻게 답하겠는가?

"말을 들어보니 지방 이전에 따른 직원들의 문제점이 아주 많은 것 같습니다. 나도 여러분의 마음을 잘 압니다. 유동 근무제, 재택 근무제, 다 나름대로 이유가 타당하군요. 사장님께 건의해보겠습니다."

당장은 친절하고 포용성 있는 리더 같지만 실상을 들여다보면 전혀 아니다. 결정이 바뀔 가능성이 없다면 부하로부터 날아올 원망의 공, 결과보고 후 사장으로부터 날아올 질책의 공으로 당신은 혹 떼려다 몇 개의 혹을 덤으로 주렁주렁 달게 될 것이다. 안 되는 것은 안 되는 것인데 윗사람에게 물어보겠다는 언질을 줌으로써 문제를 해결하지 못하고 지연시킨 데다, 헛된 희망고문은 물론 책임전가까지 했기 때문이다.

문제해결 방식으로 보았을 때, 상사는 '눈 같은 상사'와 '비 같은 상사'로 구분된다. 눈 같은 상사는 당장은 평온한 것 같지만, 문제의 본질을 덮어버리고 해결책을 제시하지 않는다. 결과적으로는 눈 녹은 후 질척거리는 길처럼 문제를 더 복잡하게 만든다. 반면 비 같은 상사는 당장은 추적추적 개운치 않고 불편하겠지만, 문제의 본질을 직면하게 함으로써 해결책을 모색하게 해준다. 부하 코칭은 함께 참여해 문제를 해결하자는 것이지, 문제를 덮어두고 결정을 연기하라는 것이 아니다. 오히려 문제점을 지적해 불편한 진실에 직면하게 해주는 게 부하에 대한 예의다.

상대방의 말에 귀를 기울이고 좌절하지 않고 스스로 문제해결책을 찾도록 충분히 도와줘라. 문제의 본질을 가린 채 "좋은 게 좋은 거지", "네 잘못이 아니야" 하며 부하의 변화를 촉구하지 않은 채 사태를 관망하며 회피와 결단보류로 일관하는 자세는 해결책이 될 수 없다. 원인에 대한 진단 없이 위로만 해주면 환자는 어떻게 해야 할지 몰라 당황스럽다. 의사들이 환자에게 묻고, 진단하고, 처방하듯 부하들에게도 그와 같은 대처가 필요하다.

'안 된다'는 것도 중요한 피드백이다. 잘못된 길을 가는데도 그냥 두면 부하는 자신이 길을 잃었는지조차 모른다. 이미 회사의 결정, 지시사항이 분명한 상태라면, 리더로서는 그것을 명확히 전달할 책임이 있다. 구성원의 요구사항, 불편사항이 말도 안 되는 것이라면, 분명하게 안 된다고 선을 그어줄 필요가 있다.

평가에서 무엇이 문제인지, 달성기한이 언제인지 모른 채 실낱같은 낙관에 마냥 매달리게끔 하는 잔인한 희망고문을 하지 말라. 해결책은 간단하고 명료한데, 이리 돌리고 저리 돌리고, 괜히 시간만 질질 끌지 말라. 착한 척하는 선무당 코칭 상사와 희망고문 상사는 직원을 피곤하게 할 뿐 아니라, 본인에 대한 조직의 평가, 조직의 성과와 사기 모두를 떨어뜨린다. 눈처럼 표면만 일단 덮으려 하지 말고 비처럼 문제점을 씻어내라.

부하의 일, 귀신같이 파악해야 귀신같이 부릴 수 있다

부하를 쥐지도 말고, 펴지도 말고 쥐락펴락하라. 쥐기만 하면 기를 못 펴고, 펴주기만 하면 오만해지는 게 인간의 심리다. 이 양면성을 알아야 부하를 쥐락펴락할 수 있다. 권력은 노발대발, 희희낙락에서도 아닌, 엄정한 업무파악력에서 나온다.

지시를 내리는 것 못지않게 중요한 일은 수행결과를 충실히 검증하는 것이다. 트집도, 방관도 아닌 '전략'으로 말이다. 창업자 스티브 잡스의 퇴출 이후 애플이 몰락을 거듭할 당시 2명의 CEO는 서로 대비되는 인물이었다. 스티브 잡스가 영입해온 펩시콜라 출신 CEO 존 스컬리John Scully는 마케팅만 알고 기술개발 업무를 모른 채 구성원을 지나치게 방임해 화를 초래했다. 심지어 회사의 성패를 가르는 결정이 경영자도 모르는 채 이뤄지기까지 했다. 반면 스티브 잡스에게 CEO

자리를 물려주고 불명예 퇴진한 길 아멜리오Gil Amelio는 자신의 기술개발 업무실력을 과신하고 강력한 통제 시스템을 추진하다 반발을 초래했다. '펴락파'나 '쥐락파' 모두 조직을 분산시켜 산지사방 이탈하게 한 실패한 리더였다는 점에서 같았다.

강한 상사는 선불리 부하들을 닦달하지 않는다. 그만의 실력과 증거로 부하를 압도하는 노하우가 있다. 공을 던졌으면, 부하가 몇 개를 받고 몇 개를 놓쳤는지 확인하라. 점검하지 않고 매번 넘어가는 기미가 보이면, 그 순간 부하들은 해이해진다. 부하들을 믿는데 일일이 점검하는 것은 불신의 징표 아니냐고? 천만의 말씀이다. 그렇지 않았다가는 부지런히 성과를 낸 부하만 손해를 볼 수 있다. 이런 과오를 범하지 않기 위해서라도 업무파악과 제대로 된 우열평가는 상사의 필수요건이다. 귀신같은 상사만이 직원을 귀신처럼 부릴 수 있다.

업무력과 권력으로 장악하라

조직 장악을 잘하는 리더들은 이른바 '스타급' 구성원들을 휘어잡는 것부터 시작한다. 아래 10%에 애면글면하기보다 상위 10%를 장악해 조직을 길들여라.

한국 축구를 월드컵 4강으로 이끌었던 히딩크 감독의 가장 중요한 운영철학은 '팀워크'였다. 자고로 팀워크를 외치지 않는 스포츠 감독은 없다. 그런데 왜 히딩크 감독에 와서야 이 팀워크란 구호가 유독

참신하게 들릴까? 히딩크는 인기와 명성에 기대려는 스타급 선수들의 눈치를 보지 않고, 오히려 이들의 선발권을 100% 활용함으로써 대표팀에 긴장감을 불어넣었다. 이것은 몇몇 선수들에게는 위기감을, 그리고 다수의 선수들에게는 가능성을 주면서 모든 선수들에게 동기를 부여하는 전략이기도 했다. 그는 당시 대표팀에서 절대적 존재였던 홍명보의 완장을 떼었다 붙였다 하고, 스타플레이어로 주가를 올리고 있었던 안정환에게도 자신의 훈련방식대로 따라주지 못하면 대표팀은 꿈도 꾸지 말라고 경고했다.

히딩크가 선수 선발권이라는 감독 권한을 통해 팀워크를 관철시킨 것처럼, 상사가 인사권과 같은 권한을 쥐고서 부하에게 겁을 주는 것이 효과를 발휘할 때가 있다. '겁'을 전략적으로 잘 활용하면 보톡스처럼 조직을 팽팽하게 한다. 보톡스가 독으로 만들어졌지만, 주름을 펴게 하는 약이 되는 것과 같은 이치다. 단, 겁은 '독약'과 같아서 아무 때나 함부로 사용하면 오히려 부작용이 클 수 있다는 점을 명심해야 한다. 부하의 심리와 현장을 100% 파악하고 장악하고, 아울러 범접할 수 없는 '전문적 역량'을 갖춘 상사만이 위협전략을 십분 활용할 수 있다. '나는 너희가 무슨 일을 하고 무슨 생각을 하는지 한손에 꿰고 있다'는 것을 심증이 아닌 물증으로 압도하라.

2011년 소말리아 해적에게 납치되었다 총상을 입고 기적적으로 살아난 '아덴만의 영웅' 석해균 삼호주얼리호 선장 이야기다. 그는 원래 다른 상선을 몰았다고 한다. 그러다 계기가 되어 신임선장으로서 주얼

리호의 선원들과 일하게 되었다. 그런데 소위 텃세 탓이었는지 선원 몇 명이 말썽을 피우자, 석 선장은 직원 3명을 바로 하선 조치한 후 이렇게 말했다. "나는 너희들의 과거 선장과는 다르다. 너희가 배에서 알고 있는 것을 나도 다 안다. 너희들이 모르는 것이 있으면 내게 물어라. 배 위에서는 규율이 필요하다."

지시를 한 후 긍정적이든 부정적이든 검증하고 피드백을 주는 것은 상사의 의무다. 자신의 지시대로 실행하지 않는데도 부정적 피드백을 주지 않고 그냥 넘어가면, 부하들은 그것을 수용의 증거로 받아들이기 쉽다.

전문적 역량을 활용한 역사적 대표주자로는 청나라 옹정제가 꼽힌다. 음모와 반역의 시대에 그가 황제라는 권력 외에도 부하들을 꼼짝 못하게 한 무기는 바로 '전문역량', 즉 실력이었다. 그는 이른바 '주비硃批'라 해서, 신하들의 결재 문서나 상소문 등에 일일이 붉은 글씨로 화답해주었고, 주야를 가리지 않고 어마어마하게 많은 양의 문서를 검토하면서, 이에 대한 비평은 물론이거니와 중복된 상소문을 올리거나 오탈자를 낸 신하들을 호되게 질책했다. 당연히 신하들은 바짝 긴장했고, 모반과 음모는 꿈도 꿀 수 없었다.

이외에도 신하들을 마작패 하나로 옴짝달싹 못하게 한 것은 유명한 일화다. 대신 왕운금이 정초에 마작을 했다. 며칠 후 조회에 참석한 왕운금에게 옹정제는 "그대는 정초에 무엇을 했느냐"라고 말문을 열고서는 "마작패 하나를 잃어버리지 않았느냐"고 묻었다. 그러더니 소매 속에서 그 없어진 마작패 하나를 꺼내 보여주었다. 이 일이 나라

안팎으로 전해지면서, 신하들이 모두 황제를 두려워해 겉으로는 물론, 사적인 장소에서도 충성을 다했다고 한다. 회의나 보고 때 전문지식과 확실한 물증으로 제압하며 신하들 입에서 "앗 뜨거!" 소리가 나도록 본때를 보여준 것이다.

한나라 유방이 명장 장이와 한신을 압도하기 위해 물증을 확보하고자 한 함정극은 처절하기까지 하다. 유방은 이름만 제후인 자신을 비웃지 않을까 두려워지자, 밤에 두 장군의 군영으로 몰래 잠입해, 군대를 동원할 때 쓰는 부절을 갖고 나왔다. 그러고서는 두 장군을 소집해 호통을 쳤다. "군대를 다스릴 자격이 없다! 도장과 부절이 없어지는 것도 모르는 채 자다가 적의 기습이라도 받으면, 위험하지 않겠느냐!" 한신과 장이는 낭패한 기색을 감추지 못하고….

물론 함정극이란 점에서 논란의 여지는 있다. 하지만 업무를 파악하고 있다는 증거를 보여줌으로써 부하를 쥐락펴락하는 것이 조직 장악력의 유효한 방법이란 점은 오늘날에도 부인할 수 없다. 상사의 권한, 함부로 사용하지는 말되 필요할 때는 악 소리 나게 활용하라.

현장에서 확인하라

강한 리더는 부하가 자신의 지시를 어떻게 수행하는지 파악하는 나름의 노하우를 갖고 있다. 책상에서 지시 내리고 책상에서 보고받는 탁상공론파는 없다. 일단 명령을 내렸으면, 스스로 나가서 그 실행을 자신의 눈으로 보고 현장에서 확인하라.

"했니? 했어! 통과!"의 무사통과 탁상공론형 상사는 자기가 사인한 보고서 내용을 파악하기는커녕 기억조차 못하기 일쑤다. 부하들에게 '대강 보고해도 알아채지 못할 것'으로 파악되면, 그 상사는 이내 무시해도 좋은 사람으로 전락하고 만다. 더욱이 이런 상사일수록 부하를 보호하는 호인이라기보다는, 나중에 문제가 발생하면 "난 몰랐다"며 부하에게 책임회피를 하고, 오리발을 내밀기 일쑤다. 근거 없이 믿는 사람은 근거 없이 불신하기도 쉬운 법이다. 이들 '예스-패스' 상사는 오히려 열심히 일하는 부하조차 의심하기 십상이다. 어깨너머로 보고서를 채 넘기지도 않거나, 첨부된 문서는 열어보지도 않은 채 전자결재에 사인부터 한 적은 없는지 생각해볼 일이다.

'포템킨의 마을'이란 말을 들어봤는가? 러시아 예카테리나 대제의 정부情夫이자 러시아군 총사령관이었던 포템킨이 자신의 공적을 과장하기 위해 황제가 시찰하는 마을을 화려하게 단장한 것에서 유래한 것이다. 번지르르한 겉치레를 뜻할 때 쓰는 말이다.

정도의 차이는 있지만 상사에게 잘 보이기 위해 자신의 업무성과를 실제보다 과장되게 보고하고자 하는 것은 부하들의 본능이자 특성이다. 많은 부하들이 상사 주변 인물들에게 줄을 대 좋은 평가를 부탁하려 하고, 상사의 동선이 어떻게 되는지 알아내 앞으로의 일에 대비하려 한다. 이 같은 시도를 물리치고 제대로 부하의 업무능력과 태도를 파악하는 것은 상사의 능력이자 의무다.

지시를 내렸으면 발로 확인하라. 상사가 지시를 내리고 현장파악에 서투르거나 게으르다면, 이 같은 '포템킨 마을'식 전시성 보고가 넘치거나, 중간 과정에 대한 왜곡된 보고가 넘치게 된다. 단, 전략적으로 쪼아라. 섣불리 의심만 표하거나 '태산명동 서일필泰山鳴動鼠一匹'이라고 태산이 떠나갈 듯 지시사항을 점검할 거라고 엄포하고서는 설렁설렁 넘어가면, 부하들은 상사의 말을 우습게 여기기 쉽다.

현장을 확인하는 방법 중 효과적인 것은 불시 또는 비정기 점검이다. 부하들의 예상을 뒤엎는 장소와 시간에 나타나 갑작스럽게 점검할 때, 보다 정확한 확인이 가능하다. 지시사항을 점검할 때, 곧이곧대로 부하들이 준비해둔 것만을 '수박 겉핥기'로 점검하면 하나마나다.

K구는 눈길 청소 1등을 달리는 자치구다. 그 비결은 바로 구청장의 '불시 순시.' 구청장은 싸라기눈만 흩날려도 새벽부터 이 지역 내 이곳저곳을 직접 돌며 순찰했다. 그의 장기는 예정된 순찰코스를 뒤집는 것이었다. 직원들이 미리 짜놓은 신작로 위주의 순찰코스를 따르지 않고 현장 시찰 당일에 갑자기 코스를 바꾼다. 이러다 보니 골목길이나 후미진 길 쪽을 책임진 직원들도 구청장이 언제 어디에서 출동할지 몰라 바짝 긴장하며 눈길 청소에 앞장설 수밖에 없었고, 모든 동네가 깨끗해진 것이다.

홈플러스 이승한 회장은 개인적인 식사 약속까지도 전국 각지의 홈플러스 매장에서 잡는 것으로 유명하다. 일반인처럼 접근해 한 번이라도 더 매장을 살펴보기 위해서다. 직원들이 발소리에 자신을 보고 알아챌까 봐 아예 구두 밑바닥도 고무로 만들어 신는다. 최근에는 불시에 잠실점을 방문해 점포를 둘러본 뒤, 리모델링 수준의 매장 재배치를 지시하기도 했다.

부하들을 신뢰하는 모습을 보여줘야지 일일이 검증하면 불신이 형성되지 않느냐고? 좀스러운 리더로 보이지 않겠느냐고? 그렇지 않다. 검증하고, 확인하고, 인정해줌으로써 상사 부하 관계의 신뢰가 형성되는 법이다. 상사가 지시 수행을 점검하기 위해 뛰는 발품만큼 조직의 기강은 바짝 조여지고, 반짝반짝 빛난다. 군대에서도 유능한 대대장은 부대 식사메뉴를 보고받았으면, 부대 식당에 나가서 직접 시식해본다. "잘되고 있나? 잘되었습니다!" 식의 보고와 탁상 확인으로 그치는 법이 없다. 먹어봐야 맛을 알듯, 현장에 가서 확인하고 평가해야 소통의 정도를 알 수 있다. 상사의 신발 밑창이 닳을수록 조직은 반짝반짝 광이 난다.

정보채널을 다원화하라

C부사장은 부하가 보고를 하러 가면, 결재판도 열어보지 않고 사인을 해준다. 웬만한 것은 전자결재로 하니, 직접 대면 보고를 하는 것은 나름의 큰 사안인데도 마찬가지다. 보고서를 읽어보지도 않고 사인을 하다니? 그러다가 사고가 나면 어떻게 하나 걱정이 되기도 했다. 돌다리 두드리듯 재삼 확인했는데도 나중에 문제가 돼서 대형사고가

터지는 경우가 얼마나 많은가.

이에 대한 C부사장의 답은 간단했다. 정보원을 다양화하는 것이다. 같은 안건에 대해서 임원급, 실무자급 각각의 의견들을 미리 다 듣고, 이미 문제점을 파악해두고 있는 것이다. 결재보고가 올라올 무렵에는 이미 그의 머릿속에 그림이 다 그려져 있는 상태에서 화룡점정 畫龍點睛만 하면 되는 것이었다. 그러니 보지도 듣지도 않고 사인을 해줘도 문제가 없었던 것이었다.

전국시대 제나라의 위왕이 왕권을 강화하며 가장 먼저 한 일이 전국의 지방관리들을 불러들여 현장점검에 나선 것이다. 이때 즉묵현과 아성의 관리에 대한 보고가 나란히 들어왔다. 즉묵현의 관리는 주위의 험담이 자자했던 반면, 아성의 관리는 신하들에게 호평을 듣는 사람이었다. 하지만 제위왕은 아성의 관리는 사형에 처하고, 그를 변호한 자들에게도 전부 죽음을 내렸다. 그 근거는 바로 현장파악과 다양한 정보채널 확보였다. 대신들로부터 호평이 자자한 아성의 관리는 탐관오리였지만, 뇌물을 주위에 뿌려 왕의 귀에 좋은 평가만 들어가게 한 것이었다. 반면 험담이 자자한 즉묵현의 관리는 지역을 조사해보니 백성들이 풍족하고 관리들도 임무에 충실했는데, 주위에 뇌물을 주지 않아 그를 모략했다는 사실을 밝혀냈다. 이처럼 교차체크cross check함으로써 왕은 잘못된 정보에 휘둘리지 않고 바른 결정을 내릴 수 있었다.

미국의 루스벨트 대통령도 교차체크를 이용해 현안 파악을 한 인물로 꼽힌다. 그는 중요한 문제가 나오면 측근 중 한 사람을 불러 "이것을 비밀리에 검토해주시오" 하고 부탁했다. 그러고 나서는 그 측근과 분명하게 생각이 다른 몇 사람을 불러 똑같이 은밀하게 같은 일을 부탁했다. 그 결과 문제의 모든 측면이 제대로 검토되는 입체보고 시스템을 갖출 수 있었다고 한다. 물론 비밀리에 한 부탁도 즉시 워싱턴 사람들의 귀에 들어가고 만다는 것을 루스벨트 대통령 자신도 잘 알고 있었다. 그의 부하였던 헤럴드 익스Harold Ickes 내무장관은 바람직하지 못한 관리방법이며 표리부동하다고 신랄하게 비난했지만, 루스벨트의 교차체크 전략은 현실적으로 효과적이었기에 임기 내내 계속되었다. 다양한 정보원을 통한 교차체크는 한 가지 정보원에 대한 쏠림 현상을 막고 객관적 판단을 가능케 한다.

과거의 보고와 발언내용에 비춰보라

관리자가 실무 책임자만큼 시시콜콜한 사항을 두루 파악하기란 원천적으로 힘든 게 사실이다. 하지만 상사로서 자신이 맡고 있는 현안들에 대해 부하가 보고한 것을 반추하고 문제점을 파악하는 것조차 불가능한 것은 아니다.

상사가 부하에게 '내 손안에 있소이다'를 보여줄 수 있는 방법 중 하나는, 부하들의 예전 말과 보고를 역추적하는 것이다. 가령 부하들이 했던 말이나 보고한 문서를 꼼꼼히 파악하고 준비하고 있다가, 다시 부하에게 대조해 물어보라. 괜히 추상적인 전문지식을 과시하는 것보다 부하들의 과거 보고사항을 대조해 질문하는 것이 '상사력 제고'에 훨씬 효과적이다.

모 정유회사에 다니는 L부장은 자신의 상사력 확보방법을 이렇게 소개했다. 사람이 좋아 큰소리 한번 못 치는 그가 부하들을 꽉 휘어잡는 내공의 힘은 과거대조 질문에 있었다. 바로 부하들의 말과 보고에서 허를 발견해 질문하는 것이었다. 예를 들어 이듬해 가예산假豫算을 짤 때 시간에 쫓긴 부하가 대강 예산을 잡아 2억 원 정도로 책정해 보고했다고 하자. 그다음 본격 기획안에서는 2억 8,000만 원으로 변경해 올렸다면, 누구라고 지목하지도, 쥐 잡듯 추궁하지도 않으면서 회의 같은 공개석상에서 넌지시 물어보는 것이다. "지난번 보고서에서는 2억이었던 프로젝트가 이번에 2억 8,000으로 바뀌었는데, 무슨 이유가 있나요?"

'아차!' 대경실색한 부하는 그다음부터 '모르겠지', '나중에 바꿔서 수정해야지' 하며 대충 보고하고 기안하는 일이 없어졌다고 한다. 부하는 내 방식대로 바꾸려고 할 때보다 그들의 말과 행동을 비쳐주며 넌지시 의중을 짚어볼 때 더 효과적으로 장악할 수 있다.

실행을 확인하지 않은 채 지시만 내리는 것은 허공에 주먹질을 하는 것과 같다. 상사가 현장과 부하의 성정을 제대로 모른 채 '책상보고'만 액면 그대로 믿고 "예스? 패스!" 하고 넘어가면, 부하들이 만드는 '포템킨의 마을'은 갈수록 창대해지게 마련이다. 늘 부하보다 한 발짝, 적어도 반 발짝은 앞서 나가 길목을 지키고 서 있으라. 귀신같은 상사만이 귀신같은 부하를 만들 수도, 부릴 수도 있다.

유능한 리더를 넘어 유익한 리더가 돼라

"멀리 가려면, 혼자 가지 말라"는 아프리카의 격언은 조직에서도 명심해야 할 황금률이다. 리더가 가져야 하는 가장 중요한 능력이 '비즈니스 생태계 구축'이다. 그러기 위해서는 윈윈win-win할 줄 알아야 한다. 자신이 '유능'할 뿐 아니라 상대에게 '유익'해야 한다. '천상천하 유아독존'일 것 같은 스티브 잡스조차 이렇게 말하고 있다.

"나의 비즈니스 모델은 비틀즈다. 그들 4명은 틀리지 않기 위해서 서로를 체크하면서 연주한다. 그렇게 서로 균형을 맞춘 끝에 '부분들의 합'보다 큰 결과를 낳는다. 비즈니스에서도 큰 성과는 개인 혼자서 이룩할 수 없다. 구성원들의 팀워크에 의해서만 성취될 수 있다."

상사에게 유익하고자 노력하는 것을 '펀드'에 비유한다면, 부하와 동료에게 유익하고자 노력하는 것은 '예금'이라 할 수 있다. 이자가 높지는 않아도 계좌에 입금하는 만큼 꼬박꼬박 복리로든, 단리로든 '인정과 지지'라는 이자까지 붙여 돌아오게 되어 있다. 더구나 360도 다면평가가 일반화되면서 상사뿐 아니라 부하, 동료의 평가도 중요해졌다. 아무리 상사가 인정해도 동료나 부하직원이 인정하지 않으면 성공하고 발전하기 어렵다. 이들이 밀어주는 힘이 없으면, 상사가 끌어주고 싶어도 하지 못하는 경우조차 생긴다.

게다가 최근에는 경영진이 직급이 낮은 직원의 목소리를 경청하려는 추세다. 실제로 내가 아는 모 회장도 "일선 부하들과의 미팅에서 '그 상사와 일할 바에야 회사 그만두겠다'고 고충을 호소하는 직원들이 많아 평소 마음에 드는 임원을 불가피하게 좌천시켰다"며 "그런 원망을 하는 직원이 1명이면 그 직원을 탓하겠지만 2명, 3명 늘어나면 문제가 있다고 생각할 수밖에 없다"고 말한 바 있다. 상사의 인정 못지않게 부하들의 신뢰를 얻는 게 중요한 시대가 됐다는 방증이다.

합종연횡 : 주류세력, 맞서기보다 다루라

동료와 부하들과 조직에서 상생하기 위해 요구되는 전략은 '합종연횡合從連橫'이다. 합종연횡이란 전국시대에 행해졌던 외교방식으로 약자끼리 연합하여 강자에게 대항하거나, 약자들이 나란히 서서 강자와 화해하는 것이다. 성과를 내려면 가로든 세로든 힘을 규합하고 연합세력을 구축해야 한다.

조직은 크고 상호의존적이다. 혼자서는 멀리 가기는커녕 시작조차 하기 힘들다. 서로 신뢰하고 도와줄 수 있는 관계를 구축하는 것은 업무능력의 기본이다. "5분 먼저 가려다 50년 먼저 간다"는 말처럼 5점 더 받으려다 먼저 아주 퇴직할 수 있는 게 조직의 냉엄한 생리다. 경쟁에 눈이 어두워 혼자 잘난 척하거나, 동료의 공을 가로채거나, 부서 이기주의에 빠져 다른 조직을 도와주지 않았다가는 언제 돌부리에 걸릴지 모른다. 외골수로 타부서와 연대가 안 되면 본인뿐 아니라 부하에게도 손해가 온다. 업무 비협조로 부서 사업에 페널티를 받을 수 있음은 물론 자신과 일하는 조직원들도 타부서에 밀려 승진에서 탈락되는 피해를 겪게 하기 십상이다.

강한 상사들은 조직에서 윈윈 생태계를 구축하는 방법을 잘 안다. 스스로 긍정 에너지를 퍼뜨릴 뿐 아니라 직원 상호 간의 우호적 관계를 맺고, 긍정적 감성을 갖도록 한다. 동료가 서로 건전한 경쟁 상대이자 파트너란 것을 일깨워주는 것이다. 조현정 비트컴퓨터 회장은 "토끼와 거북이의 경주 패러다임에서 벗어날 것"을 강조한다. 동료 토끼가 자고 있으면 깨워서 같이 달리는 게 진정한 동료의 도리란 것이다. 물속에서는 거북이가 도움을 주고, 육지에서는 토끼가 도움을 주며 함께 달려야 한다.

견제하기보다 상생하라. 단, 노선 없는 야합이 아닌 색깔 있는 상생을 하라. 실력의 문턱을 넘은 다음부터는 공존 생태계를 조성할 줄 아는 리더가 성공한다. 적어도 임원 이상이 되려면 업무능력만 갖춰서는 안 된다는 것이 상식이다. 주위 사람들이 자신을 올려줄 힘은 없더라도 내려놓을 힘은 있기 때문이다. "이 사람 어때?" 하는데 테이블에서 누구 하나라도 고개를 외로 꼬며 "그 사람은 좀…" 하는 순간, 임원의 문턱을 넘기는 힘들어진다.

윈윈 생태계 리더십에 서투른 대표적 유형이 천진난만 '대의명분 주장형'과 유아독존 '오만형'이다. 천진난만 대의명분파가 생태계를 구축하는 데 실패하는 이유는 '이익'을 다룰 줄 모르기 때문이다. 이들 부류는 모든 것을 대의명분으로 접근하고, 상대방도 자신을 따라야 한다고 생각하니 협상의 여지가 없다. 다른 사람들도 자신처럼 순백의 심성(?)을 가졌다고 생각하니 명분 뒤의 플러스알파, 즉 '실리'에 대해서 생각하지 않는다. 상사와 부하는 상부상조해야 하고, 부하는 인센티브 없이도 늘 열심히 일하는 게 당연한 의무라고 생각한다. 속세의 사람들은 그 옆에서 '이 풍진 세상' 이야기를 하기가 어려워져 감히 입도 뻥긋하지 못한다.

회사의 일을 나의 일처럼 소중하고 의미 있게 생각하는 사람일수록 회사 내외의 여러 부서에 적을 만들 가능성이 높다. 맡은 일을 기한 내에 처리하기 위해 갈 길은 먼데, 관계 부서에서 업무를 내 마음만큼 열성적으로 처리해주지 않다 보니 처음 생각했던 대로 일이 빠르게 풀리지 않아 울화가 치민다. 그래서 목소리를 높이게 되고 말싸움을 하게 된다. 이를 반복하다 보면 감정의 앙금이 쌓여 좋지 않은 관계로 남아 적을 만들고 만다. 먼저 배려하고 도와주라. 인생사 새옹지마라고 양지가 음지 되고, 음지가 양지 되며 돌고 돌게 마련이다. 배려하는 사람들이 실력도 좋다. 베풀수록 지원을 받는 것도 많아지기 때문이다.

고독한 독불장군을 좋아하는 조직은 없다. 아무리 훌륭한 아이디어를 생각해내더라도 말이다. 옆 부서의 도움이 필요할뿐더러, 함께 일하고 싶은 사람, 유익한 동료로 인식되는 게 훨씬 중요하다. 임원 전쟁의 관점에서 보면 동료들은 친구, 적, 조언자로 나눌 수 있다. 조언자는 내막을 잘 알고 있으며, 준비 중인 사안에 대해 경고하는 데 탁월한 사람이다. 친구는 어리석은 행동에 대해 솔직하게 얘기해줄 신뢰할 만한 동료다. 친구 및 조언자의 신뢰와 존경을 얻을 만한 일이라면 적극적으로 해야 한다. 올라갈수록 필요한 것은 유능한 '독불장군'보다 유익한 '동료'다.

자신의 울타리를 높이 두르기보다 울타리를 낮춰서 마당을 넓히는 유익한 리더만이 성과를 낼 수 있다. 전문적 역량이 우수한 리더들이 흔히 저지르는 실수는 승자독식과 배타성이다. 자신이 옳고 열심히 하니 두말할 여지가 없다고 생각해 반대의 여지를 예측하지도 못하고 포용하지도 못하는 것이다.

직업이 '넘버2'라 할 정도로 부사장만 20여 년을 한 C부사장은 "내가 넘버2로 장수할 수 있었던 비결은 바로 부서 간 티tea 미팅을 열심히 한 덕분"이라고 말한다. 서로 이해가 상충되는 부서들이 있으면, 공식 회의석상에 올라가기 전에 비공식적 미팅을 통해 상대의 반대 이유가 무엇인가 파악해 조율해주고자 노력했다는 설명이다. 회의석상에서 바로 이견을 표출, 조정하려는 부서장은 게으르거나, 조직생활

헛했거나 둘 중 하나라는 게 그의 지론이다. 어리석은 상사는 서류에 갇혀 다른 부서에 차 마시러 갈 여유를 내지 못한다. 진짜 강한 상사는 옆 부서에 마실 가서, 회의 전에 해결할 것을 다 해결한다. 회의에서 서류와 논쟁으로 문제를 해결하려 하지 말라. 사전 대화로 해결의 실마리를 풀라.

사우스캐롤라이나 대학교 마셜 비즈니스 스쿨의 캐서린 리어던Kathleen Reardon 교수는 심각한 갈등이 벌어지기 전에 자신이 사용할 수 있는 다양한 선택안들과 의견을 지지해줄 후원세력을 미리 포진시켜 놓는 것이 리더로서 성패를 가르는 관건이라고 말한다. "맞서지 말고 다뤄라. 그가 원하는 것을 조금이라도 줘라. 친절함을 조금씩 베풀면서 내 편으로 끌어들여라. 친구까지는 아니더라도 적으로 만들지는 말라."

당신이 지는 순간은 강하지 않을 때가 아니라 공공의 적으로 몰릴 때다. 리어던 교수는 "관련된 인물들과 그들의 입장을 이해하고, 문제가 될 만한 것은 미리 처리하며, 가능한 한 빨리 반대의견을 파악하고 확정되기 전에 손을 쓰라"고 조언한다. 이것이 극단의 상황을 피할 수 있는 지름길이다.

독기를 품고 당신 조직의 이익을 위해 한 치도 물러서지 않겠다고 이빨을 내보이지 말라. 물론 '되면 좋고, 안 되면 말고' 식의 무골호인 대응만으로는 부족하다. 상대방과 연합하고, 흠뻑 젖어 감동할 정도로 베풀고, 이익의 여지를 제공하라. 당신이 유능할 뿐 아니라 유익하다는 사실을 동료에게든 부하에게든 보여줘라. 손잡음으로써 기꺼이 이익이 발생할 수 있다는 것을 약속하고 증명하라.

우군을 확보하는 리더십이 얼마나 중요한가를 잘 보여주는 대표적 실화가 바로 조선의 연산군과 정조다. 연산군과 정조는 역사적 평가에서 하늘과 땅 차이로 갈린다. 1명은 폭군이요, 1명은 성군이다. 1명은 스스로를 소외시킴으로써 실패했고, 1명은 주위 세력들과 손잡음으로써 성공했다.

연산군과 정조, 모두 출생의 아픔을 가진 드라마의 전형적 요소를 갖춘 인물이다. 연산군의 모친인 폐비 윤 씨는 사약을 받으며 피 묻은 손수건을 남겼다. 정조의 아버지인 사도세자는 당쟁에 이용되면서 왕위에 오르지 못하고, 부왕인 영조에 의해 뒤주 속에 갇혀 비참하게 굶어죽었다. 이 두 역사적 인물은 출생의 비밀이나 개혁성향 등 비슷한 구석이 많았지만, 리더십은 전혀 달랐다.

연산군은 공신세력을 제거해 왕권을 강화하고자 했다. 그는 그 빈자리에 공신세력의 정적인 사림을 배치했어야 했다. 하지만 그는 누구와 손을 잡아야 할지 판단하는 데 미숙하고 서툴렀다. 개혁이라는 공적 명분과 복수라는 사적 목표에 마음만 바빴다. 결국 사림까지 제거했다. 그와 생태계를 조성할 연합군은 아무도 없었다. 차 떼고 포 떼니 자신의 세력은 아무도 없고, 결국 왕위에서 쫓겨나야 했다.

이에 대비되는 인물이 정조다. 왕위에 오르는 취임 일성으로 "나는 사도세자의 아들이다"라고 말할 정도로 정체성을 분명히 했다. 수원 화성도 아버지인 사도세자를 추모해 축조한 것이다. 하지만 그는 아버지에 대한 복수와 효심이라는 사적 감정을 위해 기존 세력들을 적으로 몰아 충돌하지 않았다. 아버지 사도세자와 권력투쟁을 벌인 노론의 리더인 정순왕후를 효로써 공경하고 예를 다했다. 아울러 탕평책을 실시함으로써 정국을 안정시키고 훌륭한 리더로 입지를 굳힐 수 있었다.

조직 생태계에서 동료의 욕구가 무엇인지 파악하고 만족시켜줘라. 유능한 것만으로는 부족하다. 유익함을 더하라. 상생의 리더십은 한마디로 적과도 합종연횡할 수 있는 여지를 발견하고 만든다. 성공한 리더들은 오로지 자신의 주장만이 지고지순하다고 생각하지 않는다. 때로 합종하고, 때로 연횡하며 자신의 세력을 구축해나간다.

반면 아집에 사로잡힌 리더들은 광야의 초인이 되어 "길은 오직 이것뿐"이라며 온 세상을 적으로 몰아 개혁과 명분을 목 놓아 외치며, 쓸쓸하게 또는 비참하게 사라져갔다.

한나라 경제 때의 충신 조착晁錯은 이와 같은 점에서 순진하기만 한 전략부재형 인간의 비참한 말로를 보여준다. 조착은 나라를 통일하고 조정의 권력을 다지기 위해 황제에게 중앙권력을 강화할 것을 제안했다. 그 이야기를 들은 조착의 아버지는 곧바로 아들에게 충고했다.

"넌 너무 생각이 짧구나. 이 일은 성공하면 황제의 공로이지만, 반대로 실패하면 귀족들의 반발이 일어나 모두 너의 잘못이 될 것이다. 어느 쪽이 됐든 애쓴 보람도 없는 일을 왜 하려 하느냐?"

그러나 조착의 애국충정은 견고했다.

"나라를 위한 일입니다. 오직 폐하께서 저의 마음을 알아주신다면 누가 감히 저를 해치려 하겠습니까?"

이에 조착의 아버지는 "화가 눈앞에 닥쳤는데도 전혀 깨닫지 못하니 더 이상 말할 필요가 없구나"라고 마지막 말을 남기고는 극약을 먹고 자살하고 말았다. 결국 중앙왕권을 강화한다는 조착의 애국충정은 제후들의 거센 반발로 무산되었고, 황제는 수습책으로 조착에게 죽음을 명하고 만다. 아버지의 예견이 옳았던 셈이다.

자신의 의견이 아무리 올바르다 하여도, 그 때문에 피해를 볼 적대자들을 계산하고, 자신을 지지해줄 동맹자나 지원자 등을 미리 확보해놓는 것은 중요하다. 만일 적대자만 있고 동맹자나 지원자가 분명치 않다면, 자신의 의견에 대해 원점부터 재검토할 필요가 있다. 어느 누구도 발 벗고 뛸 동기부여가 분명치 않다는 뜻이기 때문이다.

강한 리더들은 혼자서 눈보라 맞는 광야의 초인이 되기보다 흥정을 붙이고 조절하는 광장의 거간꾼을 기꺼이 자청한다. 물론 거간에는 원칙이 있다. 원칙과 노선을 포기하면서 야합하지는 말라. 노선수호와 추진을 위해서라도 덧셈의 정치를 해야지, 뺄셈의 정치는 하지 말라. 당신의 노선에 동조할 우군을 찾아라. 우군을 결집시킬 명분의 여지는 무엇인지 샅샅이 발굴하라. 대부분의 사람들은 '불의'에는 참아도 '불리'에는 못 참는 법이다. 훌륭한 대의명분은 포장용이다. 그 안에는 '이익'이란 알맹이가 들어 있는 경우가 많다.

P부회장은 "원수는 외나무다리에서 만난다"라는 속담을 인용해, "생태계를 만들 줄 아는 리더들은 외나무다리에서 만났다는 것 자체에서 접점을 찾아내 설득의 여지를 찾아낸다"고 설명한다. 상대가 주장하는 총론의 대의명분과 마음속에 도사린 각론의 상충된 이해, 이

둘의 간격을 읽고 메워줘라. 그것을 해결해 납득시킨 자만이 앞으로 나아갈 수 있다. 상대의 아픈 곳과 가려운 곳을 살펴보지도 않은 채, 나만의 지고지순 주장을 고집해서는 백전백패다. 유능한 리더는 바람을 타지, 바람을 거스르지 않는다. 뜻이 옳아도 이로움과 접목시킬 줄 모르는 리더십은 실패한다. 의로운 것 못지않게 이로운 것을 공감시키면서 아군을 확보하라. 차가운 경쟁의 바다에서 따뜻한 윈윈 상생의 바다로 이동하라. 당신이 얼마나 이로운 동료인가, 그 여부에 따라 당신은 위를 향해 도약하는 스프링보드에 설 수도, 아래를 향해 질주하는 미끄럼틀에 설 수도 있다.

원교근공 : '을'을 감동시켜라

강한 상사들의 생태계 구성의 차별성은 특히 소수파 감동전략에서 빛난다. 주류와의 결집이 힘들 때 이들은 결코 좌절하지 않는다. 이른바 원교근공遠交近攻을 통해 변방을 에둘러 중심공략을 노린다. '원교근공'이란 중국 전국시대의 외교정책으로, 먼 나라와 친교를 맺어 가까운 나라를 공격함을 뜻한다. 요즘 세상에 대입하자면, 소수파나 아웃사이더 혹은 을乙에게 감동을 주면서 주변의 인정을 받고 능력을 발휘하는 것이다.

이들 소수파와의 유대는 재테크 포트폴리오에 비유하자면 '보험상품'이라 할 수 있다. 갑작스런 일이 생겼거나 뜻밖의 위기가 올 때,

을의 도움은 그야말로 천군만마의 효과를 발휘한다. 실제로 모 다국적 업체의 임원은 새벽에 사무실 복사기가 고장 났을 때, 평소 관계를 돈독히 해두었던 복사기 회사 수리직원의 도움으로 무사히 회의자료 준비를 마칠 수 있었다고 털어놓았다.

당장 유사시 큰 도움을 받고자 하는 얄팍한 노림수가 아니더라도, 이 같은 원교근공은 무리 없이 일이 돌아가도록 하는 요소로 작용한다. 일례로 얼마 전에 언론계 후배가 부서장으로 발령났기에 신임 소감을 물어봤다. 그랬더니 그는 대뜸 "예전 부서장이 치약이며 비누 같은 소소한 기념품이 들어오면 미화원 아주머니나 협력업체 직원들부터 챙겨주는 게 이제야 이해가 됩니다"라고 말했다. 하다못해 회사에 돌리는 신문 하나라도 먼저 받아 보게 되고, 왠지 모르게 일이 부드럽게 돌아가는 윤활유가 되더라는 것이다.

주류의 다수파를 감동시키려면 곱절의 노력이 필요하다. 차라리 소수파를 감동시키고 결집하는 게 유리할 수도 있다. 먼 곳과 잘 사귀어 두는 것은 품을 덜 들이고 자신의 실력을 증명하는 좋은 전략이다.

2010년 '서울 G20 비즈니스 서밋'의 먹을거리를 책임진 김기재 만찬기획관은 전 세계의 내로라하는 인사들에게 음식 이상의 감동이란 극찬을 받았다. 그 비결도 원교근공에 근본한 것이었다.

"저는 처음부터 소수자에게 신경 썼습니다. 만찬 참석자 400명 중 이슬람식, 유대인식 식단이 필요하거나 채식주의자가 있을 경우를 대비해 유제품, 새우를 피하는 사람 등 25명을 위한 별도의 메뉴를 준비했습니다. 의도적으로 소수자를 위한 메뉴도 심혈을 기울여 개발했던 것이 효과를 발휘했습니다."

M회장은 피트니스 클럽에 가면 사우나의 세신원洗身員에게 가장 정성을 쏟고, 명절 때마다 감사의 말과 함께 자필로 쓴 카드를 보낸다. 별다른 의도가 있어서가 아니라 몸을 깨끗하게 해주니 진심으로 고마워서였다. 그 세신원은 M회장의 작지만 큰 배려에 감동했고, 그를 피트니스 클럽의 스타로 만들어주었다. M회장의 선한 행동을 퍼뜨리며 감동 소문을 동네방네 냈기 때문이다. 내로라하는 인사들이 모인 곳이라 사실 마이너급에 들었던 M회장은 덕분에 러닝머신을 뛸 때도 회원들이 줄을 서서 만나고 싶어 하는 스타급 인사가 될 수 있었다.

이는 조직에서도 적용된다. 소수파들에게 관심을 기울여줘라. 평소에 말썽쟁이, 혹은 음지파로 소외받고 거부당한 이들에게 배려와 정성을 기울여라. 그것만으로도 조직에 훈풍이 도는 것은 물론, 이들은 당신과 조직에 기대 이상의 충성을 맹세하게 될 것이다.

원교근공의 인테크에 대해 강조하다 보면 오해를 하는 분들이 간혹 있다. 소수파를 규합한다면서 조직에서 마당발 '허당'이 되는 것이다. 《맹자孟子》의 〈이루장구離婁章句〉 하편에 '영과이후진 방호사해盈科而後進放乎四海'란 말이 나온다. 흐르는 물은 웅덩이를 채워야 넘쳐흘러서 사해까지 흘러들 수 있다는 뜻이다. 인맥도 같은 이치다. 한 웅덩이도 제대로 채우지 못하고 사해에 이르려 한다면, 시간은 시간대로 노력은 노력대로 허비하기 쉽다. 흔히 마당발을 '허당'이라고 하는 것은 아는 사람은 많되 진정으로 필요한 순간에 도움 받을 수 있는 사람은 적기 때문이다. 뜨내기 관계를 친분으로 생각하는 사람일수록 찬바람 맞고 나서 피눈물 흘린다. 그래서 인맥은 '고도'가 아니라 '밀도'란 말도 있다. 형님 아우님 수백 명보다 중요한 것은 나를 도와주고 신뢰하는 사람이 얼마나 되느냐다.

조직에서 밀어주고 당겨주는 '밀당' 인맥의 필요성은 누구도 부정할 수 없다. 그러나 의욕이 아무리 넘치더라도, 한 번에 모두와 친해지는 것은 가능하지도, 가능할 수도 없다. 현실적인 중심을 잡고 시작하라. 즉 당신과 통하는 사람과 그룹부터 확실히 내 사람을 만들고 난 후에 확장해야지, 시간과 노력을 배분하며 한 사람씩 만나서는 소용이 없다.

얼마 전 L사장을 만났다. 나름대로 시간관리의 달인이라고 자부하는 그는 자신의 스케줄 수첩을 보며 "한쪽 그룹과 골프 약속이 겹치지 않도록 안배해 적어도 몇 개월에 한 번씩 고루 치는 게 자신의 인맥관리 법칙"이라고 말했다. 그의 인테크 전략은 성공적인가? 반반이다. L사장이 언급한 인사가 '날 잊지 말라'는 뜻의 인맥관리라면 안배를 하며 돌아가며 쳐도 괜찮다. 하지만 인맥개척이라면 얘기는 달라진다. 돌아가며 한 번씩 안배하기보다 한 사람을 집중공략하는 게 더 효과적이다. 대상을 공략해 인정과 충성을 받은 후 다음 그룹으로 옮겨가는 게 바른 방법이다. 이들이 말하는 평판은 다음 그룹을 우군으로 결집하는 데 가장 유력한 추천장이 되어줄 수 있다. 이상적인 순서는 '지지자 강화 → 반대파 설득 → 중간파 합류 호소'의 순이다. 지지자부터 확실히 결집하라. 그리고 반대파를 설득하라.

홍정도 붙이고 싸움도 붙여라

학연, 지연을 뛰어넘는 더 센 인맥이 무엇인지 아는가? 바로 '끽연'이다. 요즘 웬만한 건물은 모두 금연건물이다. 그러다 보니 옥상, 건물 입구, 건물 옆 등 흡연공간에는 각 부서 사람들이 옹기종기 모여든다. 총무과, 영업부, 품질관리부 등. 그러다 보니 흡연공간이 온갖 정보가 집적되고 해석되는 역할을 하는 미니 종합기획실 역할을 한다. 흡연실이 사내 '메디치 효과'의 발원지가 되는 셈이다. 메디치 효과는 서로 관련이 없는 이종異種 간의 결합을 통해 폭발적인 아이디어를 창출하고 아울러 뛰어난 생산성을 거두는 것을 뜻한다. 15세기 이탈리아에 르네상스 바람이 분 것은 메디치 가문이 음악, 미술, 철학 등 다방면의 예술가와 학자를 모아 공동 작업을 후원하면서 문화의 창조역량이 커진 덕분이다.

조직도 마찬가지다. 한 부서에서만 낑낑대며 생각하다 보면, 나무만 보고 숲을 못 보는 어리석음을 저지를 수 있다. 역할과 시각은 다르되 하나의 목표를 향해 모든 조직을 정렬시킬 수 있는 게 진정한 리더십이다.

잘되는 조직을 보면 낮은 직급부터 높은 직급까지, 젊은 신입사원부터 높은 임원까지 교류하는 문화가 형성되어 있고, 다른 부서들끼리 (비)공식적 미팅이 잦다. P회사는 아이디어 회의를 할 때 일부러라도 마케팅부, 총무부 등 각 부서가 모두 모여 함께 회의를 한다. 물론 관점과 이해가 상충되기 때문에 의견이 충돌하기도 하지만, 다양한 아이디어가 다듬어지고 조율된다는 점에서 효용이 더 크다.

다양성만 좇다 보면 중구난방이 돼 비효율성이 커지지 않을까? 하지만 목적지(목표)가 다른 것과 방법의 다양성을 생각하는 것은 별개의 차원이다. 목표는 일치해야 하지만, 방법은 다양할수록 좋다. 한류와 난류가 만날 때 황금어장이 형성되는 것처럼, 세대·직급·부서를 뛰어넘어 아이디어와 관점이 다양하게 교차하고 공유될 때, 조직의 성과는 향상된다.

다양성을 바탕으로 한 적절한 집단 갈등은 오히려 조직의 성과에 순기능으로 작용한다. 물론 서로의 간섭에 따른 혼란도 문제지만, 지나친 응집력과 동질성으로 무장한 무갈등 조직도 무관심과 지지부진으로 조직성과에 좋지 않은 영향을 미친다.

한 연구에서 6명씩, 각각 3팀으로 나누어 목표와 원칙, 팀원의 성향이 조직의 성과에 어떤 영향을 미치는지 조사해보았다. A팀은 목표와 원칙이 일치하고 멤버가 동질적인 팀, B팀은 목표와 원칙은 일치하되 멤버가 이질적인 팀, C팀은 목표와 원칙도 다르고 멤버도 이질적인 팀이었다. 이들의 성과는 어떻게 차이가 났을까? 성과가 가장 좋은 팀은 B팀으로 6명의 멤버가 무려 10명의 성과를 냈다. A팀은 8명의 성과, C 콩가루 팀은 예상대로 꼴찌로 4명의 마이너스 성과를 냈다.

다양성의 효력을 지지하는 또 다른 실험이 있다. 1990년대 미국 로스앨러모스 국립연구소의 물리학자 노먼 존슨Norman Johnson은 일군의 사람들로 하여금 미로를 통과하도록 하는 실험을 했다. 결과에서 주목할 만한 것은 서로 다른 배경과 경험을 가진 남녀를 동일비율로 구성한 그룹이 동성 그룹 혹은 성격, 배경이 비슷한 부류의 그룹보다 시행착오가 적었다는 사실이다. 이 결과에서 볼 수 있듯 경쟁 속에서 최상의 결과를 얻기 위해서는 가능한 다양한 인재들로 조직을 구성해야 한다.

기원전 1700년까지 지구를 누볐던 매머드는 왜 멸종됐을까? 스웨덴 스톡홀름 대학의 연구진은 매머드가 멸종한 이유는 동종번식 때문일 가능성이 있다는 연구결과를 발표했다. 매머드의 뼈와 엄니에서 추출한 미토콘드리아 DNA를 분석한 결과, 매머드가 좁은 곳에 몰려 살면서 동종번식함으로써 유전적 다양성이 점차 줄어들어 멸종하게 되었다는 지적이다. 동종번식, 다양성의 결여가 몰락을 초래하는 것은 생물학에만 국한되는 얘기는 아니다.

순수혈통 간의 교배를 하면 결국 열성인자가 나타나게 되어 종의 생존력을 약화시킨다는 것은 유전학의 상식이다. 순종보다는 잡종이 더욱 건강하고, 외부 환경변화를 잘 이겨낸다는 생물학적 법칙은 기업 조직에도 유사하게 적용된다. 독단과 아집으로 점철돼 토론과 합의의 과정은 무시하고 최소한의 의견일치만을 명목상 추구하는 동이불화同而不和식의 의사결정은 생물학적으로 말하자면 동종번식이다. 소수의 끼리끼리 집단, 초록은 동색이요 가재는 게 편으로 같은 이익과 배경에 기반을 둔 집단의 '잘못된 만남'은 잘못된 의사결정을 이끌어낼 확률이 높다. 혁신을 자극하는 창의적인 아이디어는 다른 생각, 다른 경험, 다른 관점과의 만남에서 촉진될 수 있다.

얼마 전 CEO 교육과정에서 '행동유형검사DISC'를 한 적이 있었다. 검사결과가 실제와 잘 들어맞는 데다, 같은 유형으로 분류된 사람들의 면면과 인상이 신기하게도 비슷하다며 많이들 흥미로워했다. 그러고 얼마 후, 검사를 했던 한 경영자가 나에게 자문을 청해왔다. 그는 호기심에 같은 유형의 사람들과 점심을 먹어봤는데, 분위기도 너무 좋고 모두들 말도 생각도 어쩌면 그리 잘 통하는지 신기할 정도였다고 털어놓았다. 그런 비슷한 사람들끼리 모여 함께 일하면, 애꿎게 관계 때문에 골치 썩는 일도 없고 팀워크도 좋지 않을까 싶더란다. 마침 인사발령도 내야겠기에 아무래도 현재 팀장들의 성향과 비슷한 팀원들을 배치해주면 어떨까 고민이 들어 자문을 해왔다.

나는 조심스럽게 "이질적인 성향끼리 구성하는 게 좋겠다"고 조언했다. 물론 이 검사를 100% 맹신하는 것도 금물이지만, 상식선에서 생각해보자. '신중형'만 모인 집단이라면 모두 아이디어만 생각하느라 실행이 늦어질 것이다. 반면 '주도형'만 있다면 생각은 안 하고 모두 '으쌰으쌰' 하며 달려가기부터 할 것이 아닌가. 실행과 사고가 균형을 이루려면, 오히려 비슷한 성향보다는 각기 다른 성향으로 구성하는 것이 보다 더 생산적일 것이라는 게 내 의견이었다.

실제로 많은 사람들이 자신과 비슷한 배경, 취향, 직급, 성향의 사람을 좋아하고 자신도 모르게 끌린다. 편하기 때문이다. 하지만 강한 리더가 되기 위해서는, 그리고 조직의 고성과를 창출하고자 한다면, 비슷한 연배끼리, 비슷한 직위끼리, 같은 고향끼리, 같은 학교 출신끼리, 같은 부서의 동급 직원끼리만 어울려 다니지 말라. 상자 밖으로 나가 이종끼리 충돌하라. 동종교류만 하면 성과가 나는 창조적 결정은 커녕 창조적 생각조차 하기 힘들다.

조직을 발전시키려면 같은 대학, 같은 지역, 혈연의 초록동색만 좋아하기보다는 청홍보색으로 다양하게 구성원을 꾸려라. 줄 따르고, 맥 따지고, 코드 맞춰 복제인간형 부하만 쫓다 보면, 성과는 물 건너가기 십상이다. 일당백을 해도 시원찮은 판에 백당일밖에 역할을 못하는 당연한 결과를 초래한다. 10인 1색보다 10인 10색의 관점과 아이디어가 어우러지는 조직을 만들라. 재삼 강조하지만, 한류와 난류가 결합할 때 황금어장은 형성된다.

만장일치는 위험하다

강한 리더는 자신의 도플갱어(분신)만으로 팀을 꾸리지 않는다. 한발 더 나아가 의견불일치와 갈등을 조장하도록 조직 시스템 자체를 바꿔 나간다. 옛말에 싸움은 말리고 흥정은 붙이랬다. 하지만 강한 리더는 싸움도 붙이고 흥정도 붙인다. 조직에서 갈등의 끈이 너무 팽팽하면 끊어지고, 너무 느슨하면 처진다.

줄이 아닌 '성과'와 '아이디어'로 경쟁하고, 기꺼이 갈등을 허용하는 조직으로 만들라. 과업갈등task conflict, 즉 의사결정에서 나타나는 구성원 간의 의견차는 오히려 효과적인 의사결정을 촉진함으로써 성과에 긍정적인 영향을 미친다. 다양한 시각으로 내가 보지 못한 것을 보고, 내가 부족한 점을 보충해줄 수 있기 때문이다. 창조경영 시대에 과업갈등은 권장사항이다. 앞에서 시끄럽고 뒤에서 조용한 조직을 만들어라.

정작 문제는 앞에서는 조용하고, 뒤에서 시끄러운 조직이다. 이견의 충돌은 누르고 감춰서가 아니라 부딪치고 드러내야 해결된다. 강한 리더는 건설적인 경쟁을 유도하면서 조직에 긴장감을 불어넣을 줄 안다. 이러한 긴장감은 구성원들에게 서로에 대한 '적대감'이 아닌 '존경'과 '연대감'을 북돋워주며, 팀워크로 표출된다.

158년의 역사가 무색하게 순식간에 파산한 리먼브라더스의 CEO 딕 펄드Dick Fuld는 무조건 '사이좋게'만을 내세우는 팀워크와 사내협동을 강조하고, 팀원 간의 건설적 과업갈등을 억제했다. 그 결과 사내에서 다른 의견이 있더라도, 모든 의사결정은 '누이 좋고 매부 좋은' 식으로 이뤄졌다. 논쟁과 토론 대신 주례사식 덕담이 넘쳤다. 상사는 물론이고 동료에 대한 다양한 문제제기조차 금기시되던 '팀워크 좋은 직장'은 결국 파산이란 비극으로 끝을 맺었다.

반면 앤디 그로브는 인텔의 성공 원동력을 '격렬한 논쟁과 갈등'이라 할 정도로 갈등을 적극 조장했다. 회사 내부나 외부의 사안이 주요 쟁점으로 떠오르면, 이를 덮어두지 않고 적극적으로 제기해 열띤 토론과 논쟁을 거쳐 발전적으로 해소한 점이 인텔의 가장 큰 성공비결이었다. 그가 사퇴한 지금도 인텔은 이 같은 건설적 대립을 조직문화의 가장 큰 원칙으로 삼고 있다.

왕조시대를 연구한 한 역사학자에 따르면, 일반에서는 당파싸움이 조선시대를 망하게 했다고 비판하지만, 사실은 당파싸움이 가열될수록 견제가 심해 상대적으로 비리가 싹트기 힘들었다. 상대에게 늘 조심하고, 허점을 잡히지 않기 위해 최선과 최고의 의견을 내놓으려 애썼기 때문이다.

물론 극한 갈등은 바람직하지 않다. 정치적 분쟁이 일어나 팀워크가 상실되기 때문이다. 하지만 갈등이 없는 조직은 구성원들 간에 무관심, 창의력 결핍, 우유부단, 그리고 업무에 관한 긴장감 결여 등의 문제를 낳는다. 무사안일과 매너리즘에 빠져 지리멸렬해지는 것이다.

공자는 군자의 조건, 즉 리더의 조건으로 여러 가지를 강조한다. 그

중 우선순위에 오르는 것이 편 가르기 하지 말고 개방적이 되라는 것이다. "우리가 남이가"를 연발하고, 여러 가지 인연을 빙자해 "형님 동생" 하며 서로 끌어주는 세태는 예나 지금이나 다르지 않나 보다. 공자는 유독 조화와 뇌동雷同, 즉 남 따라 무리지음의 차이에 대해 경계의 죽비를 여러 번 내리친다. 《논어》〈자로편子路篇〉에서 '군자는 화합하기는 하지만 무리를 이루지는 않고, 소인은 무리를 이루기는 하지만 화합하지 않는다君子和而不同小人同而不和'라고 했던 공자는 〈위령공편衛靈公篇〉에서도 '군자는 사람을 넓게 사귀되 패거리를 짓지 않고, 소인은 패거리를 지을 뿐 사람을 넓게 사귀지 못한다君子周而不比小人比而不周'고 말한다. 즉 우르르 무리지어 몰려다니며 단지 '우리 편'이란 이유로 자신의 가치관과 철학을 팽개치지도 말고, 편견에 휩싸이지도 말며, 주관을 세우라는 것이다. 우리 편이라고 무조건 싸고돌며 음의 고저, 장단 없이 같은 목소리로 '맹꽁 맹꽁' 울지 말란 뜻이다.

케네디 행정부의 1961년 쿠바 피그만 침공은 동이불화식 의사결정의 대표적 예로 꼽힌다. 같은 생각을 하되 다양한 시각을 조화하는 과정을 거치지 않음으로써 의사결정의 오류를 겪었다. 케네디 대통령은 집권초기 젊고 유능한 '케네디 복제인간형' 참모들에 의존하여 정책을 결정하는 경향이 있었다. 해보겠다는 의지와 엘리트 의식은 하늘을 찔렀으나, 자유로운 토론과 비판의 분위기는 조성되지 않았다. 눈빛 하나만으로 척척 생각이 일치하는 수준의 배경과 사고를 지녔기 때문이다. 케네디 대통령을 비롯하여 '초록은 동색'인 젊은 미국 아이비리그 명문파들의 배타적 의사결정 구조는 쿠바침공의 결단에 쓰라린 패배를 안겼다. 모두 한마음 한뜻인 사고의 틀이 그 속에 내재된 위기 요소를 발견하지 못하게 한 것이다.

이런 사례를 경영학에서는 '집단사고의 오류'라 칭한다. 어빙 제니스Irving Janis가 1972년에 제창한 이 개념은 응집력이 강한 집단 내 구성원들이 지나치게 동질화돼 의사결정 과정에서 대안들의 가정과 내용을 비판적이고 현실적으로 평가하지 못하는 현상을 말한다. "옳소 옳소"가 연발되는 '초록은 동색'의 리그에서 이질적 구성원은 늘 아웃사이더로 꿔다놓은 보릿자루가 된다.

소통의 피돌기가 상하좌우 선순환되는 조직에서는 늘 "맞소 맞소"가 능사는 아니다. 유치원에서부터 대학까지, 요람에서 직장까지 밟아온 코스도 비슷하고, 생각까지 비슷해 마음이 척척 맞는 사람들끼리 어울려서는 조직이 발전하기 힘들다. '도도도도' 소리만 나는데, 아름다운 음악이 만들어질 수 있겠는가. 강한 리더는 구성원들의 이질성과 주장의 불일치를 염려하는 것이 아니라, 오히려 구성원의 동질성과 일사불란 효율성을 경계한다.

미국 명품 조리기구 옥소OXO의 CEO 알렉스 리Alex Lee는 한 인터뷰에서 개방성의 무한한 효용에 대해 이렇게 말했다.

"나는 '완전히 열린 대화totally open dialogue'를 믿는다. 옥소 신입사원은 처음 회의에 들어오면 조금 불편할 것이다. 모두가 너무 직설적으로 말하기 때문이다. 옥소가 개발한 제품이라도 나쁜 물건이라고 생각하면 나쁜 물건이라고 해버린다. 개인에 대한 배려는 안 한다. 업무다. 나는 기업의 이사회 같은 회의가 제일 싫다. 참석자 모두가 정치적으로 계산된 말만 한다. 그러다 휴식 시간에 화장실에서 만나면 서로에게 '이러다가 회사 말아먹는 거 아냐?'라고 한다. 그러면 나는 '회의 때 말하지 그랬어'라고 따진다. 옥소에 그런 회의는 없다. 그러기 위해 옥소의 사무실에는 벽도 없고, 책상 칸막이도 없고, 툭 터진 운동장형이다."

건설적 갈등과 직설적 반론의 전제는 '신뢰'다. 경쟁 없는 팀워크도, 팀워크 없는 경쟁도 조직에선 바람직하지 않다. 신뢰 없는 조언은 잘 알지도 못하면서 상처만 줄 뿐, 수용으로 발전되기 힘들다. 경쟁과 건설적 과업갈등은 오히려 동료에 대한 신뢰를 키워준다. 그러기에 뒷담화가 오히려 줄어들고, 조직에 대한 열정과 팀워크는 살아난다. 불꽃 튀기는 경쟁 분위기의 직장에서 일하는 한 팀장은 "우리의 경쟁자는 다른 회사가 아니라 바로 사내 다른 팀"이라고 털어놓았다.

강한 리더는 "싸움은 말리고 흥정은 붙이라"는 옛말을 따르기보다 똑똑한 청개구리가 되기를 청하고 환영한다. 건전한 과업갈등에 따른 싸움은 붙여라. 건전한 갈등과 경쟁으로 조직에 활력을 불어넣어라.

직언을 활성화하라

고도가 높을수록 피드백은 낮아진다. 이는 조직의 만고불변 진리다. 그래서 의도적으로 직언을 듣기 위한 리더들의 각고의 노력이 필요하다. 얼마 전 한 경영자가 자신의 농담이 정말 웃겨서 직원들이 웃는 건지 때로는 긴가민가하다고 털어놓았다. 직원들이 하도 포복절도하기에 득의양양 집으로 가서 고3 아들에게 같은 우스갯소리를 들려 주었더니, 아들이 썰렁하다며 뒤도 안 보고 방으로 들어가더란다. 그의 체감 유머지수 온도차는 당연하다. 직원들의 열렬한 동조반응은 그의 유머가 재미있어서가 아니라 바로 그의 지위에서 비롯된 것이기 때문이다.

하긴 어느 CEO는 언제부턴가 동창들과 골프 치는 게 회사직원과 치는 것보다 재미없다고 한다. 직원들은 알아서 적당히 기술적으로 져

주는데 친구들은 악착같이, 아니 공정하게 게임을 하기 때문이다. '예스맨' 조직에서 일할수록 리더들은 점점 크고 작은 '인人의 장막'에 둘러싸이게 된다. 리더가 모범형의 직언을 멀리하고 예스맨의 아부를 가까이 할 때 조직은 머리카락 잘린 삼손처럼 힘이 약해져 성과가 하락한다.

이들의 독을 퇴치할 수 있는 리더들의 퇴마록을 소개한다. 바로 '직언 시스템'으로 예방하는 것이다.

당나라 태종의 '정관의 치治' 뒤에는 위징魏徵이라는 명망 높은 신하의 현명한 보필이 있었다. 그는 직언으로 당태종을 어르고 충심으로 보좌했다. 어느 날, 당태종은 위징의 충심에 하사품을 내리고자 그에게 소원을 물었다. 그는 당태종의 질문에 "바라옵건대 폐하께서는 이 미천한 신하를 충신忠臣으로서가 아니라 양신良臣으로 유종의 미를 거두도록 이끌어주시옵소서"라고 답했다. 이에 태종이 충신과 양신 간에는 어떤 차이가 있는지를 묻자 위징은 이렇게 대답한다.

"폐하, 양신이란 자신도 세인의 칭찬을 받을 뿐 아니라, 군주로 하여금 명군名君이라는 명예를 얻도록 하며 자자손손 번영하는 신하를 말합니다. 그러나 충신이란 자신이 죽임을 당하면서 군주를 폭군으로 전락시키고 나라와 자기 가문까지 멸망시킨 뒤, 오직 '옛날에 한 사람의 충신이 있었다'라는 평판을 남기는 신하를 말합니다."

포용력이 큰 군주는 신하의 현명한 직언을 잘 받아들이니 윈윈의 찰떡궁합이라 할 수 있다. 하지만 보통사람의 경우에도 듣기 싫은 것이

입바른 소리, 귀에 거슬리는 소리인데 생사여탈권을 가진 임금은 오죽 하겠는가. 자신의 신하들을 양신으로 만들겠다고 다짐한 당태종조차 때로는 신하들의 입바른 직언에 "내 반드시 이들을 죽이고 말리라!" 하며 주먹을 불끈 쥐었다가 겨우 마음을 가라앉히곤 했다고 한다. 그만큼 직언 수용력은 타고난 인품으로 절로 획득되는 것이 아니라 절제가 요구되는 힘든 학습이다.

시키는 대로 하는 것이 최고의 진리요, 효율이 최고선으로 통하는 권위적 상사 밑에서는 직언 대신 '뒷공론'만이 활개 친다. '복도 통신, 화장실 통신'은 활발하지만 정작 회의실에선 적막강산, 토론이 숨 쉬지 못한다.

모 회사의 CEO는 독선적이기로 유명하다. 그가 한번 말을 꺼내면 나이 많은 임원들조차 숨을 죽이고 찍소리도 못한다. 그러다 결국 경영자 독단으로 내린 건설사 인수 결정으로 회사가 막대한 손실을 입고 존폐의 기로에 서게 되었다. 그 지경에 이르러 그때 왜 미리 경고해주지 않았느냐고 임직원들을 붙잡고 흔들어봤자 사후약방문死後藥方文이다. 부하직원의 직언을 조직의 조기 위기경보기요, 아이디어 발동기로 활용하지 않고 기껏해야 거수기로 '레벨다운level down'시킨 리더 본인의 책임이다.

어려운 상황에 처하면 많은 회사들이 컨설팅기관에 자문을 청한다. 하지만 직원들의 직언이 잘 흐르도록 물꼬만 제대로 터주면 비싼 돈 주고 컨설팅할 필요가 없다. 대책과 아이디어는 회사 사정을 하나라도 더 꿰고 있는 직원들의 머릿속에 있기 때문이다. 유능한 CEO인 존슨

앤존슨의 짐 버크Jim Burke와 인텔의 앤디 그로브는 자신의 협력자들을 '창조적 대결자'로 묘사했다. 이들은 듣기 괴로운 말일지언정 진실을 말해주는 양신의 필요성을 알고 있었던 것이다.

한비자는 직언을 장려했을 뿐 아니라 직언을 하지 않고 침묵할 때 페널티를 줘야 한다고까지 주장했다.

"군주는 신하로 하여금 반드시 자기 말에 대한 책임을 지도록 하며 또 말을 하지 않은 책임도 지도록 해야 한다. 말의 처음과 끝이 맞지 않고 논리에 근거가 없는 자는 자기 말에 책임을 져야 한다. 말하지 않음으로써 책임을 회피하면서 무거운 자리를 차지하고 있는 자는 말을 하지 않은 책임을 져야 한다. 발언한 신하에 대해서는 처음 발언한 내용을 반드시 파악하고 있다가 실적과 대조하여 책임을 물어야 하며, 발언하지 않은 신하에 대해서는 반드시 찬반을 물어서 그 책임을 추궁해야 한다. 이렇게 한다면 신하가 감히 함부로 말하지 못할 것이며, 감히 입을 다물고만 있지도 못할 것이다. 발언하든 침묵하든, 어떻게든 모두 책임을 져야 한다."

중국 춘추시대 제나라의 재상인 안영晏嬰 역시 '침묵의 죄'를 강도 높게 추궁한 인물이다. 고료라는 부하가 안영의 밑에서 3년 동안 일하면서 언제나 성실하고 부지런히 안영을 따랐다. 그런데 어느 날 안영이 갑자기 고료에게 죄를 물으며 떠날 것을 명했다. 고료는 당혹스러울 따름이었다. 안영이 그 이유에 대해 고료를 엄중하게 추궁하며 한 말은 이러했다.

"예의와 염치로 나를 바로잡아줘야 사람 구실을 할 수 있다. 그러나 고료 자네는 어떠한가? 3년이나 나를 옆에서 보좌하면서, 내 잘못을 보고서도 여태 한 번도 말을 해주지 않았으니 자네가 과연 나에게 무슨 도움이 되겠는가?"

자신의 의견을 말하지 않은 채 침묵하고서는 일이 잘되면 "제 생각도 바로 그거였습니다" 하거나 잘 안 되면 "제 말이… 그럴 줄 알았다니까요" 하고 뒷북 치는 사람을 멀리하라. 이러한 무임승차자들을 줄이려면 침묵에는 페널티를, 직언에는 보상을 주는 '운영의 묘'가 필요하다. 설령 마음속으로는 유쾌하지 않더라도 직언에 감동한 시늉이라도 하라. 직언에 보상하고 침묵에 불이익을 안겨라. 그래야 부하들은 서슴지 않고 신나게 직언을 할 것이다.

더 나아가 직언에 대한 보상은 멍석을 깔아주는 것만으로는 부족하다. 보란 듯이 행동으로 옮겨야 한다. 앞에서는 고개를 끄덕끄덕한 다음 나중에 한 치도 변하지 않고 구태를 답습하는 것을 보면 부하들은 당신의 진정성에 의문을 품고 지쳐버린다.

중소기업의 한 경영자는 자신의 임원 시절 일화를 들려주었다.

"인사 과정에서 잘못된 부분을 사장님께 조심스럽게 말씀드렸지요. 사장님이 제 말씀을 묵묵히 들으시더니 다음 날 회의에서 자신의 월급 3개월치를 감봉하겠다고 발표하시는 게 아니겠습니까. 당신이 어떤 결정을 잘못 내렸고 그 폐해가 어디까지인지 조목조목 따지시면서요. 사장님의 금도襟度에 저희 임원들은 사장님을 더욱 존경하게 됐습니다."

대부분의 직언은 보스를 겨냥하게 되어 있다. 그때 섭섭해하거나 분노를 표출하지 말라. 직언에 합당한 근거가 있다면, 수용하고 고치는 모습을 보여주어라. 권위적이지 않은 자세가 오히려 당신의 권위를 높여준다. 우리 조직은 타당한 것을 말하면 예외 없이 개선된다는 것을 실감할 때 조직에 약이 되는 쓴소리가 작동되기 시작한다.

강한 상사는 "내가 얼마나 힘든지 너희가 알기나 해?" 하며 직언에 대해 윽박지르고 귀를 막거나 무시하는 대신 '직언이 신뢰받는 부하의 요건'임을 부하에게 세뇌시킨다. 올바른 직언과 의견을 거침없이 쏟아내는 부하들이 모이고 들끓으면 조직의 목표를 달성하는 일은 식은 죽 먹기다. 강한 상사 밑의 조직은 조용하지 않다. 오히려 갑론을박 늘 시끌벅적 시끄럽다. 강한 상사는 직언을 묵살하지 않는다. 오히려 장려한다.

직언을 거침없이 할 수 있도록 하기 위해서는 리더의 결심이 일회적 시혜가 아니라 제도로 굳어져야 한다. 사실 직언이 어렵고 불편하기는 듣는 당신보다 말하는 부하가 더하다. 사람들은 기본적으로 권위에 약하고 다수의 여론에 휩쓸리는 성향이 있다. 그렇기 때문에 리더가 직언을 장려하는 제도적 장치나 시스템을 만들어놓지 않고 억지로 하라고만 하면, 진정성 없는 제스처가 되기 쉽다.

직언하는 역할을 의무화하는 것도 방법이다. 예컨대 회의 때마다 '악마의 주장법Devil's Advocate Method'이라고 하는 지명 반론자법을 제도로서 운영하는 것이다. 자신의 주장과 상관없이 찬반 팀을 구성해 토론하거나, 충성스런 가짜 반대자 역할을 돌아가며 맡는 것이다. 반론자들은 의무적으로 안건의 단점과 약점을 지적해야 한다. 누구든 순서가 돌아가니 부하로선 반대자로 찍히는 부담이 줄어들 수 있다.

경영 컨설턴트 제임스 루카스James Lucas는 직언 활성화를 위한 제안으로 보고서에는 '반대의견란'을 서식화하고, 회의 말미에 아예 '반대타임'을 만들라고 제안한다. 진실을 가차 없이 터놓으며 계급장 떼고 말할 수 있는 서류양식과 고정시간을 구비하라는 충고다. 반대의견의 문을 통과해야 상사에게 도달할 수 있는, 일종의 통과의례라고 할 수 있다.

잘못된 방향에 대해 똑똑한 사람이 나서서 거침없이 한마디 할 수 있을 때 조직의 분위기는 살고, 그것은 조직의 성과향상으로 이어진다. 직언 상비군을 만들고, 역할을 맡기고, 시간을 만들고, 반대의견을 나눌 수 있는 별도의 '소도蘇塗'를 만들어라. 반대의 역할놀이를 즐길 수 있도록 하라. 내부에서 반대의 담금질을 세게, 거칠게 가할수록 리스크를 보완해 합리적 의사결정을 내릴 확률은 높아진다.

권력지수를 높여라

조직의 중요한 의사결정과 맥락이 당신의 안테나에 잡히는가? 당신이 회의에서 무언가를 이야기할 때 사람들이 두루 당신의 말에 귀를 기울이려 노력하는가, 아님 콧방귀 뀌며 태클부터 걸고 보는가? 눈에 띄고 가까이 있어야 권력을 획득할 수 있고, 그런 사람이 권력을 가까이서 자주 보게 되는 것이 조직 내 권력순환 체계다.

권력정보는 '조직'이라는 두꺼운 책을 펼쳐보는 데 유용한 색인이다. "아는 것이 힘"이란 말은 권력의 이해에도 적용된다. 데이비드 크렉카르트David Krackhardt의 연구에 따르면, 권력분포를 아는 것 자체가 권력확보에 도움이 된다. 즉 회사에서 영향력 강한 사람들의 네트워크에 대해 정확한 정보를 아는 개인일수록 강력한 힘을 발휘할 수 있다.

말 겉만 보지 말고 말 밑에 흐르는 '권맥'을 짚어보라. 회의석상에서 오가는 공식적 진술은 빙산의 일각임을 알 수 있을 것이다. 능력과 자세를 갖춘 강한 상사 밑에서 부하들은 긴장하고 온 힘을 다해 충성한다. 직원들이 자신의 상관으로 조직적 권력을 지닌 상사를 선호하는 이유는 당연하다. 작은 일을 해도 조직에서 주목받을 수 있고, 승진 등에 상사가 지원사격을 해줄 수 있다고 믿기 때문이다. 반면 권력 없는 상사 밑에서 일하는 것은 인정받을 기회와 가능성이 줄어 암흑 속에 존재하는 것과 흡사하다. 심지어 직원들은 무력감마저 느낀다. 강한 리더는 구성원들이 변방이 아닌 핵심에서 일한다고 느끼게끔 자부심을 선사한다. 권력 있는 상사 밑에 능력 있는 부하 모이고, 능력 있는 부하 위에 권력 있는 상사가 있는 법이다.

당신은 강한 상사가 되기 위한 권력을 가지고 있는가? 정글의 법칙이 지배하는 세계에서 권력이란 세상을 사는 통화 단위이자 구성원들이 모여들게 하는 깃발이다. 돈이 없으면 물건을 살 수 없듯이, 권력이 없으면 성과를 낼 수 없다.

그러나 '권력' 하면 왠지 권모술수의 냄새가 풍기는 것도 사실이다. 마치 예전에 돈을 '아도물(阿堵物, 이 물건)'이라 부르며 돈이라는 말 자체를 입에 올리지 않고 멀리한 것처럼, 리더들은 권력이란 말을 금기시한다. 자신이 권력을 추구해 이 자리에 올랐다고 이야기하는 리더는 거의 없다.

실제적으로 리더십과 권력은 일란성 쌍둥이다. 리더십 없는 권력은 가능하지만, 권력 없는 리더십은 불가능하다. 사람들은 권력을 겉으로는 무시하는 척하지만, 실은 동경해 마지않는다. 권력은 당신의 꿈을 이뤄줄 뿐 아니라 다른 사람의 꿈도 이룰 수 있게 해주는 매력적인 그 무엇이다.

자리가 힘을 만드는가, 힘이 자리를 만드는가? 이는 "닭이 먼저냐, 달걀이 먼저냐"와 같이 끝이 없는 논쟁거리이기도 하다. 권력에 대한 정의는 매우 다양하다. 권위, 힘, 강압, 영향력 등의 개념이 뭉뚱그려 쓰이기도 한다. 한마디로 권력은 종합예술이다. 사람과 그 사람의 자리를 사로잡는 유혹과 조종, 그리고 자신의 역량이 결합된 총체이기 때문이다.

권력은 사회적 관계에서 상대방의 의지와는 상관없이 나의 뜻과 의지를 상대방에게 관철시킬 수 있는 잠재력과 실재력, 능력을 뜻한다. 그러나 이 정의를 액면 그대로 해석해서는 곤란하다. 하버드 대학의 데이비드 맥클리랜드 교수는 권력을 개인중심적 권력과 집단중심적 권력으로 나누어 설명한다. 개인중심적 권력은 독단적인 것으로서 조직보다 자신에게 충성할 것을 강요한다. 하지만 집단중심적 권력은 조직의 목표를 달성하는 데 보다 큰 관심을 두며, 구성원들을 참여시켜 목표를 세우게 하고, 그것을 성취할 수단을 마련하는 등의 지원을 해준다. 즉 이타적이고 절제된 욕구표현이다. 권력의 고차원적 욕구는 바로 타인을 성장시키고 돕는 데서 오는 희열이다.

한비자는 규제의 수단으로서 '술術'과 고정적 원칙으로서 '법法', 이 중 어느 하나에만 중점을 두면 오류가 있다고 보고, 술과 법에 정치권력을 뜻하는 '세勢'를 조화롭게 결합시켜야만 조직을 장악할 수 있다고 말했다. 리더의 술은 상과 벌을 줄 수 있는 성과판단, 법은 조직의 규율을 말한다. 그리고 세는 그가 장악할 수 있는 형세를 뜻한다.

'세'란 미묘한 것이어서 어떤 사람은 실세를 갖는 반면 어떤 이는 허세만을 움켜쥐고 있다. 실세와 허세를 구분하는 방법은 간단하다. 상사와 얼마나 심리적으로, 물리적으로 가까이 있는가를 보면 된다. 높은 절벽 위에서 자란 1미터 높이의 묘목과, 절벽 아래 계곡에서 자란 100미터 높이의 나무, 어느 것이 더 높이 있는가? 평지에 가져다 놓고 비교해보면, 당연히 100미터 나무가 1미터 나무보다 크다. 하지만 높은 절벽 위에 자란 1미터 나무는 100미터 나무보다 높이 있다. 이 절벽이 바로 세로서, 당신의 능력을 빛나게 해주는 무대배경이다. 연예인들은 어떤 개인기를 보여주느냐에 못지않게 어느 프로그램에 출연하느냐를 중시한다. 권력정보란 바로 그런 판세를 읽는 데 필요한 정보와 지식이다.

마키아벨리는 일찍이 "권력 없는 사람에게는 개도 짖지 않는 법이다"라고 했다. 부하는 말할 것도 없다. 지금 당신이 "자네들도 알잖나, 내가 무슨 힘이 있다고…. 아무리 위에 말해봐야 소용이 없잖아" 하고 직원들과 같이 앉아 푸념의 한숨을 내쉴 때가 아니다. "자네들도 알다시피 나는 야심도 욕심도 없는 사람이야" 하고 자못 안빈낙도安貧樂道, 와 단사표음簞食瓢飮의 무념무욕을 자랑할 때가 아니다. 부하들은 당신의 무욕을 청렴함으로 받아들이기는커녕, 자신을 키워줄 역량이 없는 무능력 상사로 낙인찍고 담 너머 다른 상사에게 줄을 댈 것이다. 욕심과 야심이 없다는 것은 상사에게 자랑이 아니다. 없는 힘도 있는 것처럼 허세를 부려도 부족한 게 바로 권력이다.

요즘 인사담당자들을 만나면 한결같이 하는 말이 있다. 충성심, 로열티의 개념이 예전과 달라졌다는 것이다. 예전에는 본인의 손해를 감수하면서까지 상사에게 충성하는 것을 로열티라고 했다면, 신세대 사원은 '내가 받은 만큼 열심히 하는 것'을 로열티라고 본다. 바꿔 말해 상사로서 로열티를 확보하려면, 열심히 일한 그들에게 성과를 배분할 자원과 자세를 가져야 한다는 것이다. 강하다는 것은 이처럼 자원과 자세를 함께 의미한다. 어느 하나만으로는 부족하다.

K전무는 사장의 신임을 흠뻑 받는 인물이다. 그는 지시를 할 때마다 "사장님이 이 안을 검토하고는 좋아하셨다"라는 토를 달면서 후광효과를 놓치지 않으려 한다. 물론 그 같은 후광작전만 사용했다면 한계도 있고 밉상으로 보였을 것이다. 그는 사장이 자신에 대해 갖는 전폭적인 신임을 이용하여, 자신의 부서를 직접 방문해 직원들의 어깨라도 두드리며 격려해달라고 종종 사장에게 부탁을 드리곤 했다. 평소 직원 사무실에 나타나지 않는 경영자로 유명한데, 스킨십 지수를 높이니 사장의 평판제고에도 도움이 됐다. 또 CEO의 신임을 본인의 영달로 활용하기보다 서로 나눠 가지니 직원들도 밉게 생각하기는커녕 자부심을 가졌음은 물론이다. '누이 좋고 매부 좋고'였다. 당연히 그 소문은 옆 부서로 흘러나가, 해당 부서는 인사철마다 지원부서 1위로 꼽히고, 상사충성도는 절로 높아졌다고 한다. 신임을 독차지하면 시기를 낳지만, 나누면 충성으로 돌아온다는 것을 단적으로 보여주는 사례다.

만일 상사의 신뢰와 전폭적 위임을 받지 않고 내린 몇 가지 지시들이 아래로 내려가 중도에 브레이크가 걸리고, 결과적으로 부하들만 헛고생시킨 식으로 불발된다면? 본인의 의도가 아니었고 부하들도 이를 이해한다 하더라도, 앞으로는 쉽사리 지시하기 어렵고 부하들도 기꺼이 움직이지 않을 것이다. 다소 무리한 지시더라도 당신과 상사가 교감한 상태에서 내렸다고 생각하면, 부하들은 따른다. 불합리와 합리를 떠나 중도변경 가능성이 없다는 것 자체가 그들에게는 신뢰의 요소가 되기 때문이다.

이 같은 상향 영향력이야말로 실세의 지표다. 하버드 경영대학원의 존 코터John Kotter 교수는 젊은 나이에 학력까지 높은 리더들이 자신의 잠재력에 못 미치는 성과를 내는 이유는 바로 권력역학을 이해하지 못하기 때문이라고 진단한다. 자신의 아이디어에서 어떤 해결책을 찾고자 할 때는 자신의 의견에 거부권을 행사할 수 있는 사람들을 내 편으로 끌어들이는 게 현명하다. 상사를 좋아하든 싫어하든 상관없이 상사와 함께 일하는 방법을 배워야만 융통성을 기르고 존경심을 얻을 수 있다.

당신의 커리어에 도움이 되는 사람과 많은 시간을 보내라. 열쇠를 가진 사람들을 가까이 하지 않고서 성공의 곳간을 열기는 힘들다. 당신을 승진시킬 권한을 가진 사람은 바로 당신의 상사다. 상사가 당신을 잘 알고 경쟁자들보다 더 끌어줄 명분을 갖도록 만드는 것이 당신이 할 일이다. 자문을 구하고 헌신하라. 상사가 달성하고자 하는 목표가 무엇이며, 당신이 그를 어떻게 도울 수 있는가에 대해 집중적으로 연구하고, 그 마음을 표현하라. 그러고 나서 노력하는 모습을 보이는 것이다. 당신의 실력이 향상되고 있고, 상사를 당황스럽게 만들 일을 결코 하지 않으리란 점에 대해 신뢰를 얻어야 한다. 일단 상사의 신용을 얻고 나면 성과창출은 보다 쉬워진다. 당신이 아무리 유능해도 뒤통수 칠 가능성 있는 새끼호랑이를 키워줄 어리석은 상사는 없다.

제프리 페퍼Jeffrey Pfeffer 스탠퍼드대 교수는 권력의 상징이란 감추기가 쉽지 않아 어떻게든 드러나게 마련이라고 했다. 닉슨 대통령 시절 법률고문을 지낸 존 딘John Deane은 이렇게 토로했다. "모든 사람들이 대통령의 귀와 가까운 위치로 가려고 애썼고, 아무리 경험 없는 관찰자라 해도 직위 변화를 감지할 수 있었다. 성공과 실패는 사무실의 크기와 위치, 실내장식으로 나타났다. 우리는 사무실 이동을 관료들의 내부 권력투쟁의 지표로 읽게 되었다."

이처럼 물리적 공간, 총괄 경영진 직위에서의 부서 대표성(최고위 경영진의 해당 부서 출신자 비율), 각 부서 임원의 급여 수준, 부서의 사내 위치와 근무자의 평균 사무공간 면적, 최근 각 부서의 인원 증가추세, 보고순위, 사내 영향력에 대한 평판, 다른 단위 조직과 비교한 부서 승진율 등을 보면 영향력 있는 분파의 큰 그림을 얼추 그려볼 수 있다. 여기에 여전히 연공서열제가 대세인 동양에서는 의사결정 과정에서 조언을 구하는 정도가 중요한 지표로 작용한다. 누구에게 어느 시점에 조언을 구하느냐와 그리하여 어떤 결과가 빚어지느냐가 바로 '권력색인'이다.

자, 조직도 뒤에 숨겨 있는 밑그림들이 보이기 시작하는가? 그 권력도에서 당신의 위치는 어디에 있는가? 권력분포를 이해하는 것이야말로 당신의 요구를 지원받기 위해 꿰어야 할 첫 단추다. 떠오르는 스타, 업무를 잘하는 사람, 그리고 정보를 가진 이들과 높은 직위의 사람이 어디에서 모이는지 알아두어라. 그들이 있는 곳에 함께하라.

당신이 한직에 있다면 더욱 활발하게 진자운동을 벌여야 한다. 서양 격언에 이런 말이 있다. “말을 잘 타는 가장 좋은 방법은 말이 가고 있는 방향으로 가는 것이다.” 우선 말이 가고 있는 방향을 읽으라. 그 방향에 맞춘 다음 고삐는 천천히 조절해도 늦지 않다.

내가 기자 시절에 친하게 지낸 언론인 선배가 있었다. 그 선배는 중요 정보처에 이른바 ‘빨대’라 불리는 취재원을 잘 심어놓아 특종을 따내곤 하는 유능한 기자였다. 어느 날 나는 오랜만에 그 선배와 술자리를 함께하며 비결을 슬쩍 물어보았는데, 그 답은 이랬다. 그는 새로 출입처를 배정받으면, 공식 조직도가 아니라 직원 기록을 바탕으로 한 나름의 권력분포도를 만들어 이를 근거로 취재원에게 접근한다고 했다. 즉 우호라인과 적대라인을 구별해 슬쩍 정보를 흘리고, 반감을 유도해 격분시키거나 넘겨짚음으로써 고급 정보를 슬슬 주워 담았다. 남들이 조직도를 보며 국장실과 과장실, 직급순으로 돌 때 그는 실제 권력라인 순으로 돌았던 것이다. 그 덕분에 출입시기가 비슷한 이들 중에서 특종기사와 심도 있는 기사로, 그는 짧은 시일 내에 소위 ‘끗발’ 있는 중견기자로 대우받을 수 있었다.

권력의 분포도를 알수록 정보는 빨리 잡히고 의사결정의 정확성과

속도도 높아질 수밖에 없다. 상사의 의도에 대한 풍부한 배경정보가 있으니 당연히 당신의 위상도 올라간다. 반면, 변방에 있을수록 상부 정보에서 소외돼 자다가 봉창 두드리는 엉뚱한 소리로 의사결정을 오진할 확률이 높다.

권력분포도를 읽었는가? 회의에 들어가면 선과 선이 그어지며 행간의 라인들이 이해되는가? 적어도 어떤 말을 누구 앞에서는 조심해야 하는지 떠오르는가? 그렇다면 이제 당신의 세를 불릴 차례다. 영향력 있는 리더들은 상사에게든 부하에게든 발 뻗기 전에 누울 자리부터 먼저 판단한다. 제프리 페퍼 교수는 영향력을 발휘하고 성과를 내는 리더십을 위해 다음과 같은 질문을 던져보라고 한다. 첫째, 누구의 협조가 필요한가? 둘째, 내가 하려는 것을 무산시킬 만한 적대자는 누구인가? 셋째, 내가 성취하려는 것에 영향받는 자는 누구인가? 넷째, 실세로 파악한 사람들의 친구 또는 동맹자는 누구인가?

상황이 돌아가는 형세를 읽고, 행보를 결정하고 반응을 예측하라. 위 질문에 대한 명확한 대답 없이 대의명분만 이야기한다면 당신은 젖비린내 나는 이상주의자로 취급당하기 십상이다. 회의시간에 순진하게 내 아이디어의 탁월성과 조직기여만 갖고 가는 것은 아마추어다. 탄알을 제공할 후방 보급대와 적군의 포화에 대항할 지원부대를 확보하고 회의에 들어가라. 그것이 진정한 프로다.

절벽 위의 1미터 나무와 평지 위의 100미터 나무의 불공평한 높이

차를 잊지 말라. 세상도, 조직도 결코 평평하지 않다. 바닥 자체가 고르지 않은 울퉁불퉁한 조직에서 성과를 내고 힘을 가지려면, 권력판의 세를 읽어야 한다. 똑같은 전력을 가진 팀도 홈그라운드에서는 출장경기 때보다 잘 뛰는 법이다. 누구와 연맹하고 누구를 지원할 것인가? 조직을 당신의 홈그라운드로 만들기 위해 조직 내에서 '나에게 영향력을 미칠 지원세력'과의 합종연횡 작전부터 세우라. 판도를 읽고 권력지수를 높여라. 그렇지 않고서 리더십을 발휘하겠다는 것은 나무에서 물고기를 구하려 드는 것처럼 무모하다.

PART 2

친근한 리더보다 엄정한 리더가 돼라

공평이 무능을 부른다

성과가 부족한 사람을 행복하게 해줄 것인가, 성과가 뛰어난 사람을 행복하게 해줄 것인가? 이 무슨 하나마나한 질문이냐 생각하겠지만, 사실 많은 리더들이 일상적으로 부딪히게 되는 딜레마다. 직급과 입사 연한에 따라 급여를 주는 연공서열방식이 '공평'이라면, 성과에 따라 연봉 차이를 두는 능력별 차별방식은 '공정'이다. 공평성을 중시하는 시스템에서는 일 못하는 사람이 행복하지만, 공정성 위주의 시스템에서는 일 잘하는 사람이 행복하다.

머릿속 답은 명쾌하지만, 현실은 호락호락하지 않다. 뛰어난 이는 20%로 소수고, 중간 내지 처지는 이는 80%로 다수다. 이들의 사기 또한 무시할 수 없다. 인사철만 되면 착한 당신, 뺀 돌 고인 돌 바꿔가며 고민에 빠지지는 않는가.

"인사는 만사萬事"를 입에 달고 살지만, 현실에서 막상 성과와 능력에 따른 차등대우를 하기란 쉽지 않다. 그럴 때 당신이 떠올려야 할 것은 저마다 사연 있는 직원들의 얼굴이 아니라, '공개적으로 설명할 수 있는 기준'이다.

차이는 존중하되 차별은 하라

'차별'과 '차이'를 헷갈리는 상사들에게 들려주고 싶은 말은 "직원들의 차이는 존중하되 차별은 하라"다. 하다못해 당신이 자주 가는 단골식당을 생각해보라. 단골손님인 당신과 일반손님을 똑같이 취급한다면 서운하지 않은가? 단골식당을 즐겨 찾는 이유는 음식의 맛도 맛이거니와 알아서 밑반찬 하나 더 챙겨주는 서비스와 급한 예약도 가능한 특별대우가 있기 때문이다. 단골손님에게 특혜를 주는 것은 서비스 산업의 마케팅 기본 노하우다. 미국의 해러스 호텔은 성수기에 선착순으로 예약을 받는 것이 아니라 호텔에서 얼마나 많은 돈을 썼는지를 기준으로 예약을 받는다. A라는 고객이 지난번 투숙했을 때 카지노와 쇼핑몰에서 많은 돈을 썼다면, 다른 예약을 취소하고서라도 A고객의 예약을 우선으로 접수한다. 조직에서도 마찬가지다. 일 잘하는 사람을 특별대우해주면, 그만큼 조직의 성과도 높아진다. 문제는 납득할 수 있는 '기준'이지 '차별'이 아니다.

성서의 달란트 이야기에서도 성과에 따른 차별대우를 볼 수 있다.

5달란트 받은 종과 2달란트 받은 종은 그것을 2배로 부풀려서 주인의 칭찬을 받은 반면, 1달란트 받은 종은 그대로 땅속에 숨겨두자 주인이 그것마저 빼앗아 다른 사람에게 줬다는 이야기는 성과에 따른 차등대우는 불평등이 아님을 보여준다. 각자 주어진 달란트를 가지고 열심히 일한 종과 땅속에 파묻고 활용하지 못하는 종이 같은 대우를 받는다면 오히려 열심히 일한 자에 대한 역차별이 될 수도 있다. 성실하게 그리고 전략적으로 열심히 일한 사람은 차별대우하라.

얼마 전 MBA 강의에서 있었던 일이다. 한 학생이 직장을 그만두고 다시 공부하기로 마음먹은 이유가 "일 잘하는 사람이 손해 보는 회사 평가 시스템 때문이었다"고 털어놓았다. 상사들이 열등생 직원에게 관심을 기울이느라 우등생 직원을 방치하는 게 힘들었고, 일은 더 시키면서 균등한 보상을 주는 것이 불공평하다는 생각에 퇴직을 결심했다는 것이다. 이처럼 조직에서의 하향평준화 조치가 인재 유출로 이어지는 것이 이 학생만의 사정은 아니다. 내가 경영자들에게 상위, 중위, 하위 성과의 직원들 중 어느 계층에게 가장 많은 관심을 기울이는지 물으면, 하위층, 중위층, 상위층의 순이라고 한다. 능력이 상위 20%에 속하는 직원은 관심을 갖지 않아도 알아서 잘한다고 생각하기 때문이다.

하지만 미국의 여론조사 업체 갤럽이 8,000명이 넘는 경영자들을 대상으로 한 설문조사 자료를 바탕으로 '위대한 보스'의 자질을 설파한 《First, Break All The Rules》에 따르면, 성공적인 경영자들은 자신의 시간 중 상당 부분을 부서 내 뛰어난 업무 수행자들에게 쏟는다.

동기부여 전문가 존 발도니John Baldoni는 "경영자들이 모든 직원들을 공평하고 동등하게 대우하는 것도 좋지만, 높은 잠재력을 가진 사람들에게 시간과 자원을 투자하는 것이 보다 더 효과적"이라고 설명한다. 이는 승진, 급여 보상뿐 아니라 리더의 시간투자 면에도 적용된다.

그러나 안타깝게도 많은 리더들이 그 같은 '우수종목' 골드칩에 대한 대우와 투자에 인색하다. 20%의 우등생은 어차피 알아서 잘하는데 그들에게 굳이 신경 쓰느니 '조직의 평균'을 떨어뜨리는 열등생 20%의 말썽쟁이 부하 구제에 힘을 싣는 편이 낫지 않느냐는 게 많은 리더들의 착각이다. 개개인의 공과는 무관하게 모두를 똑같이 대우하는 것은 조직에서 가장 창조적이고 열심히 하는 사람들의 열정을 꺾는 일이다.

한편으로는 보상의 문제가 걸린다. 우수한 부하들에게 정당한 보상을 내리기는 권한의 한계 때문에 힘들다고 토로하는 관리자들도 많다. 특히 조직의 중간관리자들은 부하들의 급여나 성과급 등을 직접 다루는 권한에 한계가 있기 때문에 딜레마에 빠지기 쉽다. 그러나 한 발짝만 상자 밖에서 생각해보라. 부하에게 줄 수 있는 보상은 금전만이 아니다. 보상은 경쟁력 있는 급료와 부가급여뿐 아니라 배우고 성장하고 성취할 수 있는 기회의 형태로 나타나는 무형의 보상도 포함된다. 열심히 일하는 부하들에게 흥미로운 업무와 교육의 기회 등으로 보상할 수 있는 여타의 보상방법도 얼마든지 있다. 사람들은 능력과 성과에 따른 공정한 보상 그 자체를 중시한다.

일관성이 핵심이다

IBM의 전 CEO 루이스 거스너Louis Gerstner는 "예외가 게임의 일부임을 리더가 증명하는 순간 조직의 신뢰는 날아가고 리더십은 손상된다"고 지적했다. 구성원들이 공정성 문제로 입이 대여섯 발 나오는 원인은 차별보다 일관성 없는 기준 때문인 경우가 많다. 어느 때는 연장자순으로 했다가, 갑자기 근무 연수로 했다가, 또 인사평점으로 했다가…, 이처럼 해마다 인사평가 기준이 바뀔 때 직원들은 그 변동의 의미를 나름대로 해석한다. "음, 이미 내정자가 있나 보네. 누구를 들러리 세우고 있어? 내가 그 속내를 모를 줄 알고?"

노력, 시간, 기여도 등 각종 투입에 따른 보상은 다를지언정, 그 기준과 절차에 대한 공정성은 확보돼야 사람들이 보상의 진정성에 대해 동의한다. 분배 못지않게, 아니 훨씬 더 절차의 공정성이 중요한 이유가 여기에 있다.

'조직정의'는 조직 구성원들 간의 관계가 얼마나 공정하게 형성되고 있는지를 다루는 주제다. 조직정의에는 분배정의distributive justice, 절차정의procedural justice, 그리고 교류정의interactional justice의 3가지 유형이 있다. 분배정의는 조직 내 정보나 기회의 분배가 공정한지와 관련된 것이고, 절차정의는 일을 처리하고 결정하는 순서와 방법이 바람직한지를 따지는 것이며, 교류정의는 다른 사람을 대하면서 인격적으로 존중하는지를 보는 것이다. 문제는 많은 사람들이 공정이라 하면 분배정의, 그중에서도 자원의 분배에만 집중하고 나머지 정의에 대해서는 무시한다는 것이다.

“공정성 불평을 해결하려면 분배 못지않게 절차와 과정에 집중하십시오.” 성과 중심의 인사고과를 하려는 경영자에게 내가 늘 강조하는 말이다. 공정은 어느 날 뜬금없이 하늘에서 뚝 떨어지는 선포만으로 시행되지 않는다. 절차에서 공정을 확보하려면 3E, 즉 참여engagement, 설명explanation, 기대의 명확성clarity of expectation이 확보돼야 한다.

직원들은 자신들이 어떠한 기준으로 평가되고, 실패할 때 어떤 책임을 져야 하는지를 미리 알아야 한다. 절차가 공정하게 진행되기 위해서는 새로운 목표와 기대, 책임이 무엇인지, 이를 구성원들이 분명하게 이해했는지가 중요하다. 무엇을 해야 하는지를 분명히 이해하면 정치적 음모나 편파주의는 줄어들고, 신속하게 전략 실행에 집중할 수 있게 된다.

공정한 인사의 핵심은 ‘배고픈 사람’을 줄이는 것 못지않게 ‘배 아픈 사람’을 줄이는 데 있다. 이 기준이 투명해지면, 구성원들의 단체 복통은 줄어들게 되어 있다. 기회는 균등하게 주되, 인사는 실력에 따라 냉정하게 결정하라. 실력과 성과에 관계없는 간판 중심의 선발과 상벌은 부하 불평의 근원이다. 상사가 부하들을 편애하는 것보다 더 빨리 인재를 잃고 조직을 분열시키는 지름길은 없다. 성과가 공정하게 평가되지 못하는 조직에 오래 머무르는 인재는 없다. 인사철 이후엔 이유 없는 휴가 내지는 갑작스런 이직이 종종 발생한다. 그를 잡기 위해 해야 할 말은 ‘다음 인사 때 보장’이 아니라 ‘인사의 투명한 기준 설득’이다.

한고조 유방이 갖춘 리더로서의 강점이 '인재관리'란 점은 잘 알려진 사실이다. 사실 그는 평상시 부하에게 무례하고, 짜증도 많이 부렸다. 오히려 매너 면에서는 항우에게 한참 밀렸다. 그런데도 리더십 총점에서 앞설 수 있었던 이유는 분배, 절차의 공정성 때문이다. 그의 신상필벌 공정성이 평소 그의 단점을 상쇄하고, 인재를 불러 모을 수 있게 했다.

《사기》에 그 단면을 엿볼 수 있는 일화가 있다. 바야흐로 천하평정을 마치고 난 후 유방은 큰 공을 세운 신하들에게 상을 내렸는데, 그 다음 급 공신들부터 서로 경쟁이 치열했다. 하루는 유방이 대궐에서 내려다보니 장군들이 모여서 쑥덕거리고 있었다. 이상하게 여긴 유방이 그 이유를 장량에게 물어보았다. 장량의 대답이 걸작이다. "반란을 도모하기 위해 모여 있습니다." 천하평정 후의 반란이라니 유방으로서는 기가 찰 노릇이어서 재차 이유를 물었다.

"폐하는 저 사람들을 부리셔서 천하를 장악하셨습니다. 드디어 폐하가 뜻을 펴시게 되었는데 상을 받는 사람들은 옛날부터 폐하가 좋아했던 인물들뿐이었습니다. 미움을 샀던 사람은 모두 불이익을 받았습니다. 공적을 따져서 상을 주려고 담당자가 열심히 평가하고 있습니다만, 그것을 계산하면 상으로 주어야 할 땅은 온 천하로도 부족합니다. 폐하께서 내려주실 땅은 모자랄 수밖에 없으니 옛날 실수들을 다 들추어내 상은커녕 오히려 벌을 내리지 않을까 두려워 반란을 꾸미려는 것입니다."

유방이 대책을 물어보자 장량은 "평소에 못마땅하게 생각했지만 인정하는 부하가 있습니까?" 하고 묻고는 개인적 감정과 상관없이 그 사람에게 공적에 합당한 상을 준다면 부하들의 쑥덕공론이 가라앉을 것이라고 직언했다. 유방이 생각해보니 옹치가 그런 인물이었다.

"여러 번 나를 골탕 먹였기에 지금도 아주 없애버리고 싶은 놈이오. 다만 공이 크니까 참고 있을 따름이오."

과연 장량의 직언대로 큰 잔치를 열어 공식적 자리에서 옹치에게 제후의 자리와 함께 땅을 내리니 대신들의 쑥덕공론과 불평불만이 잠잠해졌다.

인사에서 모든 사람을 만족시키기는 힘들다. 하지만 기준의 투명성에는 모두가 동의할 수 있어야 한다. 인사를 했을 때 당신이 스스로에게, 그리고 담당자에게 물어봐야 할 질문은 "설명할 수 있습니까?"다. 개인적 호오 감정이 아닌, 투명한 기준에 비추어 성과에 따른 차별대우를 하라. 다시 한 번 말하지만, 차별이 아니라 기준이 문제다. 기준이 확실해야 능력 있는 인재의 유출을 막고, 조직에 활력도 불어넣을 수 있다.

'내 사람'의 성과를 높이려 하지 말고, 성과 높은 사람을 '내 편'으로 만들라

상사의 입장에서 성과위주의 공정성을 실천하려 할 때 부딪히는 현실적 문제는 '내 사람'을 어떻게 대우할 것인가다. 사실 많은 상사들이 인사권을 통해 내 사람을 보상해주고, 부하는 충성으로 보은한다. 그런데 성과위주라면 내 뜻대로 충성파를 만들 수 있는 실탄이 없어지지 않느냐는 현실적 고민이 생긴다. 내려보낼 실탄도 없는데 누가 나를 위해 뛰어줄 것인가.

하루는 지인들과의 술자리에서 공정론에 대한 얘기가 나오자, A사장이 최근에 있었던 인사 발령담을 들려주었다. 회사에 3명의 TO가 발생해 임원회의를 거쳐 연차순으로 3명을 승진 대상자로 결정했다고 한다. 그리고 성과위주의 냉정한 인사 논의 끝에 3명 중 2명은 탈락시키고, 그중에서 가장 나이 어린 사람만 승진시켰다고 했다. A사장은 평소 직원들과의 '감성 소통'을 최우선시하는 경영자로 알려진 터라, 인사를 성과위주로만 감행했다는 사실이 의아했다. 아니나 다를까, 비슷한 고민을 가진 동석자들의 속내 깊은 질문들이 쏟아졌다. 다른 경영자가 던진 질문 중 하나가 바로 견마지로犬馬之勞를 다한 충성파를 어떻게 대우해줄 것인가였다. 성과만을 기준으로 삼으면, 인사 결정의 주사위가 리더의 손을 떠나기 때문이다.

A사장은 이 대목에서 "하다못해 내 자식도 좀 더 아픈 손가락이 있는데, 부하라고 그렇지 않겠느냐"며 자신에게 잘해준 부하들에게 마음이 더 가는 것은 인지상정임을 인정했다. 그럼에도 "내 사람을 승진시킬 것이 아니라, 성과 높은 사람을 내 사람으로 만들겠다는 각오로 결정했다"며 자못 비장한 어투로 말하는 것이 아닌가.

성과위주 인사를 실시한 후, 모 경영자는 누구를 잘 부탁한다고 인사위원회에 넌지시 언질을 줬는데도 "점수가 안 되는 바람에 내 사람이 승진에서 탈락돼 당황스러운 적이 종종 있었다"고 털어놓기도 했다. 피터 드러커는 리더들의 이 같은 고민에 대해 이러한 조언을 준다. "성과를 올리는 경영자는 부하가 상사인 자신을 기쁘게 하기 때문이 아니라 일을 하기 때문에 월급을 받고 있다는 사실을 인식하고 있다. 다른 사람이 성과를 올리게 하려면 그가 나와 잘해나갈 수 있는가를 생각해서는 안 된다. 자신이 선호하는 인물에 높은 평가를 주고 싶은 유혹을 피하려면 객관적인 직무요건과 성과에 초점을 맞추어야 한다."

충성파가 성과까지 내면 더할 나위 없다. 하지만 성과 없는 사람이 내 사람이 되면 상사에게도, 조직에도 이로울 것이 없다.

'공정'한 리더가 되기 위해 중요한 것은 절차상의 정의 확보다. 평가기준이 분명하고 투명하다면, 아무리 직원들을 차별대우해도 당신을 탓할 사람은 없다. 기준만 분명하면 리더가 직원을 '공평'하게 대우하지 않을수록 조직에는 건강한 활력이 넘칠 것임을 명심하라.

나쁜 부하, 이렇게 다뤄라

적군과 아군을 구별할 줄 알면 세상에 두려울 것이 무엇이랴. 열 길 물속보다 한 길 부하 속을 알기 위해 리더들은 별별 방법들을 고안해낸다. 하지만 비싼 수업료를 치르고서도 많은 리더들은 배신의 서슬에 마음까지 베여 피눈물을 흘리곤 한다. 리더로서 옥석을 가려내지 못하는 것은 곧바로 권력상실과 조직붕괴로 이어진다. '인사는 만사'이지 않던가. 좋은 부하를 발탁하고, 나쁜 부하를 퇴출시키는 것은 리더의 기본이다. 능력 없는 부하는 밥을 축내지만, 충성 없는 부하는 조직을 축내니 눈을 부릅뜨고 '촉'을 세워야 한다.

예로부터 나쁜 부하들은 부나방처럼 달려들게 마련이었고, 분별 있는 상사들은 어떻게든 이들을 감별해 멀리하려 애썼다. 그러나 너도나도 '나 충성', '저 성실' 하며 상사를 목 빼고 바라보는데, 이 중에서 조직에 도움이 되는 진실의 입을 가리기란 겉만 보고서는 어렵다. 독버섯이 화려한 것처럼, 간신일수록 달콤하고 입안의 혀처럼 구는 경우가 많아 현혹되기 쉽다.

자, 그렇다면 리더의 권력을 유지하고 조직의 힘을 강화하기 위해 당신은 이들 부하를 어떻게 가려내고 어떻게 대응할 것인가? 이들이 조직에 들끓게 하는 것도 리더고, 없애는 것도 리더다. 즉 이들을 빨리 알아채고 방비하고 더 나아가 개과천선시키는 것 자체가 '리더십'이다.

골칫거리 부하를 가려내는 법

인재의 중요성은 과거에도 덜하지 않았다. 중국 전한시대의 학자 유향劉向과 당나라 태종 때의 현신賢臣인 위징은 간신을 솎아내는 기준을 세웠고, 한비자 역시 이를 대비하는 방법에 대해 '족집게' 레슨을 보태고 있다. 이들이 말하는 간신의 기준은 구체적이다. 소극적 자기안위 보존형에서 크게는 나라를 망하게 하는 망국신까지 간신에도 체급이 있다고나 할까. 그럼 시대를 초월해 오늘날에도 여전히 유효한 전통 왕조시대의 '간신 판별법'을 잠시 둘러보자.

유향은 고서古書의 이야기들을 모아 사람들의 언행을 분류한 《설원說苑》을 통해 바른 신하와 나쁜 신하를 각각 6가지로 나누었다. 다음은 그중에서도 나쁜 신하의 유형을 제시한 부분이다.

첫째, 구신具臣은 공직은 돌보지 않고 사리사욕을 채운다.

둘째, 유신諛臣은 군주에게 아부하여 군주의 눈과 귀만을 즐겁게 한다.

셋째, 간신奸臣은 군주로 하여금 신하에 대한 판단을 잘못하여 상벌賞罰과 임무를 잘못 내리게 한다.

넷째, 참신讒臣은 말과 글을 잘 꾸며 군주가 친척과 이반하게 하고 조정을 어지럽힌다.

다섯째, 적신賊臣은 권세를 마음대로 휘두르고 사사로이 당黨을 이루고 군주의 명령을 마음대로 한다.

여섯째, 망국신亡國臣은 군주로 하여금 흑백 시비是非를 제대로 가리지 못하게 함으로써 그 악함이 나라 안팎에 널리 퍼지게 한다.

굽힐 줄 모르는 직간으로 유명한 위징도 간신의 무리를 6단계로 나누어 경계했다.

첫째, 견신見臣은 직무에는 마음이 없고 그저 눈치만 살피는 무리다.

둘째, 간신姦臣은 속마음은 간악하면서도 겉으로는 성실한 체하며, 말주변에 능해 온화한 듯하면서도 은근히 자기보다 잘난 사람들을 헐뜯는 무리다.

셋째, 궤신詭臣은 어떤 일이 잘못되었을 때 핑계 대는 데 능하며, 위아래로 이간질하고 말썽을 일으키는 무리다.

넷째, 적신賊臣은 그때그때 자기 이로운 대로 기준을 바꿔가며 사리를 채우고 군주의 명령을 뒤틀어놓는 무리다.

다섯째, 망국지신亡國之臣은 음흉스런 잔꾀로 군주의 눈을 멀게 하여 시비를 가리지 못하게 함으로써 국정을 어지럽히는 무리다.

여섯째, 유신儒臣은 군주에게 아첨하여 군주를 우쭐하게 만들면서 조금도 뒤탈을 생각하지 않는 무리다.

유향과 위징 모두 의무는 다하지 않은 채 자기 이익만을 좇고, 이를 위해서라면 급기야 나라까지 망하게 하는 이들을 나쁜 신하로 꼽았다. 어떤가, 당신의 조직에서 몇몇의 얼굴이 떠오르지 않는가?

그렇다면 이들을 방비할 방법은 무엇인가? 한비자는 '찰간술察奸術'이라 하여 나쁜 신하를 골라내는 5가지 묘책을 짜냈다.

첫째, 하나하나 들어보고 일일이 판단하는 '일청법一聽法'이다.

오늘날의 프리라이더free-rider, 즉 무임승차족을 감별하는 방법이다. 수족은 움직이지 않고 입으로 때우는 부하들이 없게 하기 위해서는 개별 업무와 성과를 꼼꼼히 살펴봐야 한다. 한비자는 피리 합주단을 예로 들었다. 제나라 선왕은 피리 연주를 좋아해 300명으로 구성된 합주단을 거느렸다. 단원이 많으니 실력의 편차가 컸을 터. 그중에 누가 잘 부르고 못 부르는지 궁금해진 선왕이 하루는 한 사람씩 나와서 피리를 불어보도록 했더니, 무능이 탄로 날까 봐 자신의 차례가 오기도 전에 도망치는 이가 부지기수였다고 한다. 촘촘한 그물망을 빠져나갈 고기는 적은 법이다. 이처럼 업무를 능력에 따라 꼼꼼히 개별평가하는 것이 무임승차를 막는 길이다. 합창뿐 아니라 독창 실력도 확인해 평가하라. 측정하지 않은 것은 평가할 수 없다.

둘째, 종합적으로 분석하고 관찰하는 '관청법觀聽法'이다.

인재를 360도 평가하는 방법이다. 한 사람의 인물평만 믿지 말고 다각적으로 검증하라. 인물평에는 평가자의 취향, 입장에 따른 주관적 판단이 개입돼 있는 경우가 많다. '카더라 통신'만을 믿고 아까운 인재를 내치지 말고, 전체적이고 입체적으로 종합관찰하라.

셋째, 알고도 모르는 척하며 부하를 시험하는 '협지법挾知法'이다.

상사의 뜻에 무조건 복종하는 부하를 감별하는 방법이다. 모르는 척하면서 올가미를 치고 시험에 들게 해 반응을 살피는 것이다. 한나라 왕 소후昭侯는 어느 날 거짓으로 깎인 손톱이 없어졌다며 신하들에게 찾게 했다. 당시는 왕의 무엇 하나라도 옥체玉體라 하여 소중하게 여기던 때라 모두들 혈안이 되어 찾고 있었다. 그때 어느 신하가 자기 손톱을 얼른 자르고는 찾았다며 왕에게 거짓으로 바쳤다. 소후는 이런 방식으로 신하들의 언행을 시험했다.

넷째, 사실과 완전히 다른 말을 통해 반응을 살피는 '도언법倒言法'이다.

조직의 예스맨을 판별하는 방법이다. 연나라 재상인 자지子之는 집에 있으면서, 신하들을 보고 거짓으로 "지금 문밖으로 흰말이 지나갔는데 보았는가?" 하고 물었다. 신하 하나가 밖에 나가보고 오더니, "예, 흰말이 지나갔습니다"라고 답했다. 이로써 재상은 무조건 자신의 말에 '네'라고 대답하는 신하가 누구인지를 알게 되었다.

다섯째, 상반된 입장에서 동기를 찾는 '반찰법反察法'이다.

어떤 일이 벌어졌을 때 누가 이익을 보고, 누가 손해를 보는지 알아보는 방법이다. 한나라 희후喜侯가 목욕을 하다가 욕조에서 돌을 발견했다. 그는 실무책임자인 욕조담당관을 혼내지 않고, 욕조담당관이 파면될 경우에 그 뒤를 잇게 될 후임자를 다그쳤다. 보이는 상황 이면에 있는 동기를 찾아내 역으로 관찰하면 진실을 판별하기 쉽다.

이 구분법들은 일종의 네거티브negative 판별법이다. 오죽하면 간신을 색출하기 위해 이처럼 정교한 방법을 생각해냈을까. 적군과 아군을 구별하는 것은 리더의 첫 번째 관문이자 가장 큰 도전과제이기도 하다. 그러니 청문회보다 한결 까다로운 기준을 정하고, 때로는 함정까지 파놓으라. 그것이 장기적으로 조직을 깨끗하게 하는 길이다.

입안의 혀 같은 간신을 물리쳐라

'눈치9단'은 생존력이 강하다. 보통 정권이 바뀌면 대부분의 임원들이 물갈이되지만, 희귀한 아부의 고수들은 용하게 대를 이어 살아남는다. 사람은 각기 다르면서도 본질적으로는 같다. 그들이 이용하는 것이 바로 이 점이다. 그들은 어떤 아부가 먹히는지, 상사에게 '입안의 혀'가 되려면 어떻게 행동해야 하는지를 본능과 경험을 통해 체득하고 있다. 여기에 더해 상사의 취향에 따라 팔색조마냥 시시각각 변신할 줄 안다. 다윈의 진화론에도 나오지 않는가. 강하거나 빠르지 않으면서도 다른 동물보다 더 오래 살아남은 동물은 바로 환경에 적응한 동물이라고.

눈치9단 부하들이 밟는 한결같은 정례코스가 있다. 첫째, 상사의 마음을 읽고, 행보를 주시한다. 그리고 그의 결단에 영합해 상사의 마음에 성공적으로 진입한다. 이들은 "벌써 분부대로 해놓았습니다"를 입에 달고 다니기 일쑤다. 둘째, 상사와 연결되는 모든 길을 자기가 통제해 정보를 독점배급한다. 그리고 나서 물수제비를 뜨듯 상사에 관한 소소한 정보를 하나둘 퍼뜨리며 자신의 위세를 자랑한다. 결국 상사를 '핫바지'로 만드는 것이다.

모 호텔의 K사장은 '크렘린'이라는 별명을 갖고 있었다. 부하들과 잘 어울리지도 않고, 지시사항도 직접 내리는 법이 없기 때문이었다. 30대에 2세 사장이 되고 보니 나이 많은 부하들과 어울리는 게 은근히 부담스러웠던 것. 게다가 잘못하면 우습게 보일지 모른다는 생각에 중년이 될 때까지 부하들과는 철저히 담을 쌓고 살았다. 그러니 부하들은 그의 생각이 어떤지 알 수 없어 항상 쩔쩔매고 어려워하기만 했다.

그가 유일하게 신임하는 사람은 J전무였다. 하루는 K사장이 호텔 로비의 그림을 바꿔 달겠다며, 담당 직원에게 지정한 화랑에서 그림 한 점을 구입해오라고 지시했다. 담당자는 야단이 났다. 어디서 사오라고만 했지, 어떤 작품을 사오라고 콕 찍어주지 않았기 때문이다. 사장의 마음에 들면 '대박'이지만, 그렇지 않으면 완전 '쪽박'감 아닌가.

이때 J전무가 지원을 자청하며 그림을 구입해왔다. 역시나 J전무의 그림 선택은 사장의 마음에 쏙 들었다. 그의 작전은 이랬다. 화랑에 가서 "저희 사장님이 어느 그림 앞에 가장 오래 머물렀습니까?"라고 물어본 것. 직원들은 "역시 전무님은 사장님의 복심을 읽는 데 일가견이 있다"고 감탄하며, 사장에게 밉보이지 않으려면 J전무를 통해야 한다는 확신을 더하게 됐다.

조직의 완충역할을 하는 사람들이 세심한 관찰력과 뛰어난 통찰력으로 상사의 모호한 지시사항에 대해 적절히 통역해주면, 물론 상사 좋고 부하 좋다. 하지만 빛에는 그늘이 있는 법. '상사 입의 사탕'처럼 구는 부하들은 어느 순간 상사의 통제를 벗어나 역할 이상의 권력을 휘두르려 한다. 그들은 상사의 신임을 활용해 널리 이롭게 하기보다는, 상사로 향하는 모든 길목을 가로막고 문지기 역할을 한다. 그래서 그 후광효과의 통행료를 톡톡히 거둔다.

심지어 이른바 'Yes, but' 작전을 통해 상사를 은근히 깎아내린다. 자기만이 상사의 사정과 속내를 안다는 듯이 열렬히 변호하지만, 그 속에 상사의 결점을 슬쩍 끼워놓고, 밤안개처럼 소문이 퍼져나가는 것을 즐기는 것이다. J전무도 예외가 아니었다.

"우리 사장님은 어찌나 부지런하신지. 요즘 어떤 사장이 그렇게 직접 뛰어다니겠어? 뭐, 난 사장님이 여기저기서 괜한 욕 듣고 다니시니까 그게 걱정이지. 지난번 그 행사 있잖아? 한 군데만 가시면 좋았을 텐데, 기어이 두 탕 뛰시겠다고 하는 바람에 결국 지각해서 사람들이 성의 없다고 어찌나 한소리들 해대던지…" 하고 직원들에게 칭찬인지 비난인지 헷갈리는 말들을 흘리곤 했다.

그런가 하면 외부 인사에게는 "저희 사장님께서 원칙을 중시 여기고, 다른 기업가들과는 달리 정직하고 순수하셔서 사람들 앞에서 안 된다고 말씀하셨는데요. 내규를 살펴보면 큰 문제없이 해결할 방법이 있을 것 같습니다. 앞으로 제게 바로 연락주시면 알아서 잘 처리해드리겠습니다" 하고 인심을 쓰곤 했다.

그는 K사장의 자천타천 문지기였다. "사장님이라고 그걸 모르셔서 안 하시나, 이 사람아? 순진하긴. 인간은 마흔이 넘으면 고치기 힘들어. 괜히 말해봤자 자네만 찍혀. 정 애매하면 일단 먼저 내게 이야기해봐" 하며 아랫선에서 올라온 보고사항에 대해 사전검열도 서슴지 않았다. 이러니 K사장의 귀에 나쁜 뉴스나 건의사항이 올라갈 리 없었다. 눈과 귀가 가려진 K사장에게는 조직의 모든 게 술술 풀리고, 태풍연월 용비어천가가 메아리치는 것으로 보였다.

어디 이뿐이랴. J전무는 상사도 조종했다. 조직의 동향과 업계의 흐름을 보고하면서 지금 진행되고 있는 일에 이런저런 위험이 있다고 부풀려 넌지시 걱정을 늘어놓았다. 그러고 나서는 자신이 잘 무마하고 해결했다고 공치사를 하며 상사를 쥐락펴락했다. K사장은 J전무에게 더욱 의존하게 되었고, 두 단계나 건너뛰면서 무리한 승진을 시켜주었다.

하지만 아니나 다를까, 결국 J전무는 자신의 권력을 남용해 인사에서 뇌물을 받는 사고를 쳤다. 사장의 참고서 역할을 자청하다가 측근 권력의 종언을 고한 것이다.

"J전무와 이야기를 하면 마음이 편안했지요. 내 마음 그 이상을 헤아릴 줄도 알고, 긴가민가하고 있으면 옆에 와서 제 생각에 맞장구도 쳐주니 여러모로 마음이 가더라고요. 다른 사람들은 이런저런 법규를 들이대며 안 된다고만 하는데, 그 사람은 말이라도 어떻게든 되는 쪽으로 알아보겠다고 하고, 또 곧잘 그렇게 해냈으니까요. 그런데 어느 날부터인가 찜찜한 기분이 들어서 여러모로 알아봤지요. 그 사람에 대한 주변 사람들의 평가가 단순히 시기와 견제라고만 생각했는데, 그게 아니었더군요."

입안의 혀 같은 부하는 편안하다. 눈길 하나, 손짓 하나에 눈치껏 알아서 편하게 준비해놓으니 목 아프게 여러 말할 필요가 없다. 이를테면 '정관사 the'가 통하는 사이라고나 할까. 이들은 상사가 말하는 '그', '거시기'의 함의가 무엇인지 안다.

그런 만큼 눈치9단 부하의 구애와 편익 제공에 대항하려면 엄청난 의지가 필요하다. 이들이 조직에서 활개치고 산다면, 그것은 그들이 문제가 아니라 대응하지 않고 방임한, 아니 오히려 수용하고 향유한 상사의 책임이다. 실제로 타인의 비위를 잘 맞추는 직원은 다른 직원들에 비해 업무능력 평가에서 5% 정도 더 후한 점수를 받는다는 연구 결과도 있다.

공자는 제자 자장子張이 명철함에 대해 묻자, 이렇게 대답했다. "물이 스며드는 듯한 참소讒訴와 살결에 와 닿는 듯한 하소연에 흔들리지 않는다면 명철한 것이다. 또한 먼 장래를 본다고 말할 수 있다." 한마디로 남을 헐뜯는 음해공작과 절절한 아부에 넘어가지 않는 사람만이 총명하고 사리에 밝게 행동할 수 있다는 얘기다.

공자의 수제자인 안회顔回와 조조의 책사인 양수楊脩는 윗사람의 의중을 잘 읽기로 유명한 인물들이다. 하지만 윗사람으로부터의 인정은 하늘과 땅 차이로 갈렸다. 공자는 안회를 "나보다 나를 더 잘 아는 인물"이라고 칭찬하곤 했다. 공자의 말에 어김이 없고, 혼자 있을 때도 늘 스승의 뜻을 헤아리면서 우직하게 하나하나 실천해 보였다. 공자는 그가 요절하자, "하늘이 나를 버렸도다"라고 통곡하며 제자의 이른 죽음을 애달파했다.

양수도 이에 못지않게 조조의 신임을 받았지만, 결국 조조의 손에 죽음을 맞고 말았다. 그는 우리가 잘 알고 있는 '계륵鷄肋' 이야기의 장본인이다. 유비와 치열한 공방전을 펼칠 때, 조조가 암구호로 내린 '계륵'이라는 말의 의미를 꿰뚫고 군사들에게 철수 준비를 시킨 이가 바로 양수였다.

이제 안회와 양수의 운명이 갈라진 이유가 이해되는가? 단지 공자와 조조의 그릇 크기 때문만은 아니라는 것이 쉽게 짐작이 갈 것이다. 그렇다. 안회는 스승의 마음을 헤아리고 조용히 따랐지만, 양수는 자기가 풀이한 '해몽'의 적중률을 주위에 떠벌렸다. 적중률이 높아질수록 양수의 영향력도 커지는 것은 당연하다. 부하들은 달을 쳐다보라는 조조의 지시보다, 달을 가리키고 있는 양수의 손가락만을 뚫어져라 볼 게 빤한 이치였다.

상사의 머리 꼭대기에 올라앉은 부하를 멀리해야 하는 이유는 단지 상사의 자리를 엿볼지 모른다는 경계심 때문만은 아니다. 더 위험하게도 상사를 빙자하거나, 중간에서 조직의 여론향방을 조작할 우려가 있기 때문이다. 달을 가리키는 손가락은 당신 하나면 충분하다. 남의 손가락으로 내 달을 가리키게 할 필요는 없다.

눈치9단 아부 부하를 멀리하는 방법은 생각보다 쉬운 데 있다. 우선 상사인 당신부터 바로 서는 것이다. 축축한 습지에서 이끼가 자라듯, 간신은 폐쇄적이고 말이나 태도가 모호한 상사 주변에 창궐한다. 병풍 뒤에 숨어 부하들을 리모컨으로 원격조종하려 하지 말라. '입안의 혀'를 '입안의 가시'로 여기고 아첨에 헤벌쭉 정신 놓지 말라.

아울러 명확하고 개방적인 소통이 필요하다. 공개적인 의사결정은 추후 누가 판단하든, 어떤 상황에서든 일관된 결정을 내리게끔 하는 잣대가 되기 때문이다. 암호만 던져놓고는 알아서 해석하게 하지 말고 메시지를 분명히 하라. 모호하게 말하며 "똑똑한 놈은 알아들을 테고…" 하는 냄새를 풍기면, 부하들은 당신의 수수께끼를 알아맞히려고 머리 굴리고, 그사이 당신이 그렇게 똑똑하다고 하는 '참고서' 부하들이 창궐하게 된다. 대충 말해도 찰떡같이 알아들으라는 무리한 주문으로 부하를 시험에 들게 하지 말라. 찰떡같이 말해도 찰떡같이 알아들을까 말까다.

투덜이 부하, 대인배답게 포용하라

불평불만의 선봉에서 어두운 분위기의 주동자로 앞장서는 몇몇 반대파들은 늘 있다. 이들 '시끄러운 소수'는 '침묵하는 다수'를 압도하고, 조직에 상당한 분열이 있는 것처럼 보이게 한다. 조직의 수장으로서 여간 신경 쓰이는 게 아니다.

하지만 알고 보면 소리만 시끄럽지, 이들의 영향력은 염려하는 것보다 작은 경우가 많다. 이들을 관리하느라 전체에게 호통치고, 야단치고, 마음 상하는 것은 출석한 학생들을 놓고 결석생들 야단치는 것처럼 부질없다. 잘못하면 다수의 순한 추종자들을 소외시키고 화나게 할 우려까지 있다.

앞에서 본 '입안의 혀' 부하들의 아부는 경계해야 한다면, '투덜이' 부하들의 불평은 포용해야 한다. 비난하는 부하에게 똑같이 대응하면 당신의 위신만 떨어진다. 또한 아무리 불평이라도 받아들일 내용이 있으면 받아들여야 한다. 로버트 켈리Robert E Kelley 카네기멜론 대학 교수는 대개 구성원의 15~25% 정도는 충족되지 않은 기대와 깨진 신뢰 때문에 투덜이 직원이 된다고 지적한다. 이들의 좌절 원인이 무엇인지 읽어주고 서로 소통한다면 '보물'로 리사이클링될 소지가 다분하다. 그러니 그들이 매사 딴지를 거는 이유가 무엇인지 우선 파악해보라.

단, 이때 직원들의 의견에 쉽게 일희일비하지는 말자. 비난에 대한 거부감과 불쾌감은 표정 이면에 감춰야 한다.

20여 명 규모의 중소 홍보대행사 K사장의 별명은 '고새'다. 직원들이 뭐라고 말만 하면 못 참고 파르르 신경질을 부리기 때문이다. 그가 외부에서 막 신임 사장으로 부임했을 때, 팀장이 K사장에게 알아두어야 할 직원들의 특기사항 등을 보기 좋게 정리해 메일로 보내왔다. 그것이 도움이 돼 몇 번 불러 이야기를 듣고 티타임을 가지다 보니, 팀장은 저절로 조직의 스파이 역할을 하게 됐다.

문제는 K사장의 마음이었다. 문서에 적힌 반대파들을 보면 가슴부터 울렁거렸고, 저절로 말이 꽈배기처럼 배배 꼬여서 나오게 됐다. 그러다 어느 순간부터 K사장은 자신이 조종당한다는 기분이 들기 시작했다. 부하들을 조금 빨리 파악해보려고 시작한 일에 오히려 지배되는 상황에 도달한 것이다.

가령 "회식하기 싫은데 억지로 가야 한다", "뭐하러 돈 들이면서 체육대회까지 하는지 모르겠다. 차라리 집에서 쉬고 싶다" 등의 첩보를 입수하면, 말이 채 끝나기도 전에 부하들 사무실에 나타나 "체육대회 안 오는 사람은 인사고과에 반영한다"고 호통치기 일쑤다. 이런 눈치를 챈 약삭빠른 직원들은 각각 첩보를 여론으로 포장해 물어나르기 바쁘다. "사실은…" 하며 도포되는 각종 여론에 그의 마음은 한시도 편할 날이 없다. 조직은 '당나라 군대', '콩가루 집안' 일보 직전이다.

누가 욕하더라며 슬쩍슬쩍 흘리는 반대파의 이간질과 고자질 첩보에 홀려 심사를 흐리지 말라. 즉각 반응하지도 말고, 조정자나 심판관, 대변인으로 나서지도 말라. 불평하는 부하의 적수가 되어 응징하려 하지 말라. 부하들의 소곤소곤 뒷담화, 무시하고 넘겨라. 물론 불평불만

분자를 꾸준히 관찰하고 '불평 바이러스'가 조직에 퍼지지 않도록 예의 주시하는 것은 중요한 일이다. 하지만 빈대 잡으려고 초가삼간까지 태우지는 말라.

L사장은 '뒷담화 맛집'의 달인이다. 그의 비결은 이렇다.

"어차피 조직 내 역할이 다른데, 그들의 뒷담화에 시시콜콜 신경 쓰면 내 마음만 상하지요. 저 역시 직원 때 상사는 '술안주감'이었지요. 없는 데서는 나라님도 욕한다고 하지 않습니까. 직원들끼리 없는 상사 욕 좀 하면서 스트레스 풀고, 다음 날 와서 미안한 마음에 조금이라도 열심히 일하면 된 거 아닐까요? 그리고 막상 그네들 말도 들어보면 맞는 얘기도 많던데요. 그걸 갖고 색출이네 해명이네 변명이네 찾고 어쩌고 하면, 사람꼴이나 조직꼴이나 똑같이 우스워져요. 우이독경은 바로 이럴 때 필요한 것입니다."

그러면 그냥 놔두고 제풀에 꺾이기를 기다리면 될까? 이에 대해서는 각자 다양한 입장과 승전술이 있다. K전무는 '부하 관찰술'이 특효라고 말한다. 평소 '관리종목'인 말썽쟁이 부하의 여러 가지 관심사항을 잘 기억해두었다가, 중간 중간 틈틈이 물어보며 관심을 드러낸다는 것이다. 상사가 사적인 사항에 특별한 관심을 보여주면 이 효과는 단순한 고마움을 넘어 업무능률 향상으로까지 이어진다.

강한 자신감을 가진 리더들이 한결같이 강조하는 것은 투덜이 부하는 무시하지도, 탓하지도 않고 대인배답게 포용해주면서 불만의 감자뿌리를 캐들어가는 것이 가장 효과적이라는 것이다. 진하게 포옹하며 그들을 포용해줘라. 얻어맞을수록 침착하라. 그와 급수가 다르다고 생각하라. 힘이 든다고? 힘드니까 상사다.

만일 고집 센 직원이 끝까지 불평불만을 멈추지 않는다면 모범직원보다는 그와 같은 동류의 직원에게 설득을 맡겨라. 이러한 상황에서 관리자들이 흔하게 저지르는 실수는 자신의 말을 가장 잘 알아듣는 직원을 골라서 '모범답안'을 갖고 설득을 맡기는 것이다. 로버트 치알디니Robert Cialdini는 같은 부류로 같은 부류를 설득하는 것이 더 효과적이라고 지적한다. 이이제이以夷制夷, 즉 오랑캐는 오랑캐로 물리치란 말이 있다. 투덜이 직원은 같은 말로 통하는 직원을 통해 설득하도록 하라.

단, 여기서 주의할 것이 있다. 투덜이 부하의 반항이 저항은 아닌지 잘 구별해야 한다. 반항은 상사에 대해 고까운 마음이나 원망을 표현하는 개인적 차원의 투정이다. 반면 저항은 조직에까지 영향을 미쳐 부정적 바이러스를 퍼뜨리고, 심지어는 자신이 아무렇게나 행동해도 상사가 건드리지 못한다고 위세를 부려 조직을 위험에 빠지게 한다. 저항은 포용으로 해결할 문제가 아니다. 개인적인 미움인가, 조직적인 방해인가? 누군가의 반항이 확실히 저항이라는 것을 검증하려면, 개인의 '감感'이 아닌 성과라는 구체적이고 객관적 데이터가 필요하다. 이를 객관적이고 투명하게 판가름할 수 있다면, 부하의 저항에 칼을 들이대도 당신을 뭐라 탓할 사람은 없다.

위대한 극지탐험가 어니스트 섀클턴Ernest Shackleton이 끝까지 손에서 놓지 않던 일 중 하나가 '불평불만 분자'를 자신의 관리 안에 두고 집중 마크한 것이다. 그는 생존과 직결된 많은 굵직한 일들조차 대원들에게 맡겼지만, 불평불만 분자 관리만은 직접 했다. 그 결과, 그는 불평 바이러스의 전염은 물론 조직의 의견충돌을 막을 수 있었다.

당신이 직접 나서기 애매하다면 조직에서 자정작용이 일어나기를 기다리는 것도 한 방법이다. K사장의 이야기를 들어보자.

"정 문제가 있는 인물이라면, 상사가 뭐라고 하기 전에 동료들이 먼저 나서서 이야기를 해 저절로 자정이 되더군요. 이미 데드라인을 넘어선 것이지요. 상사평가보다 더 무서운 게 동료평가이고, 이를 통해 조직에 해를 끼칠 정도의 불평불만주의자는 저절로 해결되게 돼 있습니다."

상사에 대한 불평을 넘어 조직에 해가 되는 직원에 대해서는 인사시스템을 강하게 적용하는 것도 한 방법이다. L사장은 동료평가 제도가 특효약이었다고 말한다. 스포츠처럼 드래프트제를 실시해 각자 같이 일하고 싶은 상사와 부하를 선택하게 하는 것이다. 이 같은 인사시스템이 인기 있는 사람들에게만 유리할 것 같지만, 사실은 실력과 태도에 따라 엄정하게 평가되더라고 했다. 일 안 하고 뒤에서 구시렁구시렁하는 직원들과는 누구도 같이 일하길 원치 않기 때문에, 그런 직원들은 저절로 체에 걸러진다.

당신의 손에 피를 묻히지 말고, 맞대응하지 말고, 조직 오토 시스템을 작동시켜보라. 강한 리더는 부하의 투덜투덜 불평이 상사 개인에 대한 것인지, 조직에 해를 끼치는 것인지 구별해 퇴마 전략도 달리 한다.

예스맨, 대세를 바꿔라

'예스맨' 부하들은 조직 전체를 좀먹게 한다는 점에서 상사만 공략하는 '입안의 혀' 부하보다 더 위협적이다. 이들은 적극적인 아첨은 하지 않지만 웃기지 않아도 웃고, 맞든 안 맞든 상관없이 "맞습니다"를 입에 침도 안 바르고 술술 꺼낸다. 이들 예스맨은 영혼이 없는 직장인 스타일로, 늘 "아무거나", "대세에 따르겠습니다", "지당하옵니다"의 무소신이 그들의 소신이다. 대놓고 반대는 안 하지만, 일이 틀어질 것 같으면 "내가 안 될 줄 알았다니까" 하고 재빨리 방향을 전환, 손을 놓아버리는 것도 이들이다. 먼저 손을 드는 법은 없지만 대세가 기운다고 보이면 슬며시 '승자'의 줄로 넘어간다. 줄이 긴 데 서야 오래 살아남고, 시간이 약이라는 나름의 생존법칙을 터득하고 있다.

제나라의 현신이었던 안영은 시시비비를 엄격히 가려 올바로 간언하는 재상이었다. 그는 예스맨의 폐해를 '장단'과 '동조'로 비교해 설명했다.

어느 날 경공이 사냥터에서 돌아와 누각에서 쉬고 있었다. 마침 그때 그가 좋아하는 신하 한 사람이 말을 달려 그리로 오고 있었다. 경공은 기쁜 얼굴로 안영에게 말했다.

"저 사람은 좋은 사람이지. 나하고 장단이 잘 맞는단 말이야!"

"아닙니다. 저 사람은 단순히 전하의 동조자일 뿐입니다."

"장단을 맞추는 것과 동조는 무엇이 다른가?"

"장단을 맞춤은 조화를 뜻하는 것으로, 그것은 서로 다른 요소들 속에서 이루어집니다. 비유컨대 그것은 국물과 같은 것입니다. 물, 불, 초, 고기, 소금 등으로 생선을 끓여 과불급過不及이 없는 맛이 나게 한 것이 국물입니다."

즉 장단은 서로 다른 요소들 간의 조화를 통해 국의 간을 맞추는 것처럼 리더십 간 맞추는 데 도움이 된다는 것이다. 하지만 '맞습니다' 식의 동조는 물에 물을 탄 것처럼 간 맞추기에 전혀 도움이 되지 않는다.

"사람과 사람의 관계도 이와 같습니다. 전하가 긍정하는 것 속에 부정되어야 할 것이 있으면, 그것을 검토해서 전하의 긍정을 완전한 것으로 하며, 거꾸로 전하가 부정하는 것 속에 긍정해야 할 것이 있으면, 그것을 강조해 부당한 부정에서 전하를 구하는 것이 조화입니다. 그러나 저 사람은 그렇지 아니하고 단순히 동조를 하고 있습니다. 전하가 긍정하는 것을 긍정하고 부정하는 것을 부정하니, 그것은 어디까지나 동조이지 조화가 아닙니다. 물 위에 술을 부으면 아무도 마시지 않으며, 거문고나 비파를 들고도 같은 줄을 뜯으면 아무도 들어주지 않습니다."

윗사람에게 '지당한 말씀입니다'라는 말을 연발하면서 부화뇌동만 능사로 하는 사람은 결과적으로 윗사람을 망치고 자기도 망할 수밖에 없다는 지적이다. 안영이 살던 시대로부터 수천 년이 흘렀지만 지금도 이들 '지당파'의 폐해는 크다.

한 직원이 '성은이 망극하다'는 식의 뻔한 용비어천가 반응을 보인다고 생각해보자. 그때 어떻게 대응하는 것이 효과적일까? 답은 안면몰수다. "맞습니다, 맞고요" 하는 '지당론'이 먹히지 않으면 이들은 꽁지를 내린다.

H사장은 회의나 대화에서 임원이 "네, 맞습니다", "사장님, 의견 참 좋은데요"라고 근거 없이 맞장구치면, 그들에게 눈길 한 번 주지 않고 쌩하니 "다음 사람" 하고 넘어간다. "예스맨일수록 눈치 하나는 엄청 빠른 법이지요. 상사가 자기를 무시한다는 것을 읽는 데 민감합니다. 설교하기보다 존재 자체를 무시하고, 투명인간 취급하면 그다음부터는 좀 달라지더군요. '아, 분위기가 이게 아니구나' 하며 대세를 깨닫는다고나 할까요."

단, 무시하되 모욕을 주지는 말라. 어쨌든 아부는 나름대로 상대에게 잘 보이려는 심리다. 그런데 모욕을 받으면 상처로, 심지어는 원한으로 남을 수 있다. '불수진拂鬚塵' 일화가 그 좋은 예다. 수염의 먼지를 털어준다는 뜻으로, 윗사람의 환심을 사려고 아첨하거나 비굴하게 구는 것을 비유한 말이다.

송나라 진종 때 재상이었던 구준寇準은 "구준이 황제를 배알할 때마다 백관들이 긴장한다"는 말이 나올 정도로 직언을 서슴지 않는 청렴결백한 관리였다. 그는 요직에 오르자 많은 인재를 등용했는데, 그중에 정위丁謂란 인물도 있었다. 하루는 조정 중신들과 회식하는데, 구준이 국을 잘못 떠서 그만 수염에 국 찌꺼기를 묻혔다. 자신을 발탁해준 구준에 대한 감사한 마음에 늘 '아부'의 기회를 보고 있던 정위는 쏜살같이 달려와 자신의 소맷자락으로 구준의 수염에 묻은 음식 찌꺼기를 털어주었다.

문제는 구준의 탐탁지 않은 반응이었다. "참정參政이라면 일국의 중신인데, 그런 사람이 상관의 수염까지 털어줄 것은 없지 않겠소" 하며 정위에게 공개적으로 무안을 줬다. 나름 한다고 한 일이었는데, 사람들 앞에서 창피를 당하자 정위는 마음에 상처를 받았다. 그 후 정위는 구준을 밀어낼 궁리만 했고, 기어코 그를 재상에서 쫓아내고야 말았다.

사실 아부는 하는 사람에게도 쉽지 않은 일이다. 어렵게 아부를 시도했는데 모욕과 면박을 받으면 엉뚱한 배신감이 생겨날 수 있으니 조심하자. 가장 정확한 방법은 강하게 무시하는 것이다. 예스맨들은 누구보다 대세에 민감하고 소외를 두려워한다. 상사가 장단 맞추는 박수를 싫어한다는 경험이 축적되면 이들은 자신들의 보호색을 바꾼다. 이들 예스맨에 대한 직언 마케팅은 일장연설로는 어림도 없다. 꼿꼿한 직언문화가 대세임을 부하들이 몸으로 느끼도록, 직언이 곧 아부가 될 수 있게 하라.

프리라이더를 물리쳐라

프리라이더는 놀면서 동료의 노력에 슬쩍 숟가락 하나 올려서 성과를 '거저먹는' 직장 빈대족을 말한다. 최근 온라인 취업포털 사람인이 직장인 1,598명을 대상으로 회사내 무임승차자 유무에 대한 설문조사를 한 결과, 응답자의 43.6%가 '있다'라고 응답했다. 그렇다면 프리라이더가 직장인들에게는 어떤 영향을 미칠까? 짐작하듯 프리라이더와 함께 일하는 것 때문에 스트레스를 받는 직장인은 무려 75.6%나 되었다.

능력부족에 태도까지 불량한 하위 10%는 어쩔 수 없는 '구제불능족'이다. 더 큰 문제는 능력이 되는데 조직의 빈대로 기생하는 프리라이더들이다. 이 경우는 대개 조직관리 체계의 문제인 경우가 많다. 즉 상사의 책임이란 말이다.

예전에 모 공공기관 공무원들의 도로청소가 언론의 표적이 된 적이 있었다. 일껏 청소를 하러 나와서는 절반만 열심히 일하고, 나머지는 흡연, 수다로 딴전을 피우는 모습이 카메라에 포착된 것이다.

자, 당신이 이 조직의 리더라면 어떤 판단을 내리겠는가? 앞장서 청소한 개미 근면파가 불쌍하다, 뒤의 베짱이 딴전파가 괘씸하다? 이 언론 보도를 본 한 기업인은 리더십을 탓하며 두 가지를 지적했다. 5미터를 청소하는 데 100명이나 배치한 데다, 각자의 역할을 분명히 정해주지 않은 상사가 구조적으로 '베짱이파'를 낳게 했다는 비판이었다.

'링겔만 효과Ringelmann effect'라는 것이 있다. 참가자가 늘수록 개인당 공헌도가 떨어지는 집단적 심리현상을 이른다. 독일의 링겔만Max Ringelmann 심리학 교수는 줄다리기에서 참가자가 많아질수록 개인이 쓰는 힘이 줄어든다는 사실을 발견했다. 즉 1명이 내는 힘을 100으로 할 경우 2명이 참가하면 93으로, 3명이면 85로 줄었고, 8명이 함께 할 때는 개인당 49의 힘밖에 쓰지 않았다. 자신에게 모든 책임과 권한이 주어져 있는 1대 1 게임과는 달리 여러 명 중 한 사람에 불과할 때는 전력을 다하지 않게 된다는 것이다.

와이오밍 경영대학의 키드웰Roland Kidwell 교수는 직원들이 조직의 빈대가 되는 이유로 불분명한 업무파악, 지원과 자원 부족에 따른 좌절, 동료의 비非헌신에 따른 도덕적 해이moral hazard, 낮은 보상에 따른 동기저하 등을 지적했다. 이에 대처하기 위해서는 부하역량에 대한 정확한 평가, 공정성, 직무특성과 역량을 고려한 역할부여가 필요하다.

직장인이 위협을 느낄 때는 일이 과도하게 많이 주어질 때나, 전면적으로 빼앗길 때 둘 중 하나다. 이 중에서 더 무서운 것은 일을 뺏기는 경우다. 이 점을 이용해 단기적 대증요법으로 그에게 배당된 일을 아예 다른 직원에게 시킴으로써 위기감을 조성하는 것도 필요하다.

이와 함께 장기적으로 조직평가 시스템을 재정비해야 한다. 숟가락 들고 밥상 찾아다니는 빈대족들을 퇴치하기 위해서 조직환경을 바꾸는 것도 효과적이다. 팀장급 이상은 평가에서 공동성과의 비중을 높이되, 그 아래 직급의 직원은 개인성과의 반영 비중을 높이는 것도 그 방법이다. 명확한 지시와 역할 구분, 팀의 기여도에 따라 개인성과 평가가 분명하게 드러나도록 하라.

업무의 목표와 마감시한을 분명히 정해서 기대에 미치지 못하면 이유를 물어 압박하라. 개인의 노력이 어물쩍 묻히는 조직일수록, 시간을 지체하면 구렁이 담 넘어가듯 유야무야 넘어가는 조직일수록 빈대는 왕성하게 번식한다. 딴전 피우는 부하를 탓하지 말고, 딴전 피우게 만든 당신을 먼저 돌아보라. 딴전이 구조적으로 통하지 않도록 역할과 책임을 명확히 쪼개주고, 평가보상 체계에서도 개인성과를 철저히 반영하라. 부하 잠재력을 정확히 평가하고, 평가의 공정성을 추구하며, 직무특성과 역량을 고려해 역할을 부여할 때 빈대가 붙어 살 여지는 줄어든다.

그리고 한 가지 놓치지 말아야 할 것이 있다. 부하들은 동료 프리라이더보다 상사 프리라이더를 훨씬 더 싫어한다는 사실이다. 부하들이 밤새워가며 진행한 프로젝트에 자기 이름 석 자를 제일 먼저 적어 넣지는 않았는가? P부장은 그래서 기획서를 작성할 때 논문의 제1저자, 제2저자를 표시하는 것처럼 기여자의 이니셜을 모두 쓰도록 한다. 그것도 직급순이 아니라 기여도 순으로. 영문 이니셜을 쓰게 하는 것은 상사와 직원의 이름에서 자동연상되는 '계급'의 향기(?)를 조금이나마 희석시키려는 배려다. SYL, SWK 이렇게 이름을 걸고 하니 직급과 상관없이 열과 성을 다하게 되더란 것이다. 일에 대한 기여도를 분명하게 기록하면, 프리라이더는 절로 힘을 못 쓰게 된다. 앞서 본 한비자의 찰간술에서와 같이 합창뿐 아니라 독창도 시켜보면, 개인의 실력과 기여도가 절로 판별되게 돼 있다.

감시하지 말고 관찰하라

〈디 오피스the office〉는 사무용품회사의 깐깐한 상사와 직원들의 일상을 그린 미국의 인기 시트콤이다. 지점장인 마이클은 '세계 최고의 보스world's best boss' 문구가 새겨진 머그잔을 늘 가지고 다니며 잘난 척과 도를 넘는 농담을 해대며 직원들을 짜증나게 만든다. 온갖 일에 간섭하고, 정작 책임질 일이 생기면 오리발을 내민다. 그는 "우리도 저런 상사 있어" 하며 저절로 맞장구치게 만드는 치사하고 졸렬한 상사의 표본이다. 그중에서도 최악인 것은 그가 정기적으로 직원의 이메일까지 훔쳐보며 동향을 체크한다는 점이다.

부하 염탐은 세상 최고의 '찌질이' 상사 마이클의 전유물만은 아니다. 2004년 미국 경영협회의 조사에 따르면, 고용주의 60%가 직원들의 이메일을 검열하는 소프트웨어를 사용한 적이 있다고 한다. 또한

AMA American Marketing Association와 e폴리시 인스티튜트 ePolicy Institute의 2005년 조사에 따르면, 고용주의 76%가 직원들의 웹사이트 연결을 감시했으며, 65%는 특정 웹사이트 접속을 차단하는 소프트웨어를 설치했다고 한다. 또한 81%의 고용주들은 직원들의 전화사용도 관리한 것으로 밝혀졌다. 통화횟수, 전화 이용시간은 물론이거니와 통화내용을 녹음하는 고용주도 19%에 이르렀다. 물론 이는 미국의 사례다. 그렇다면 국내의 경우는 어떨까.

한국 상사들도 물론 직원의 진짜 생각을 궁금해한다. 사실 직원들이 무슨 생각을 하는지, 근무시간에 딴전을 피우는지는 관리자로서 점검할 필요가 있다. 문제는 정작 관찰하지 않고 감시하려만 한다는 데 있다. 부하직원들의 마음을 알고 싶다면 '관찰력'을 개발해야 한다.

감시와 관찰은 누구를 위하느냐에 따라 차이가 있다. 감시는 상사를 위한 것이지만, 관찰은 부하와 조직을 위한 것이다. P팀장은 부하들 책상을 지나면서도 그냥 스치는 법이 없다. 지나가면서 '이 대리는 일이 많아서 안 되고, 김 대리는 지금 일이 없으니까 보고서 업무를 시키면 되겠구나' 생각하며 사무실 분위기를 늘 '스캐닝'한다. 그러고는 상황에 따라 일을 배분하고 보상과 편의를 해주니 부하들이 딴소리를 하려야 할 수가 없다. 알아야 면장을 하고, 알려면 관찰을 해야 한다.

또 다른 예로 요즘은 상사가 부하직원의 건강상태까지 신경 쓰는 경우가 많다. 과로사와 중병에 걸리는 것은 극단적 사례이기는 해도, 우울증이나 체력저하 등 건강상태가 나빠서는 제 실력을 발휘할 수 없다. 이는 조직의 성과와 직결되는 문제이므로 일에 지장을 줄 만한 사적인 일에 대해서 파악하는 것 또한 상사의 의무다.

내가 만난 많은 리더들 중에는 눌변인 사람도 있고, 달변인 사람도 있고, 내성적인 사람도 있고, 외향적인 사람도 있었다. 민주적인 사람도, 카리스마가 강한 사람도 있었다. 한마디로 다양했다. 이처럼 각기 다른 이들의 공통점은 다름 아닌 뛰어난 관찰력과 통찰력이었다. 그래서였을까? 말 못하는 경영자는 많이 봤어도 눈치 없는 경영자, 사람 속내 못 읽는 경영자는 보지 못했다.

조준래 비트플렉스 회장은 부하를 관찰하면서 겪은 일화 하나를 꺼냈다. 하루는 여직원들과 점심시간에 구내 푸드코트에 갔다. 조 회장은 직원들이 어떤 음식을 시키는지 알아맞혀보겠다며, 각자 계산대에서 직접 주문하도록 했다. 결과는 100%의 적중률! 평소 직원에 대한 관찰이 뒷받침되었기 때문에 가능한 일이었다.

나는 얼마 전 경영자 분들과 저녁 모임을 가졌다. 술이 한두 잔 들어가고 분위기가 무르익자 모두들 '폭탄주' 제조에 돌입했다. 각자의 기술이 혼자 보기 아까울 정도로 대단했다. 그중 한 경영자가 '풀빵주'란 진기를 선보였는데, 잔에 소주를 부은 뒤 맥주를 거꾸로 곧추세워들어 거품이 풀빵반죽처럼 쏟아지게 하는 재주였다. 그다음 P부회장이 나설 차례였는데, 조금 전에 봤던 그 풀빵주를 똑같이 따라해 보이는 게 아닌가. P부회장에게 그 비결을 물어보니 수줍어하며 입을 열었다.

"경영자들은 남이 잘 안 하는 것을 보았을 때 세밀하게 관찰하는 본능이 발달된 것 같습니다. 아까 그분이 맥주병 잡는 걸 보았는데, 잡는 법이 다른 게 포인트더라고요. 그걸 좀 자세히 눈여겨본 것이랍니다."

사물이든, 마음이든, 표정이든 민감하게 포착하는 것은 리더의 본능이다. 물론 타고난 이들도 있겠지만, 대부분의 경우는 끊임없는 노력으로 일궈낸 결과다. 관찰하지 않고 얻어지는 통찰력은 없다.

공자는 지금 생각해도 참 대단한 인물이다. 자리를 그만두면 3일도 안 돼 나 몰라라 하는 게 세상인심이다. 그때라고 지금과 그리 다르지 않았다. 그런데 공자가 벼슬 생활한 것은 70평생을 통틀어 대사구大司寇라는 관직에 수년간 있었던 게 고작이었다. 그 외에는 집도 절도 없이 마차 한 대로 중국 전역을 떠돌아다녔다. 오죽 행색이 남루했으면 도둑으로 몰리고, 어떤 농부는 "제 앞가림도 못하는 주제에 남들을 가르치다니 될 말이냐"고 우습게 보며 욕까지 퍼부었겠는가. 그런데 가깝게든 멀게든 그의 영향을 받은 제자를 3,000명이나 길러낸 맨파워manpower의 응집력이 어디에서 비롯됐을까? 바로 제자들에 대한 각별한 배려와 관심이 아니었나 싶다.

《논어》를 살펴보면, 공자는 제자 각각의 눈높이에 맞춰 교수법을 달리 했다. 제자들의 장단점을 파악해 그에 맞는 질문을 던졌고, 제자들에 따라 다르게 대답했다. 우선 다음의 일화를 보자.

하루는 염구冉求라는 제자가 공자에게 물었다.

"의로운 일을 들으면 바로 실천해야 합니까?"

그러자 공자는 답했다.

"실천해야 한다."

그런데 자로子路가 같은 질문을 하자 정반대의 대답을 했다.

"아버지와 형이 있는데 들은 것을 어찌 바로 실천하겠느냐?"

이 말을 옆에서 들은 자화子華란 제자가 스승의 대답이 제자마다 다른 것이 의문스러워 공자에게 따져 물었다.

"감히 묻겠습니다만, 두 사람의 질문은 같은데 어떻게 그 대답이 서로 다른 것입니까?"

공자는 이렇게 설명을 해주었다.

"염구는 머뭇거리는 성격이므로 앞으로 나아가게 해준 것이다. 그에 비해 자로는 지나치게 용감하기 때문에 제지한 것이니라."

부하가 원하거나 소중히 여기는 것이 무엇인지 읽어라. 무엇이 그들에게 동기를 부여하고, 그들을 자극하며, 그들의 관심을 끄는가? 부하와 상사의 끈끈한 연대감은 "우리가 남이가" 하며 돌려 마시는 폭탄주만으론 부족하다. 부하들과 상대적으로 많이 어울리면서도 그들의 목표와 꿈에 대해서는 완전히 깜깜한 '겉으로만 친화형' 상사들이 의외로 허다하다. 술자리에서 오고가는 쓸데없는 가십이나 일장훈시로는 진정한 소통이 이뤄지지 않는다. 정말로 중요한 것은 부하들의 성취를 돕기 위해서 당신이 상사로서 지원해주는 일이다. 더불어 당신의 동맹자인 부하들이 무엇을 원하고 성취하려 하는지 알아야 한다.

N회장은 중간관리자들에게 부하를 관찰 또 관찰할 것을 귀에 딱지

가 앉도록 강조한다. 그것이 상사와 부하가 서로 성장할 수 있는 비결이라는 자신의 경영철학 때문이다. 그래서 업무능력 평가서도 단순히 점수 매기듯 쓰지 말고 서술형으로 작성해 제출할 것을 기본원칙으로 한다. N회장이 이 같이 시시콜콜 요구하는 데에는 그만의 이유가 있다. 회사에서 하향평가를 정기적으로 하긴 하지만 ABC 등급으로만 하다 보니 상사들이 부하에 대해 제대로 알지 못하더란 것이다. 상사들이 의외로 서술식 평가방식에 적응하지 못하는 경우가 많다며, 이는 그만큼 부하를 개별적으로 파악하고 관찰하지 못한 것의 방증이라고 지적한다.

당신은 부하의 강점과 약점을 10개 이상씩 쓰고, 그렇게 판단하게 된 구체적인 이유를 작성할 수 있는가? 부하의 강점, 약점은 평상시 항상 기록해두자. 부하직원이 성과나 강점을 보일 때마다 또는 실패나 약점을 드러낼 때마다 기록해둬라. 연말에 한결 명확한 평가를 할 수 있을 것이다. 그저 나의 막연하고 추상적 느낌이 아닌 팩트fact를 중심으로 정리해보면, 단순 평점이 아니라 내가 얼마나 부하를 잘 관찰했는지 알 수 있는 부하이해의 입체적 점수가 나올 것이다.

칭찬하거나 야단을 치더라도 이 같은 관찰을 바탕으로 하면, 부하들을 한결 효과적으로 설득할 수 있다. 칭찬이 의례적 발언이 아니라는 점에서 부하들은 상사의 관심을 고마워하고, 야단이 욱 하는 마음에 인간적인 모욕으로까지 치닫지 않게 되고 구체적으로 요모조모 지적해줄 수 있기에 부하들에게 도움이 된다.

이렇게 말하면, 분명 누군가는 대뜸 물어볼 것이다. 자신 같은 '둔감파'는 10번 20번 부하들과 밥을 먹어도 도대체 표정을 읽을 수 없는데, 어떻게 관찰을 하냐고. 그렇다고 잠자코 있을 셈인가? '육감'이 없으면, 질문이라도 해야 하지 않겠는가. 부하를 파악해야 장악도 할 수 있는 법이다.

가령 입사한 지 얼마 안 된 신입직원의 표정이 어둡다. 곧잘 신세대 유머도 알려주고 그랬던 청년인데 말이다. 독한 상사라면 대뜸 소리부터 지를 것이다. "자네 말이야, 요즘 죽상을 쓰고 있는데, 요즘 취업하기가 얼마나 힘든 줄 알아? 88만 원 세대란 말이 유행이라는데 자네는 아직 배가 불렀군. 정말 요즘 세대는 헝그리정신이 부족해, 쯧쯧." 반면 마음 약한 상사는 날씨 이야기부터 애꿎은 연예인 스캔들 얘기까지 빙빙 돌리다가 결국 변방만 건드린 채 핵심에 근접도 못할 것이다.

당신이라면 어떻게 하겠는가? 정답은 질문을 통한 해결이다. 이때 대뜸 뭐가 문제인지로 말문을 연다면 부하는 긴장하며 당연히 문제가 없다고 대답할 것이다. "문제 있나?"는 벌써 부정적 패러다임을 전제로 하기 때문이다. 그보다는 우리 회사에 들어와서 좋은 점과 나쁜 점은 무엇인지를 함께 물으며 마음의 문을 열어라. 선입견 없는 '팩트성' 질문에 부하의 마음은 무장해제되고, 한결 부담도 덜하게 될 것이다. 따뜻한 관심이 담긴 질문은 관찰의 보완재 역할을 한다.

말·행동·표정, 삼위일체하라

"상사일언중천금, 상사일행중만금, 상사일정중억금上司一言重千金, 上司一行重萬金, 上司一情重億金." 내가 만들어본 구절이다. 상사의 한마디 말은 천금, 행동은 만금, 표정은 억금에 해당할 정도로 무겁다.

유통업계에서 일하는 H사장은 사장으로 취임하자마자 멘토로 삼는 선배 경영자를 찾아갔다. CEO로서 명심할 것이 무엇인지 조언을 구하자 그는 "상사의 말은 부하에게 지대한 영향을 미친다. 하지만 그보다 더 중요한 것은 행동, 그보다 훨씬 더 중요한 것은 표정이다"라고 말해주었다. 부하들은 상사와의 소통에서 이 삼박자가 맞아야 상사의 명확한 뜻을 알고 받아들인다. 조직에서 상사의 소통은 입뿐 아니라 눈빛과 손짓, 즉 상사의 모든 것을 통해 이뤄진다는 것을 명심해야 한다.

리더는 무대 위의 배우이며, 부하들은 그의 일거수일투족을 관찰하는 관객이다. 자신의 크고 작은 모든 것이 부하들에게 '주시' 또는 '감시'당하고 있음을 깨닫는 리더들은 타인의 보디랭귀지 판독뿐 아니라 자신의 보디랭귀지 단속에도 신경을 쓰고 관리한다. 쫀쫀해 보이는가? 리더의 쫀쫀한 자기관리는 아무리 강조해도 지나치지 않다. 강한 리더는 자기 마음속의 사소한 낌새까지도 미리 체크해서 철두철미하게 대비한다. 소통에 능하지 못한 상사일수록 "내 진심은 그게 아니었는데…"라는 말을 입에 달고 산다. 소통은 자신의 의도가 중요한 게 아니다. 상대방이 어떻게 해석하느냐가 더 중요하다.

부하들은 보고를 받으며 상사가 멍한 표정으로 창밖을 바라보는 것 자체에도 민감하게 반응한다. 관심 없이 듣는 둥 마는 둥 하다가 "이해가 안 가는데, 다시 한 번 해봐"라고 한 적은 없는가? 당신도 부하의 딴짓을 싫어하지만, 부하도 상사의 딴짓을 싫어한다. 더불어 상사가 말하는 내용 자체보다 말투에 더 상처받는다. 그러니 같은 말을 하더라도 고양이가 쥐 몰듯 추궁하지는 마시라.

또한 무의식적, 습관적 행동이라도 말과 어긋나지 않도록 유의할 필요가 있다. 모 경영자의 이야기다. 그는 자유롭고 창조적인 토론 분위기를 조성해볼 요량으로 직사각형 테이블 회의 대신 원탁회의를 해보기로 했다. 주재석도 따로 정해놓지 않고 서열과 직급 제한 없이 오는 순서대로 앉기로 했다. 하지만 사장이 자기도 모르게 늘 앉던 자리를 차지하다 보니, 원탁회의의 주재석이 저절로 생겨버렸다. 사장이 지정석 아닌 지정석에 계속 앉자, 부사장이 그 옆에 앉고, 말만 원탁이지 서열에 따른 암묵적 질서가 다시 생겼다. 하루는 비서가 그 '무언의 제왕' 자리에 물컵을 갖다놓았다. 그때서야 '아뿔싸!' 하고 심각성을 깨우친 사장은 비서에게 다시는 그런 객쩍은 일을 하지 말라고, 두 번 다시 그러면 해고라고 엄명했다.

이 같은 일화에서 볼 수 있듯이, 리더의 행동은 말뿐 아니라 습관적 행동만으로도 민감하고 중요한 시그널signal이 된다. 부하들이 불편하지 않고, 불안하지 않으며, 불리하지 않게 하나라도 사전에 대비해서 행동하고 말해야 한다.

모 기업의 G사장은 '글로벌통'을 자처하는 만큼 해외출장이 잦다. 그는 출장을 갈 때마다 임원들이 공항까지 영접 나올 필요가 없다고 강조하곤 한다. 그러고 나서 돌아올 때 도열해 있는 임원들에게 "나오지들 말라니까 뭐하러 나왔나" 하며 일일이 악수를 하고는 "그런데 K전무는 왜 안 보이지" 하고 혼잣말을 내뱉었다. 그다음은 어떻게 됐을까. 사장이 해외출장을 다닐 때마다 전체 임원들이 사장에게 눈도장을 찍으러 100% 공항으로 출근했다.

그런가 하면 L팀장은 모두 정시 퇴근하라고 해놓고는 종종 밤 10시에 사무실로 전화를 걸어 지금 누가 일하는지 물어본다. 다음 회의시간에 "내가 그렇게 집에 가라고 했는데, 야근을 불사하며 일하는 직원이 있더군. 어찌나 열심인지, 내가 정말 감동받았다니까. 야근수당 없다고 해도 남아서 일하는 게 바로 우리 팀의 남다른 문화 아니겠어?" 하며 야근한 직원을 잔뜩 추어올려준다. 그렇다면 다음부터 L팀장의

'칼퇴근' 발언을 누가 진정성을 갖고 받아들일 수 있을까. 본인은 그런 의도가 없다고 극구 부인하지만, 벌써 진정성의 물바가지는 엎질러지고 난 후다.

스티븐 코비Stephen Covey는 그의 저서 《신뢰의 속도A Speed of Trust》에서 "신뢰는 리더가 갖춰야 할 가장 중요한 요소"라고 강조했다. 분명한 메시지와 시그널로 신뢰가 형성되면 조직 내 팀워크도 탄탄해지기 때문이다. 조직원들에게 신뢰를 얻으려면, 먼저 리더가 스스로를 정확히 파악해야 한다. 말과 행동을 일치시킴으로써 여러 눈치 볼 것 없이 리더의 말만 따르면 되도록 분위기를 조성하고, 이를 선례로 만들어야 한다. 그러기 위해 '부하직원을 대하는 나의 태도는 어떤가?' '나는 부하직원에게 올바른 메시지를 던지고 있는가?' '나의 메시지는 일관되는가?'를 늘 자문해봐야 한다.

리더들은 지위에 따른 비공식적 권력도 당연히 자신에게 주어진다고 흔히 착각한다. 대단한 유세를 부려야 권위적 리더라고 여기며 '나는 절대 그런 리더가 아니지' 하고 생각하지만, 크고 작게 범하는 실수 역시 주의해야 한다. 회의시간에 늦지 말라면서 본인은 늦는다든지, 자기 마음대로 일정을 바꾼다든지, 바쁜 직원을 불러다 앉혀놓고 사적인 전화를 하느라 마냥 기다리게 한다든지 등. 남이 하면 불륜이고 내가 하면 로맨스라는 이중적 사고를 하지 말라. 당신은 열외가 아니라, 모든 사람들이 기준으로 삼는 기수임을 잊어서는 안 된다.

스탠퍼드 대학의 데보라 그륀펠트Deborah Gruenfeld 교수는 사람이 아랫사람을 부릴 수 있는 자리에 올랐을 때 어떤 현상이 나타나는지, 즉 지위가 권력에 어떠한 영향을 미치는지 실험했다. 3명의 학생들을 한 조로 사회적 이슈에 대해 토론을 시키고, 그중 무작위로 한 학생에게 나머지 두 학생의 의견을 평가할 수 있는 권한을 주었다. 토론이 끝난 뒤 진행자가 사과 5개를 건네주자, 평가를 맡았던 학생은 자연스레 사과 2개를 집어들었다. 개인별 할당량보다 많은 개수였다. 사과를 먹는 자세도 과감하고 박력 있더란다. "말 타면 견마 잡히고 싶다"고, 조직의 수장이 되면 권한을 누리고 싶어 하는 인간의 본능을 보여준다. 이 같은 '본능'을 스스로 인식했다면, 스스로 통제할 줄도 알아야 한다.

리더의 말은 꼭 명령해서 시행되는 것은 아니다. 그가 회의에 참석한다는 것 자체가 해당사안에 대한 지지와 관심의 표현이 되고, 어떤 의사도 표하지 않는 침묵 자체가 승인의 시그널이 되어 조직에 통용되기도 한다. 리더의 무심한 말 한마디와 행동 하나에 조직의 규율과 문화는 큰 영향을 받는다. 그러니 경솔하게 말을 바꾸거나 보디랭귀지를 가볍게 날려서는 안 된다.

모 회사에선 사장의 '3고go'가 '예스'로 통한다. 사장이 늘 자신의 의중을 분명히 밝히지 않아서 부하직원들이 그의 심중을 읽기 힘든 데서 나온 말이다. 회의 중에 사장이 아무리 "좋은 의견입니다"라고 말하더라도 고개를 3번 끄덕이지 않으면 진심이 아니라는 게 직원들의 말이다. 그래서 사장이 의견을 달 때마다, 모두들 그가 몇 번이나 고개를 끄덕이는지 살피는 진풍경이 연출된다.

각종 민간요법은 정통 의료요법이 통하지 않을 때 횡행한다. 조직도 마찬가지다. 리더의 메시지가 불명확하고 이중적일 때, 조직에는 불안 심리가 싹트고 '카더라 통신'과 같은 비공식 통신과 근거 없는 불문율이 포도 덩굴처럼 여기저기 뻗어나간다.

말 따로, 행동 따로, 표정 따로 가는 리더 앞에서 부하들은 헷갈려 한다. 못마땅한 눈초리로 수고했다고 손 내밀며 악수를 청해봤자 부하의 심기만 복잡해진다. 말과 표정과 행동을 일치시켜라. 자신의 헛튼 재채기 한 번에 사무실 전체가 몸살감기를 앓을 수도 있다는 것을 모르는 리더는, 둔감하거나 무책임하거나 둘 중 하나다. 리더는 배우다. 배우가 진정성 있는 연기를 할 때 진짜 배우로 인정받듯이, 리더도 진정성 있는 말과 행동 그리고 표정이 삼위일체 될 때 리더로서 신뢰받을 수 있다.

회사 카드로 선심 쓰지 말라

모 벤처기업의 K부장은 일부러 법인카드와 개인카드의 색깔을 황금색과 푸른색으로 확연히 구별해놓는다. 착각이라도 해서 카드를 잘못 쓸까 봐 그런 것이 아니다. 직원들에 대한 자신의 도덕성 '과시용'이다. 그는 직원들과의 공식회식이 아니면 개인카드로 회식비용을 지불한다.

"밥을 회사 돈으로 살 때와 내 돈으로 살 때, 직원들이 절 바라보는 눈빛이 다른 걸 피부로 느낄 수 있습니다. 저는 제 급여의 10%를 직원들을 위해 쓰는 것으로 정해놓았습니다. '외부고객 접대하는 비용의 일정 비율은 내부고객인 직원을 접대하는 데 쓴다.' 이것이 제 회식운용의 예산법칙입니다."

내가 아는 C부장은 개인카드로 밥을 살 때는 "영수증은 필요 없습니다"라고 큰소리로 말한다. 알고 보니 음식점 주인을 향한 것이라기보다 같이 자리한 직원을 향한 '함성'이었다. 나중에 영수증을 제출해 공금 처리하지 않는다는 것을 만방에 보여주기 위한 제스처다. 또는 일부러 현찰로 계산하기도 한다. 사재를 출연한 것을 강조하기 위해서다.

C부장의 언사가 다소 작위적이고 부자연스럽기까지 해 코웃음이 나왔다. 그런 생각까지 하면서 어디 직장살이 피곤해서 하겠냐고 물었다. 그러자 그는 정색을 하며 상사의 힘은 그런 쩨쩨한 모범에서 비롯된다며 리더십 지수는 공금처리 지수와 비례한다고 잘라 말했다.

"한번은 열심히 일한 직원들 사기를 높여주려고 강남의 좋은 술집에서 한도를 초과해 법인카드를 썼습니다. 직원들이 감동할 줄 알았지요. 그런데 웬걸, 그다음부터 저를 쳐다보는 눈이 이상해지더라고요. 자기들 보는 데서 이렇게 쓰면 안 보는 데서는 펑펑 쓰고 다니겠구나 하는 의심의 눈초리로 보이더군요. 그때 이게 아니다 싶어 정신이 번쩍 났습니다."

그 밖에도 한도를 초과해서 영수증을 다른 명목으로 위조해 제출해야 하는 경우를 몇 번 겪다 보니, 영수증 처리하는 일선 담당직원은 물론이거니와 이것을 부하에게 시키는 자신도 구차스럽고 못할 짓이더란다. 그다음부터 앓느니 죽는다고 차라리 개인카드나 현찰을 쓰게 됐다고 한다. 다만 자신이 사비를 쓴다는 사실을 직원들에게는 알려야겠다 싶어 일부러 큰 목소리로 말하거나, 영수증을 테이블로 가지고 오게 해 직원들 보란 듯이 개인카드를 긁는다는 것이다.

부하들의 눈치는 9단이다. 이들은 부하가 통 큰 상사를 자임하며 법인카드를 드르륵 긁을 때 '얻어먹은 공범의식'을 넘어 상사의 도덕성을 뿌리째 의심한다. 리더십은 원대한 명분에서 발생하는 것이 아니다. 자잘하고 사소한 공금위반에서 리더십 누수현상이 생긴다.

이채욱 인천국제공항공사 사장은 사회복지기관에 강연료 전액을 기부하는 것으로 유명하다. 비록 자신의 노력과 재능으로 번 돈이더라도 근무시간에 벌어들인 수입은 기부하는 게 옳다는 생각에서다. 이외에도 금전에 대해서는 많고 적음을 떠나 결벽증에 가까울 정도로 투명하다. 그는 비서에게 사적 용도를 위한 기금으로 자신의 돈 일정액을 예치해놓는다. 가령 자신이 머리가 아파 두통약을 사오라고 한다면, 이 일은 사적 용무에 해당하므로 개인 기금에서 쓰도록 한다는 얘기다. "예전 직장 GE에 있을 때는 100% 사적인 것만 사적 기금에서 썼습니다. 그런데 공사로 옮긴 다음에는 공적인 용도인지, 사적인 용도인지 헷갈리는 것은 고민하지 말고 제 기금에서 쓰라고 비서에게 말해놓았지요, 허허."

이 사장은 상사의 엄정한 자기관리는 바로 조직기강으로 직결된다고 말했다. "사장의 깨끗한 자기관리는 비서만 알 것 같지요? 천만에요. 어떻게든 사내에 소문나게 돼 있습니다. 그것이 조직 전체의 기강에 영향을 미치게 됩니다. 윗물이 맑아야 아랫물이 맑듯이, 위에서부터 투명한 자기관리를 하면 부하들도 '사장도 저렇게 한다는데…' 하며 따르게 됩니다."

모 다국적 기업의 사장은 해외에서 운전면허증을 발급받을 때 사용한 수입인지대 만 원을 공금으로 계산했다는 이유로 본사로부터 지적 받았다고 한다. 해외출장 중에 사용할 면허증이니 공적인 용도가 아니냐고 반문했더니, 운전면허증을 출장 갈 때만 사용하고 개인 여행할 때는 사용하지 않을 거냐고 되묻더란다. 옛말에 "선비는 오얏나무 밑에서 갓끈을 고쳐 매지 않는다"고 했다. 작은 비리는 물론이거니와 그렇게 보일 만한 어떤 빌미도 아예 만들지도, 시키지도 말라.

한편 반대의 경우도 있다. H연구원은 연구소에서 정해놓은 한도 이상의 카드대금을 썼다. 회계담당 직원이 영수증을 보더니 한도액을 초과했다며 감사에서 지적되지 않으려면 영수증을 서너 장으로 나눠 제출하는 편법을 이용하라고 했다. 하지만 H연구원은 양심에 거리낄 것이 없는데 굳이 가짜 영수증까지 만들고 싶지 않았다. 결국 자초지종을 상세하게 상사에게 설명해 오히려 '절대 거짓말하지 않는 사람'으로 신뢰받는 계기가 되었다.

문제는 얼마나 많은 돈을 썼느냐가 아니다. 원칙을 준수하며 용도에 적합하게 썼는지가 관건이다. 즉 도덕성과 신뢰다. 작은 것을 지키는 사람이 큰 것도 잘 지키는 법이다. 공금에 '그까이거'는 없다. 소탐대실이라 했던가. 많은 리더들이 눈앞의 작은 이익 때문에 공금을 불투명하게 처리하는 경우가 있다. 당장은 문제없이 넘어가는 것 같아도 언제든 문제가 되게 마련이다. 리더가 비윤리적이면 그에 따른 결탁과 파벌이 조직 내 생기게 마련이다. 당연히 직원의 얼굴에는 그늘이 드리워지게 된다. 조직을 사랑하고 리더를 존경하게 하려면 작은 공금부터 바로 쓰는 게 첫 삽을 뜨는 일이다.

모 전자회사의 M전무는 별명이 '일류' 혹은 '특급'이었다. 커피 한 잔도 절대 아무 데서나 마시는 법이 없었고, 직원들에게 줄 생일 케이크도 꼭 특정호텔에서 사오게 했다. 직원의 기가 살아야 조직이 진짜 고급이 될 수 있다며 정기 워크숍은 일류호텔 룸을 빌려 폼 나게 치렀다. M전무와 함께 다니면 대한민국에서 내로라하는 음식점이며 호텔은 다 접해볼 수 있을 정도였다.

그가 왕자님 같은 호사스러운 기호를 가졌다고, 평소 먹기 힘든 호텔 음식을 먹게 해줬다고 정말 직원들이 기가 살고 "전무님 최고!"라고 외쳤을까. 아니었다. 문제는 그 돈이 다 어디에서 나왔냐 하는 것이다. 바로 법인카드였다. 더구나 회사는 불황이다 뭐다 허덕이는 와중이었으니, 직원들은 그의 처지에 어울리지 않는 과분한 선심을 도덕적 해이라고 생각했고, 비윤리성에 끌끌 혀를 찼다. 결국 그는 판공비를 남용했다는 내부자의 제보에 의해 불명예 사임을 해야 했다.

직원들이 상사 주머니에서 나온 돈인지, 회사 주머니에서 나온 돈인지 모를 것 같은가? 상사의 일거수일투족은 늘 부하의 안테나에 잡히게 돼 있다. 밥 사주는 데 고마워하지 않겠느냐고? 자기가 먹고 싶어 부하를 이용한 거라 비웃을 뿐이다.

회사 경비일수록 내 돈보다 더 쫀쫀하게 쓰라. 당신 돈이라도 지금처럼 쓰겠는가. 그것이 쉽고도 명확한 공금사용 기준이다. 회사 돈을 눈먼 돈처럼 착각하지 말고, 통 큰 상사인 척 공금으로 선심 쓰지 말라. 회사 경비에 쫀쫀한 상사여야 부하의 신뢰도 함께 얻을 수 있다. 직원들은 법인카드로 인심 쓰는 포퓰리즘 상사보다, 라면 한 그릇일지언정 자신의 돈으로 사주는 상사를 더 따르고 신뢰한다. 비록 그들을 거둬 먹인다 할지라도 한도를 초과하고 용도를 벗어난 공금을 씀으로써 부하에게 책잡히지 말라.

일본의 경영컨설턴트 하세가와 가즈히로長谷川和廣는 "깨끗한 화장실은 더럽혀지지 않는 법"이라며 상사가 돈 관리에 깨끗하면, 부하들 역시 비리를 저지르지 않는다고 했다. 부하들은 원대한 리더십 웅변보다 일상의 법인카드 사용이나 회사차량 이용 등 작은 행동과 실천을 보면서 당신의 리더십 점수를 평가한다. 상사인 당신부터 "1원이라도 정당하지 않으면 회사 돈은 쓰지 않는다"를 실천하고 증명하라.

리더십, 이론이 아닌 행동으로 보여라

리더십 교육이란 교육은 다 받고, 관련 책과 이론이라면 다 꿰뚫어 모르는 게 없는 Q전무. 그는 리더십 교육 마니아다. 회사 교육은 물론 해외 교육 프로그램까지 사비를 들여 듣고 올 정도로 리더십 광이다. 자신이 읽은 리더십 책 중에 좋다고 하는 것은 절판이 됐으면 복사라도 해서 직원들에게 배포할 정도니 그 열혈 리더십을 짐작할 만하다.

"서번트 리더십을 이야기한 그린리프에 의하면…", "우리 모두 그레이트 워크 플레이스를 만들어봅시다. 레버링 박사가 이야기한 바에 따르면 존경, 자부심, 신뢰가 필요합니다", "저는 회사에서 받는 인정보다는 여러분의 지지를 받는 것을 좋아합니다. 마음을 모두 비웠기 때문입니다. 우리 모두 같이 열심히 일해봅시다" 등 리더십 얘기가 한

시도 입에서 떨어지는 날이 없다. 저절로 그의 별명은 '…에 의하면'이 되었다.

직원들은 그의 입을 통해 리더십 트렌드에 대해 알게 되고, 낯선 전문가 이름을 접하곤 한다. 하지만 부하들은 "리더십 아는 사람이 더 무섭다"며 자칭 리더십 전도사 Q전무를 비웃기 일쑤다.

Q전무는 부하들로부터 받는 리더십 상향평가 점수에서도 5점 만점에 4.7점을 3년째 내리 받으며 더 득의양양해졌다. 오늘날 자신을 여기까지 오르게 한 원동력은 '리더십 교육의 힘'이라고 맹신하고 있다. 과연 그럴까? Q전무에게 좋은 점수를 준 부하들이 뒷담화를 하는 이유는 무엇일까.

그 이유를 알려면 우선 리더십 상향평가 점수의 허와 실을 이해해야 한다. 상향평가 점수 액면가가 당신의 실제 리더십 점수라고 생각하면 오산이다. 부하들이 리더십 상향평가를 할 때에도 반복효과라는 것이 작용한다. 처음에는 부하들도 진솔하게 평가한다. 하지만 해가 거듭될수록 무뎌지고, 그것이 상사에게 갖게 되는 의미에 대해 눈치코치를 살피게 된다.

혹시 이를 생각지 못하는 부하들에게는 위에서, 옆에서 압력이 들어온다. "야, 옆방 팀장은 리더십 점수가 4.7이 나왔다는데, 지난번에 우리 팀장은 그보다 낮았다더라. 요즘 죽상인 게 그 때문이래. 대강 해주고 우리도 좀 편하게 지내자. 팀장 점수 안 나와서 우리에게 좋을 게 뭐가 있냐. 우리가 그런다고 바뀌냐, 좋은 게 좋은 거야. 괜히 순진하게 평가했다가 우리만 괴로워져." 여기에 5점의 중간은 3점이 아니라 4점이라며, 4점에서 5점 사이에서 평가하라고 은근히 종용하는 눈치 빠른 선배들도 한몫 거든다. 그러니 점수는 평가가 거듭될수록 높아진다. 문제는 점수가 올라가는 것이지, 리더십 실천지수가 올라가는 것은 아니란 점이다. 이것을 모르는 '나 잘난' 상사는 리더십 상향평가 액면가만 믿고 매일 잘난 척의 강도만 높여간다.

많은 관리자들이 자신이 하는 것과 아는 것을 착각해 스스로 훌륭한 리더라고 착각하곤 한다. 리더십 이론 만능주의에 빠졌다면 명심하라. 우선시해야 할 것은 리더십 선진 트렌드 소개가 아니라 실행이다. 리더십 지식의 과시가 아니라 지식의 되새김질과 적용이다.

어떤 이론서를 읽더라도, 또 그 내용이 아무리 좋더라도 조직에 적용하기까지 삭히고 새기는 시간을 가져라. 최고의 리더십보다 중요한 것은 최적의 리더십이다. 앎보다 중요한 것은 행동이고, 행동에서 중요한 것은 적용이다. 유아에게 이유식을 먼저 먹여야지, 영양가가 높다고 해서 고형식부터 무조건 들이대면 탈나게 마련이다. 마찬가지다. 구성원에 따라, 상황에 따라 다르다는 것을 잊지 말라. 조직에 적합한 리더십은 리더십 전문가보다 당신이 더 잘 알아야 한다.

모 건설회사 CEO는 독서경영 이야기에 잔뜩 '필feel'을 받았다. 건설회사라는 특성상 현장직 직원들이 많아서 그동안은 술자리를 통해 직원들과 팀워크를 다져왔고 그것이 건설현장 직원들의 동력이었다. 그래서 술자리 영수증은 웬만하면 처리해주는 게 이 회사의 조직문화였다. 하지만 그는 술집 단합대회를 단칼에 없애기로 했다. 대신 독서 경영을 도입해 술값 대신 책값을 지원해주겠다고 발표했다. 결과는 어떨까? 당연히 사기추락이었다. 부하들의 상황에 따라 살살 달래가며 시도해야 하는데, 단번에 '술 단합'을 끊으니 금단현상이 왔고, 조직은 우왕좌왕할 수밖에 없었다.

내가 CEO과정에서 가치관교육 프로그램을 맡고 있을 때 이야기다. 나는 경영자들이 어떻게 이를 적용하고 실천해나가는지 궁금했다. 하루는 가치관경영의 필요성을 역설하면서 "적용해보시니 어떻던가요?" "직원들이 좀 변하는 기미가 보이나요?" 하며 재촉하듯 물었다. 그때 나이가 지긋한 한 경영자가 말했다. "아, 그게 어디 그렇게 빨리 되는 것인가요. 지금 머릿속에서 도상 연습을 해보는 중입니다. 청사진을 완성한 후에 첫 삽을 떠야지요."

그의 말이 맞다. 아무리 리더십 내용이 좋다 하더라도 전체 청사진이 구체적으로 그려진 후에야 실행할 수 있다. 실행에 집중해야 하는 것은 맞지만, 신중한 준비 역시 그 못지않게 중요하다. 리더가 끝그림 없이 무작정 시도부터 하고 보면 부작용이 커진다. 물론 머리도 중요하지만 부하를 존중하고 배려하는 마음으로부터 시작하고, 일단 시작을 했으면 뚝심을 갖고 밀어붙여야 효과를 볼 수 있다.

현실은 리더십 이론대로만 되지 않는다. 예상치 못한 덫, 직원들의 거부와 반발도 있다. 다양한 경우의 수를 대비한 보완책을 마련했는지 여부에 리더십 실행의 성패가 달려 있다. 부하들을 마루타로 삼지 말

라. 그 이후의 혼란은 전적으로 '팔랑귀' 리더인 당신의 책임이기 때문이다.

리더십을 강조하고 싶다면 말보다 행동으로 보여라. 어디서 주워들은 말이라고 삐죽 꺼내고 갑자기 좋은 아이디어라며 번뜩 내밀다가 "아니면 말고, 내가 저번에 그런 얘기를 했나" 하고 주워 담지도 못할 영양가 없는 말만 계속하다가는 실없는 사람이 된다. 앞의 Q전무가 그렇듯이 리더십 마니아들에게는 어디서 얻어들은 풍월과 지식이 많다. 그러니 하고 싶은 말도 많다. 하지만 좋은 말을 많이 할수록 그것은 당신이 지켜야 할 '말빚'이 된다. 실행에 대한 부담과 앞뒤 상충되는 문제를 풀어야 할 부담이 그것이다. 또 여기저기 쫓아다니느라 바쁘다 보니 장황하게 한 말씀 늘어놓고는 부하들의 이야기는 들으려 하지도 않는다.

"차라리 모르기나 하면 말이나 안 하지." 당신의 등 뒤에서 부하들이 하는 말이다. 각종 이론은 빠삭하게 꿰뚫어 세상의 좋은 말이라면 다 갖다 붙이면서 행동은 거기에 미치지 못하면, 부하들이 느끼는 실망과 반감만 배가된다. 말빚이 늘수록 부하에 대한 당신의 리더십 부채는 늘어난다. 더욱 우스운 것은 행동 따로 앎 따로의 표리부동 상사란 사실을 당사자만 모른다는 사실이다. 책에서 비판하는 각종 사례가 자신의 이야기인데도 그것을 모를 때 직원들의 입에서는 실소가 나올 뿐이다. "바로 부장님 이야기인데요" 하고 옆구리 쿡 찔러주고 싶을 정도다.

이런 상사들이 나름 좋은 의도를 가지고 대화를 하려 할 때도 직원들은 본심을 의심하게 된다. '내 칭찬을 하려는 게 목적이 아니지. 어디서 익힌 리더십 한번 연습해보려는 거겠지. 자, 여기까지 내 본심을 털어놓게 하고, 이제 본격적으로 자기가 하고 싶은 얘기하려고 다음 단계로 넘어가는군. 음, 이용당하지 말아야지. 배운 사람이 더 무섭다니까.'

실제로 많은 부하들이 리더십 교육을 안 받은 상사보다 받은 상사를 더 싫어한다. 그 이유는 리더 자신의 행동을 바꾸고 향상시키려는 것이 아니라 부하를 머리꼭지에서 조종하며, 자신들의 행동을 정당화시킬 구실만을 배워온다고 생각하기 때문이다.

더욱이 리더십 이론 중에서는 각각의 내용은 좋지만 서로 충돌되는 요소를 갖고 있는 경우도 많다. 가령 카리스마적 리더십, 서번트 리더십, 모두 좋다. 하지만 상황 적합도에 따라 효과가 달리 발휘되고, 내용적인 면에서 상충하는 점도 있다. 상황과 환경에 대해서 생각하지 않고 소화하지 않은 채, 그때그때 전달하기 바쁘면 부하들은 헷갈린다. 밑도 끝도 없이 어느 날은 카리스마 리더가 돼 왕왕거리더니, 어느 날은 서번트 리더가 돼 발 씻어준다며 수건을 들고 달려들면, 그걸 보는 부하들의 혼란은 어찌할 것인가. 그들은 일관성 있는 상사를 존경한다.

리더십 이론을 꺼내려면, 소화부터 시키고 하라. 잘 씹고 잘 새긴 리더십을 이야기하면 명품 리더이지만, 들은 대로 주먹구구 풋내 나게 툭툭 던지면 '짝퉁' 리더밖에 안 된다. 루브르 박물관에 걸려 있는 모나리자 그림과 호프집 화장실 앞에 걸려 있는 모나리자 그림은 그 감동과 아우라가 다르다. 리더십은 말로 할 때보다 행동으로 보일 때 범접할 수 없는 아우라가 생긴다. 정 그렇게 말하고 싶다면, 소화시키고 하라. 당신에게 맞추지 말고 부하에게 맞춰라.

들었으면 피드백하라

P사에 기업교육을 갔는데 지원업무를 맡은 현장 오퍼레이터 직원이 활기차고 열심이었다. 눈여겨 보니 교육 때마다 다과도 매번 다르게 준비해놓았다. 교육장의 주전부리란 대부분이 거기서 거기인데, 이 직원의 일하는 용태가 범상치 않았다. 간식거리를 어떻게 매번 다르게 준비하는지 물어보니 역시 뛰어난 대답이 돌아왔다. “수강자들이 간식을 많이 남겼다면, 그날은 맘에 안 들었다는 신호잖아요. 그러면 그건 더 이상 올리지 않고요, 반응이 좋으면 한 번 더 준비하고 그러면서 매번 연구합니다.”

이야기를 들은 김에 그렇게 말단직원들이 간식거리 하나 준비하는 것에도 창의성을 발휘하게 한 주인의식의 열쇠가 무엇일까 궁금했다. 그녀의 대답은 이랬다. “우리 회사는요. 각각 자신이 맡은 파트에서 느낀 점, 공유할 사항을 짧게 전체 메일로 올립니다. 물론 최고경영자도 수신자이지요. 직급과 파트와 상관없이 대표님이 직접 체크하시고, 읽으시는 대로 피드백을 즉시 주신답니다. 이번에도 제 생각을 말씀드렸더니 '참 좋은 의견입니다' 하고 답신을 주시면서 더 보충할 것, 칭찬하는 사항 등 코멘트를 덧붙이셨더라고요."

경청, 들어만 줘도 부하의 가슴을 뻥 뚫리게 하고 조직의 체증을 가시게 한다면서 '경청 만병통치론'을 설파하는 리더도 있다. 하지만 경청에 대해 오해하는 리더도 있는 것 같다. 리더가 매번 경청을 통한 의견수렴을 한다며, 멍석만 깔아놓고 판만 벌이면서 변화하지 않는다면 어떻게 될까. 경청이란 단지 듣는 것만을 의미하지 않는다. 상대방의 입장에서 듣고, 상대방의 입장에서 문제를 바라보고, 상대방의 입장에서 문제를 해결하고자 노력하는 것이 리더의 경청이다.

또 하나, 모름지기 경청만큼 중요한 것이 피드백이다. '악플'보다 나쁜 게 '무플'이다. 매번 말의 성찬만 거하게 벌이면서 피드백이 없으면 부하들은 맥이 빠진다. 오히려 실망감만 커져 나중에는 '말한들 뭐해'라며 경청하지 않느니만 못할 수 있다. 입과 귀뿐 아니라 손발을 움직여 실천으로 보여줘라. 들었으면 앞의 P사 대표처럼 피드백을 해줘라. 공감하고, 참여하고, 해결을 도모하라.

물론 경청하는 리더가 드물다 보니 부하 입장에서는 여러 건의사항을 털어놓는 것만으로 속이 시원할 때도 많다. 하지만 듣고서 해결책은 나 몰라라 하면 부하들은 그다음부터 입을 열지 않는다. 듣기만 하고 반응이 없으면 부하들은 마음을 닫는다.

신속히 반응하라

직원들로 하여금 크든 작든 자신의 의견을 어필할 상향소통 통로를 열어놓았다면, 그것에 신속히 반응하자. 국제 특송 서비스 전문업체 페덱스는 직원들이 건의하면 48시간 이내에 피드백을 해서 즉각적인 개선안을 마련해준다. 이들은 피드백의 원칙으로 '구체적 정보를 제공하라, 적기에 제공하라, 피드백 제공자를 신뢰할 수 있어야 한다, 개인행동과 관련 있는 정보를 제공하라, 과업 사이클에 맞춰 제공하라' 등을 정해놓았다.

개별적 피드백과 관심만으로도 직원들에게는 큰 칭찬과 동기부여가 된다. 쇠는 뜨거울 때 치란 말이 있다. 직원에 대한 피드백도 마찬가지다. 직급과 부서 불문하고 논의된 사안, 보내온 내용에 신속하게 관심과 반응을 보여라. 직원들이 보내는 메일은 최대한 모두 읽고 성실히 답변하라. 그저 읽었으면 되려니 하고 두꺼비처럼 덥석 삼키기만 하지 말라. 표현하고 칭찬하고 의견을 덧붙여주라. 그것이 직원들의 적극적 참여를 북돋고 사기를 높인다.

어차피 해주기로 약속했다면 묵히며 부하들의 애간장 태우지 말고 빛의 속도로 응하라. K사장은 직원들에게 '소통짱'으로 꼽힌다. 비결은 직원들과 간담회 등에서 한 약속이면 바로 그 이튿날 시행하는 속도 때문이다. 신형 컴퓨터를 설치해달라는 요청이 있자마자 다음 날 바로 설치에 들어갔다. 그들의 요청에 관심을 보이는 속도가 곧 진정한 소통과 신뢰의 속도다. 직원들의 민원사항이 나왔을 때 일단 약속했고, 들어줄 수 있는 사항이면 최대한 빨리 실현해 보여줘라. 이르면 이르게 응답할수록 감동의 강도는 세진다.

'No'도 훌륭한 대답이다

직원들이 허무맹랑한 요구를 하더라도 경청했으면 무조건 들어줘야 하느냐며 언짢아할 분들도 있겠다. 물론 그렇지는 않다. 가령 회사는 중소기업인데 직원들이 대기업 수준의 복지혜택을 요구한다면 들어주기 어렵다. 단, '턱도 없는 소리'라고 자르지 않는 배려가 필요하다. "우리 회사의 현재 매출액이 이 정도인데, 목표 매출액에 도달하면 그 이후부터는 충분히 검토해보겠다" 하며 과제로 남겨놓는 것 자체가 직원들에게는 솔루션이요, 해결책으로 받아들여진다.

한 기업의 직원이 이렇게 토로하는 것을 들은 적이 있다. "내가 잘하는지 못하는지 상사로부터 분석적으로 듣고 싶고, 이를 통해 발전하고 싶다. 1년에 한 번 있는 성과면담만으로는 불충분하다. 1년에 단 한 번 피드백을 주는 임원 밑에서 무엇을 배울 수 있겠는가?"

예일대의 핵크먼J. Hackman 교수는 피드백이 직무수행자의 업무효율성을 강화하는 데 중요하게 작용한다고 지적했다. 가령 하루 8시간 봉투 만드는 일을 하는 작업자에게 매 시간 그가 만든 봉투의 개수를 알려주면, 몇 개째인지 모르고 무턱대고 만들 때보다 작업 효율이 높다는 말이다.

피드백이란 사람들이 자신의 행동결과에 대해서 받게 되는 정보를 의미한다. 피드백을 통해 직무수행상의 문제점을 지적해주기도 하고, 조직 내 역할에 대한 개인적 정보를 제공하기도 한다. 때로는 인간관계나 리더십 스타일상의 잘잘못을 알려주기도 한다. 안 되면 안 된다고, 되면 된다고 이야기해주는 것 모두가 피드백이다.

간혹 상사들은 부정적 피드백을 미루는 경우가 있다. 하지만 부하들은 피드백이 없고 묵묵부답인 경우 그것을 '용인'이라 생각하기 쉽다. 피드백에서는 '노no'라고 한다고 문제가 아니다. 대답이 없는 '노 뉴스no news'가 더 문제다. 피드백에서 '노 뉴스'는 '굿 뉴스'가 아니다. 아니면 아니라고 설명해줘라. 그것 자체가 훌륭한 피드백이다. 어디만큼 진행되고 있는지 과정에 대한 설명, 왜 안 되는지에 대한 설득이 있을 때 부하들은 성의 있는 피드백에 대해 고마워한다. 즉 불확실성을 줄여주는 것 자체가 중요하다.

미니 쿠퍼는 독특하고 귀여운 디자인으로 유명한 독일 BMW사의 명차다. 이 차의 주문이 급등해 제때 공급이 어려워지자 소비자들은 출고까지 시간이 너무 오래 걸려 주문을 취소하겠다며 항의했다. 이럴 때 당신이라면 어떻게 했겠는가? 현장에서 생산라인을 격려하며 부지런히 자동차 생산을 늘리는 게 최선이겠는가? 아니다. 그들은 급한 불을 끄고 보자는 식의 불확실한 일정 통보 대신, 지금 당신의 차가 이만큼 제작되고 있다는 사진을 담은 편지를 일일이 소비자에게 보내주었다.

이처럼 과정과 진행상황을 투명하게 보여줘 불확실성을 줄여주는 것 자체가 불만을 줄이는 좋은 방안이다.

변화에 반영하라

조직에서 매번 같은 건의안이 재탕 삼탕으로 올라오지는 않는가? 회의가 "더 생각해보고 나중에 다시 얘기하자"로 끝나지는 않는가? 어차피 제안을 해도 그 의견이 의사결정에 반영되지 않는다고 생각하면, 부하들은 생각을 멈춘다. 재탕 건의가 나오지 않게 하기 위해서는 상사의 똑부러진 피드백이 필수다. 상사가 기껏 직원들의 건의사항, 고충을 듣는 자리를 마련해보면, 어떤 회사에서는 그 의견의 3분의 2가 대부분 재탕이기 일쑤다. 그것은 뭘 의미하는가? 건의가 그만큼 받아들여지지 않고 매듭지어지지 못했다는 이야기다. 토론과 경청의 장을 열어보자고 해서 잔뜩 듣고는 반영되고 진전된 사항이 없다면, 부하들에게 답변을 해주지 않고 의견수렴만 한다고 하면, 부하들은 어떤 기분이겠는가. 재작년과 지난해에 나온 해묵은 이야기가 올해도 반복된다면, 그 조직은 문제가 있다.

양병무 재능교육 사장은 술과 골프 모두 못한다. '형님, 아우님' 하며 한잔 들어가야 서로 얽히고설키고 속 얘기도 털어놓을 수 있는 한국 사회에서, 그는 자신만의 비주류非酒類 방식으로 소통에 성공하고 있다.

그는 자신의 소통 비결이 피드백이라고 했다. 그는 직원과 미팅을 할 때 반드시 메모를 한다. 그리고 모든 의견을 취합해 각 담당부서를 통해 검토하게 한 후, 즉시 동그라미, 세모, 장기검토, 단기검토 사항으로 분류해 홈페이지에 올려 누구나 공람할 수 있게끔 피드백을 해준다. 자신의 건의가 동그라미, 엑스, 세모(진행중), 보류(장기검토, 단기검토)로 분류돼 공식적으로 검토된다는 사실 자체가 해당 아이디어 창안자에게는 '인정'으로 받아들여질 것이다. 실컷 얘기했는데 허공에 맴도는 메아리가 되어 매번 원점에서 반복되는 것보다, 반짝반짝하는 생각으로 조목조목 이야기한 것이 제도적으로 반영되고 수정되면 한결 보람을 느끼는 게 당연하지 않은가.

부하들의 고충을 듣고 보았으면, 그에 반응하고 함께 부분적으로라도 해결을 모색하라. 이해와 관심만으로는 부족하다. 립 서비스가 아니라 해결을 위한 공동대안을 같이 모색하라. 경청만 해놓고 해결가능성이 있는데도 변화에 나서지 않으면, 상사력은 공허한 메아리가 되기 쉽다.

곰같이 일하지 말고 여우같이 시켜라

여우같은 부하가 곰 같은 부하보다 낫다고 한다. 우직하게 일만 하는 것보다는 살갑게 소통하는 부하가 낫다는 뜻이다. 이는 상사에게도 통하는 말이다. 모든 일을 곰처럼 미련하게 혼자 떠안는 상사보다 부하에게 넘길 것 넘기고, 나눌 것 나눠주며 권한위임하는 여우같은 상사가 진짜 능력 있는 상사다.

부하보다 상사 월급이 많은 이유는 부하처럼 열심히 일하라는 뜻이 아니라 부하들에게 일을 잘 시키기 위해서다. 곰 같은 상사는 제 몫의 일을 나눠주고 가르칠 생각은 하지 않고, 늘 급한 김에 자신이 떠맡으려 한다. 리더가 n분의 1을 하든, n분의 2를 하든 그것은 중요하지 않다. 리더는 업무의 양을 넘어 전략과 방향설정을 자신의 업으로 삼아야 한다. 그렇지 못하고 "내 군번에 n분의 3을 해야겠느냐"고 푸념하며 아랫사람을 닦달하고 야근에 주말근무까지 하며 생색낼수록 몸은 피곤하고, 관계는 피폐해진다.

'조직 에너지 총량의 법칙'을 아는가? 조직의 에너지 총량은 일정하게 마련이고, 리더가 앞에서 설치며 잔일까지 미주알고주알 챙기기 시작하면 구성원들은 뒷짐 지고, 딴전 피우고, 늑장 부리게 된다. 여우 같은 상사들은 결코 고기를 잡으러 부하들보다 먼저 바짓단 접고 물가에 뛰어들지 않는다. 부하들이 구경꾼이 아니라 선수임을 명심하기 때문이다.

A사장을 인터뷰하러 회사에 방문했을 때였다. 그곳에서 진풍경을 목도했다. 사장실에 들어섰는데 7~8명의 임원들이 복도에 장사진을 치고 있었다. 결재를 받기 위해 기다리던 그들은 사장의 얼굴을 보자 가뭄에 비를 만난 듯 달려들며 반색을 했다. A사장은 나를 보더니 "아, 어디 내가 옴짝달싹할 수가 없어요. 어떨 때는 화장실 갈 시간도 없이 바쁘다니까" 하며 어깨를 으쓱했다. 그런 그를 보며 조직에 없어서는 안 되는 부지런한 경영자라기보다는 오히려 권한위임이 안 된 무능한 리더라는 생각이 들었다.

권한위임은 구성원들로 하여금 조직을 위해 주요한 일을 할 수 있는 권력과 능력을 갖추고 있다는 확신을 심어주는 과정이다. 그러기 위해서는 조직원들의 능력과 의지를 키우는 일, 공식적 권력을 위임해주는 일, 실제 의사결정 과정에 깊이 참여시킴으로써 자신의 영향력을 체험토록 하는 일이 주어져야 한다. 이는 부하에 대한 시혜가 아니라 당신의 권력창출을 위해서도 필요하다. 능력 있는 직원을 얼마나 배출해냈는지가 당신 상사력의 증거다.

미국의 저명한 경영컨설턴트 수전 헤스필드Susan Heathfield는 리더가 권한위임에 실패하는 이유를 다음과 같이 지적했다.

첫째, 경영자가 권한위임을 말로만 강조하고 실제로는 믿지도 않고 실행하지도 않기 때문이다. 둘째, 진정한 권한위임의 범위를 모르기 때문이다. 셋째, 범위를 정확히 설정하지 못하기 때문이다. 넷째, 겉으로는 권한위임을 한 것처럼 보이지만, 경영자가 세세한 일까지 간섭하기 때문이다. 다섯째, 권한위임을 해놓고 뒤에서 딴 소리하고 비판하기 때문이다. 여섯째, 권한위임을 해놓고 실제로 권한행사를 할 기회를 주지 않기 때문이다. 일곱째, 권한에 대한 학습기회, 교육기회를 주지 않기 때문이다. 여덟째, 권한위임했다고 수수방관하며 지원을 하지 않기 때문이다. 아홉째, 장애요소를 제거해주지 않거나, 권한위임에 필요한 타부서의 협력이 따라주지 않기 때문이다. 마지막으로 응분의 보상과 권한을 위임받은 사람의 적절한 직위, 성공적 권한행사에 대한 격려 등이 따라주지 않기 때문이다.

결국 권한위임의 성패를 결정짓는 것은 당신이 부하에 대해 갖는 신뢰의 크기다. 부하들에게 권한위임을 해줘야 당신도 조직의 수장으로서 새로운 전략수립과 비전개발 등을 위해 일할 시간이 확보된다. 강한 리더십은 통솔뿐 아니라 새로운 비전의 수립과 전략의 발굴에서 나온다.

여러 리더를 만나며 권한위임의 최고 고수라고 생각된 분은 웅진 태양광에너지의 오명 회장이었다. 그분의 말씀을 들어보니 언론계, 학계, 재계를 통틀어 그랜드슬램(?) 리더를 달성한 관록은 과연 우연이 아닌 필연이었다. 여러 분야의 수장을 거치고, 또 각 분야의 리더로 장수한 비결은 바로 권한위임 능력이었다.

차관 시절, 그는 자신의 상관에게 오만 정이 다 떨어진 일이 있었다고 한다. 청와대에서 문책 전화가 왔는데, 장관이 "차관이 했는데 자초지종 알아보고 보고하겠습니다"라고 엉겁결에 말하더란다. 그 해당 부하가 바로 자신이었다는 것. 그는 이때 '진정한 권한위임이란 권한은 부하에게 이양하고 책임은 리더가 지는 것'이란 사실을 뼈저리게 실감하고, 이를 꼭 실천하고자 노력하게 됐다고 한다.

"저는 외교협상 때도 부득이한 경우를 제외하고는 협상 테이블에 직접 앉은 적이 없습니다. 해당 문제에 대해 실무자들이 전문가인 데다 세세한 내용을 더 잘 알기 때문이지요." 윗사람들은 실무자의 판단에 전적으로 따라줘야 한다는 게 그의 지론이었다.

"저는 부하가 연설원고를 써주면 그것도 고쳐 읽지 않고자 했습니다. 그들이 옳다는 걸 믿기에 토씨 하나 바꾸지 않고 그대로 읽었습니다. 내가 원고를 100% 수용해주자 아랫사람들도 정성을 다해 연설문을 작성해주더군요. 써오라고 하고 휴지통에 던져버리면 부하들이 그다음부터 최선을 다하겠습니까. 내가 할 수 있는 말의 범위를 아랫사람들과 상의하여 미리 준비했고, 딱 그만큼만 말했습니다."

이어서 오 회장은 권한위임의 요체를 까치밥과 계영배戒盈杯에 비유해 설명했다.

"계영배란 잔이 있지 않습니까. 잔의 70%까지는 채워도 괜찮지만, 그 이상 술을 채우면 모두 밑으로 흘러내리지요. 사람이 살아가고 조직의 일을 하는 것도 마찬가지입니다. 기대의 70%만 만족하면 됩니다. 다소 못마땅하고 부족한 것이 있어도 용인해주면 결국 그것은 부하의 기로 소생합니다."

알더라도 때로는 모른 척하고 넘어가 기다려주는 게 권한위임을 잘하는 리더다. 고성과 상사들은 결코 초조하게 굴지 않고 느긋하다. 너희가 이렇게 일을 못해서 어느 천년에 마치겠냐며 조바심치느니, 너희 것이니 알아서 잘하라고 느긋하게 여유를 부린다. 리더가 미주알고주알 간섭하면 할수록 부하들은 일일이 위를 쳐다보게 되고 무기력해진다. 무기력한 부하들이 상사만 쳐다보고 있으면 최종 손해는 바로 상사에게 돌아온다.

곰 같은 상사는 조직에서 자신의 밥값은 할지언정, 조직원들이 밥값하게 하는 데는 무능하다. 그러다 결국 '피터의 원리Peter's principle'의 희생양이 되고 만다. 전문적 기량이 뛰어나던 직원이 관리자가 된 후 갑자기 한풀 꺾이며 성과를 못 내는 것이다. 열심히 하지 않는 것도 아닌데, 오히려 승진한 후 더 열심히 일하는데도 바라는 만큼의 성과가 나지 않는 원인을 캐보면 권한위임이 되지 않아서이기 십상이다. 상사 혼자 부산한데 부하들은 상사가 무엇을 하는지조차 파악이 안 되니, 거들어주고 싶어도 어떻게 해야 할지 몰라 우두망찰 대기하다가

'커피-카피' 심부름만 하기 일쑤다.

이처럼 권한위임은 실무능력이 출중한 이일수록 실천하기 힘든 딜레마가 있다. 천하의 제갈량도 이런 실수를 했다.

어느 날 제갈량이 직접 장부를 일일이 조사했다. 그러자 주부主簿 양과楊顆가 들어가 말했다. "통치에는 체통이 있습니다. 상하가 영역을 침범하면 안 됩니다. 사내종은 밭 갈고, 계집종은 밥합니다. 닭은 새벽을 알리고, 개는 도적을 지키지요. 주인 혼자 하려 들면 심신이 피곤하여 아무것도 못하게 됩니다. 어찌 이리 하십니까?" 하니 제갈량이 자신의 잘못을 시인하고 사과했다고 한다.

《정관정요貞觀政要》를 보면, 중국역사상 손꼽히는 성군으로 꼽히는 당태종의 권한위임에 대한 생각을 엿볼 수 있는 대목이 나온다.

그는 역대 황제인 수문제의 인물평을 하던 중 대신 소우蕭瑀가 "수문제는 욕정을 누르고, 나랏일을 보았습니다. 정무를 돌보는 데 시간을 잊을 정도였습니다. 인자하거나 지혜롭지는 않았지만, 그는 전력을 다한 군자라고 들었습니다"라고 평하자 강하게 반박한다.

"천하는 넓고 일은 수도 없는데, 어떻게 개인이 다 처리할 수 있겠소. 혼자서 수없이 일을 처리한다고 해도 어떻게 틀린 것이 없겠소. 틀린 것이 쌓이면 어떻게 나라에 좋은 일이 있겠소. 많이 하여 틀리는 것보다 틀리지 않고 적게 처리하는 것이 낫소. 왜 널리 현명하고 훌륭한 재능을 가진 사람을 찾아 그에게 지위를 주어 일을 맡기지 않는단 말이오?"

동서고금 많은 이들이 이처럼 "곰처럼 떠맡지 말고, 여우처럼 나눠주라"며 권한위임의 중요성을 목청껏 외쳤다. 그런데 왜 현실적으로 쉽지 않은 것일까. 크게 3가지 심리가 작용하기 때문이다. 부하들이 나보다 잘나서 두렵거나, 못나서 맘에 안 차거나, 아니면 부하들의 불평이 듣기 싫은 것이다.

첫째, 부하에 대한 라이벌 심리 때문이다.

공금뿐 아니라 사내 지식도 회사의 재산인 만큼 개인 혼자 독점하지 말고 공유하도록 의무화하는 기업들이 있다. 그러나 강의를 나가 물어보면 아직도 본인의 몸값을 올리는 전략을 '내가 가진 지식과 정보의 독점'이라고 생각하는 이가 많아 놀라곤 한다.

업무상 중요한 회의에도 혼자 참석하고, 중요한 고객과도 혼자서 만나며, 더욱이 핵심적인 정보는 절대 부하직원과 공유하지 않는다. 업무를 지시할 때도 필요한 부분만을 개별적으로 전달하기 때문에 직원들은 전체적인 업무의 그림을 알지 못한 채 주어진 낱개의 일만 수행하는 경우가 많다.

권한위임을 회피하는 상사의 심층심리를 파보면, '내 일 다 내주면 나는 뭐하지' 하는 생각이 깔려 있다. 스스로를 부하들의 조력자로 보지 않고 라이벌로 생각하는 것이다. 이는 내 역할과 파워의 원천인 곳간 열쇠를 내주고 뒷방으로 밀리면 어쩌지 하는 '뒷방 공포'로 연결된다. 부하들에게 일을 시키며 중간 중간 야단도 치고, 잘난 척도 하며 폼을 잡을 수 있는데, 이렇게 다 넘겨주고 나면 뭘 먹고 사나 하는 걱정이다.

자신의 능력에 대해 자신감이 없을 때 뒷방 공포는 더 크다. 하지만 늘 '내 것', '내 기술' 하며 곳간 열쇠만 꼭 쥐고 있다가는 리더로서 결국 당신도 크기 힘들다.

부하들의 성장은 경계해야 할 요소가 아니라 격려해줘야 할 요소다. 부하들의 성장판을 억누른다고 나의 안전이 보장되는 것은 아니다. 언제까지 현재의 그 자리에 머물 것인가. 회사에 부서가 하나밖에 없다면 몰라도 부서와 조직이 여러 개 있는데, 내 밑의 부하는 어찌 막는다 하더라도 타 부서의 능력 있는 부하는 어떻게 막겠는가. L사장은 내가 뒷방 공포에 대해 묻자 이렇게 말했다. "빨리 부하들을 능력 있게 키워야지요. 언제까지 현재 직위에만 머물 거냐고 야단치곤 합니다. 부하들을 키워야 상사도 크지요."

예전에는 할머니들이 돌아가시고 나면, 쓰시던 방구들 밑에 쟁여두었던 꼬깃꼬깃한 돈이 고무줄에 꽁꽁 싸매져 발견되는 경우가 많았다. 이자는커녕 있는 돈마저 제대로 써보지 못하고 돌아가신 것에 남은 자식들이 가슴 아파하곤 했다. 당신이 그렇게 부하들에게 나눠주기 싫어하는 서푼짜리 권한과 업무정보 또한 마찬가지다. 의자 방석 밑에 깔고 뭉개고 있으면 이자는커녕 원금까지 까먹을 뿐이다. 이자가 복리로 붙게 하려면 부하들에게 시킬 것 시키고, 가르칠 것 가르치고, 지원할 것 지원해줘야 한다. 그들과 같은 물에서 놀지 말고, 다른 물에서 필요한 전략과 플랜에 대해 생각하라. L사장의 말마따나 언제까지 지금의 자리에 머물러 있을 것인가. 당신의 지금 자리에 '만년'이란 두 글자를 붙이고 싶다면, 지금처럼 혼자 북 치고 장구 치며 다 하라.

둘째, 부하들에 대한 불신 때문이다.

부하들이 해놓은 일을 보고 '아이고, 그냥 내가 하고 말지' 하며 다시 기본자료부터 일일이 챙기고 있지는 않은가? 그러면서 늘 "요즘 사람들은…"을 입에 달고 다니지는 않는가?

화장실 갈 시간도 없다는 대부분의 상사들은 권한위임 말만 꺼내면 대번 손사래부터 친다. "제가 안 해본 줄 아십니까. 괜히 권한위임한답시고 맡겼다가 마감 전날 밤샘하며 수정하느라 평소보다 곱절이 걸렸지요. 결과물을 받아보고는 '아이코, 이거 잘못했다간 덤터기는 내가 다 쓰지, 누굴 믿고 이걸 맡겨, 내 팔자야' 하며 한탄이 나오더군요. 이 나이에 돋보기 쓰고, 책상 옆에 서류 쌓아놓고 처음부터 다시 검토에 들어갔지요. 자기 때문에 밤샘하는 상사 두고 퇴근하기가 미안했던지 그 부하직원은 옆에서 커피 타주고, 과일 깎아오고…."

중간에 '혹시나' 하고 확인을 해보면 '역시나' 기대 이하인 경우가 많아 직접 하지 않고는 못 배기겠다는 게 성실파 상사들의 볼멘소리다. 결국 부하들도 모두 퇴근하지 못하는 도미노 현상이 빚어지고, 사무실은 자의반 타의반 24시간 불이 꺼지지 않는 진풍경이 벌어지곤 한다. 책상엔 갈수록 일이 쌓이고, 피곤지수는 높아지고 사기가 저하되는 악순환이 벌어지는 것이다.

이런 상사라면 직원에 대한 교육과 지도는 병행하고 있는지 자문해 볼 필요가 있다. 한 번에 자라는 나무는 없고 단걸음에 뛰는 아이는 없다. 제대로 교육시키지도 않은 채 한 번에 다 맡겨놓고서는 "거 봐, 내 그럴 줄 알았어" 하고 실패한 부하를 탓하며 직접 소매 걷어붙여 일하지 말고, 실패를 반복하지 않도록 격려해줘라. 어떻게 하면 되는지 가르쳐주고 다시 한 번 기회를 줘라. 부족한 점이 없어야 권한위임을 한다는 것은 리더로서 직무유기다. 부족한 점이 있다면 적절한 코칭을 통해 능력을 키울 생각을 하라. 목표치와 능력의 간극을 파악하고 교육을 지원해줘라. 권한위임은 유기나 방기가 아니라 육성이다.

P사장은 능력과 위상에서 자신감이 없던 부서원들의 자신감을 회복하고 제 몫을 하게끔 하는 데 1년이 걸렸다고 말한다. 매주 세미나, 독서토론을 하며 끊임없이 격려하니 1년 후에는 그들이 '1등 부서의 1등 직원'이란 자신감을 절로 갖게 되더라는 것이다.

둥근 기둥을 네모난 구멍에 단박에 꽂으려 하지 말고 서서히 시간을 가지고 여유 있게 임하라. 부족한 것은 길러주고, 모자란 것은 채워주고, 당장 안 되는 것은 기다리고, 교육할 것은 교육하며 싸우면서 건설하라. 부하들이 못 미더워 못 맡긴다는 것은 스스로의 상사력 부족을 자인하는 일이다.

셋째, 갈등회피 심리 때문이다.

K팀장의 이야기다. 팀원에게 가욋일을 시켰는데, "이 일을 왜 제가 해야 합니까?" 하고 두 눈을 똑바로 치켜뜨며 대꾸하는 게 아닌가. 그리고 일거리 몰아오는 자기를 마치 무능한 상사라도 되는 양 아래위로 쳐다보고는 돌아가서 자기네들끼리 업무분장하느라 "내가 하네, 네가 하네" 하며 투닥투닥하더라는 것이다. 그 이후로 K팀장은 '앓느니 죽지' 하며 웬만하면 자기가 하기로 맘먹었다. 1주일에 두세 번은 꼭 집

에까지 일을 싸오는 그를 보며 부인이 잔소리를 하지만, 부하들의 불평보다는 덜 무섭다고 한다.

권한위임의 요체는 부하에게 일을 저질러볼 수 있는 권한은 주되, 책임은 상사가 지겠다는 결연함과 신뢰에 있다. 여우같은 리더는 트로피는 부하가, 뒷설거지는 자신이 한다는 것을 부하들에게 분명히 한다. 그래야 부하들도 불평하지 않고 따를 수 있다.

여우같은 상사는 부하 곱빼기로 일하려 하기보다, 부하와 다른 차원의 일을 해 성과도 내고, 부하들의 존경도 함께 받는다. 그물을 잘 펴는 사람은 그물코를 잡는다. 당신은 당신의 그물코를 얼마나 많이 잡고 있는가? 혹시 한 땀 한 땀 잡아당기며 삐질삐질 땀 흘리고, 그게 잘하는 일이라 생각하지는 않는가? 당신의 경험과 지식을 혼자 떠안은 채 야근하지 말라. 아낌없이 나눠주고 부하들이 시상대에 올라가게 하라. 당신의 성과지수는 성실도가 아니라 당신이 육성한 분신分身 수와 질로 증명된다.

그렇다면 여우같은 상사가 되기 위해서는 어떻게 권한위임을 해야 할까? 다음의 6W1H 법칙을 염두에 두고 실천하면 좋을 것이다.

첫째, 무엇what을 맡길지 정하라. 상사 본인도 하기 싫은 일을 떠맡기고 괜히 생색만 내려 한다고 부하가 생각하게 해서는 곤란하다. 해서 주목받고 기꺼이 해볼 만한 일이라고 부하가 욕심내는 프로젝트를 맡겨라.

둘째, 누구who에게 맡길지 정하라. 모든 일이 그렇지만 권한위임도 적재적소의 인물을 고르는 것이 중요하다. 가령 사교적인 J과장에겐 마케팅 프로젝트를 맡기고, 내성적인 B과장에게는 홍보책자 제작을 일임하는 등 부하직원의 성격과 특기에 맞는 일을 시켜라. 업무를 바꿔줘야 할지, 능력을 채워줘야 할지 분별해 맡겨라. 부하에 대해 아는 만큼 권한위임도 잘할 수 있다.

셋째, 현재 상태whether를 봐가며 하라. 권한위임은 팔로워의 의지, 능력, 태도 등의 조직환경에 따라 정도와 강도가 달라질 수 있다. 남들이 좋다고 하니 준비도 교육도 없이 덜컥 했다가는 '이거 역시 안 되는군' 하고 서로 상처받아 원점으로 복귀하기 십상이다. 그보다는 강도를 점점 높여가는 운영의 묘를 발휘하라. 엄마가 아이의 모유를 뗄 때도 이유식에서 고형식으로 단계적으로 옮겨가듯이, 권한위임 방식도 업종, 직원의 스타일에 따라 다를 수 있다. 우리 조직에게 딱 맞는 권한위임 스타일은 몸담고 있는 리더와 구성원 자신이 가장 잘 알고 있다. 항상 최고보다 좋은 것은 최적이다.

넷째, 어떻게how 할지 정하라. 어떻게 일을 해나가는지 과정과 방법을 보여주고 어떻게 누구로부터 지원받고 조언을 얻을 수 있는지, 어떻게 타 부서와 협조할 수 있는지 등 중요사항은 일러주고, 미리 조정해줘야 한다. 권한에는 지원이 반드시 따른다. 권한을 주었으니 책임도 알아서 지라는 태도는 곤란하다.

다섯째, 목적지where를 알려줘라. 일이 지금 어느 방향으로 진행되고 있는지, 목표에 대해 책임감을 느끼도록 하는 것이 필요하다.

1,000개의 퍼즐을 맞추더라도 자기가 전체 그림 중 어느 부분을 맞추고 있는지 생각하며 할 때와, 무슨 그림을 맞추고 있는지 모를 때의 마음가짐은 다르다. 지금의 프로젝트가 어떤 역할을 하며 어떤 의미를 갖고 있는지 강조해 설명하라. 그래야 주인의식을 가질 수 있다.

여섯째, 시점when을 명확히 하라. 부하들에게 권한위임을 하고 나면, 그때부터 상사들은 생가슴을 태우기 시작한다. 자꾸 물어보자니 간섭하는 것 같고, 안 물어보자니 일이 제대로 되고 있는지 궁금하다. 이를 피하려면 일을 처음 맡길 때 아예 중간 보고시기, 마지막 보고시기 등을 분명히 정해주는 것이 좋다. 이와 함께 수행해야 할 기준과 평가기준을 함께 명시하고 부하들이 잘 이해했는지도 확인할 필요가 있다. 체크 횟수의 많고 적음보다 부하들이 더 힘들어하는 것은 느닷없음이다. 화장실 가다 갑자기 "저번에 맡긴 것 좀 가져와봐" 하지 말라. 그동안 참고 참은 공이 다 사라진다. 문득 생각나 돌발적으로 확인하고, 실망하고, 야단치고, 원점으로 회귀하는 악순환에서 벗어나 확인시기를 미리 정해놓자.

일곱째, 통째whole로 넘겨라. 되도록이면 프로젝트면 프로젝트, 과제면 과제를 통째로 맡겨라. 침 발라가며 조금씩 떼어주는 업무에 주인의식을 갖고 신나게 일하기는 힘들다. 먹다 남긴 음식 말고 새 음식을 줘라. 단, 초기에 방향이 잘못 나가지 않도록 충분히 논의해야 함을 잊지 말자.

그러나 여기서 잠깐! 다 주더라도 넘기지 말아야 할 리더로서의 필살기가 있다. 계획, 지시, 부하직원들의 동기부여, 실적평가, 고객과의 복잡한 협상, 채용과 해고, 경력개발 등 리더만의 권한이 그것이다. 예전에 무협지를 보면 이제 다 무술을 다 배워서 제자가 하산을 하다가 갑자기 돌아서 스승에게 칼을 날린다. 이제 나를 능가할 적은 단 하나, 바로 스승이란 계산에서. 그때 스승은 나뭇잎 하나로 막아내며, "이것은 내가 네게 전수하지 않은 마지막 무예다" 하고 말한다.

부하의 역량 강화를 위해 열성을 쏟고 권한을 이임하는 것은 중요하다. 하지만 자동차가 어떤 이에게는 문명의 '이기'이고 어떤 이에게는 '흉기'이듯, 권한위임도 마찬가지다. 부하가 불가사리 괴물이 되어 상사를 핫바지로 만들거나 뒤통수를 치지 않도록 하려면 확실히 준비하고 미리 통제장치를 마련하는 것이 당신을 위해, 그리고 그를 위해서도 반드시 필요하다.

하버드 대학의 크리스 아지리스Chris Argyris 명예교수는 권한위임은 만병통치약이 아니라는 것을 명심하라고 조언한다. 어느 정도 도입하고 또한 달성할 수 있는지, 서로의 영역에 대해 충분히 파악하고 있어야 한다. 일단 시작했으면 헛수고가 되지 않도록 해야 하지만, 필요없이 지나치게 시도하는 것도 바람직하지 않다. 변화의 주도권이 누구에게 있는지, 허용 가능한 범위의 변화를 명확히 하라.

리더의 자기희생, 담배 3개비의 법칙을 명심하라

《삼국지》에 유비의 유년 시절 일화가 있다. 늦가을 해질녘, 유비는 고향인 누상촌으로 가기 위해 제법 넓은 개울 하나를 건너야 했다. 주변에는 배도 사공도 없었다. 물도 차고 물살도 셌지만 할 수 없이 물을 건너기 시작했다. 유비가 개울을 거의 건넜을 무렵, 뒤쪽에서 한 노인의 목소리가 들렸다.

"이놈아! 나를 건네줘야지. 사공도 없는데 어떻게 건너란 말이냐."

기왕에 젖은 몸이니 좋은 일 한번 하자는 생각에 유비는 노인에게로 가서 그를 업고 다시 개울을 건넜다. 겨우 강기슭에 다다라 노인을 땅에 내려놓으려는 순간, 노인이 갑자기 생각났다는 듯 말했다.

"서두르는 바람에 보퉁이를 놓고 왔다. 다시 건너갔다 와야겠다."

유비가 혼자 가서 가져오겠다고 하자 노인은 자기만이 보퉁이가 어디 있는지 알 수 있다며 고집을 부렸다. 어두워지기 전에 고향에 당도해야 하는데, 노인의 생떼가 이만저만 난처한 것이 아니었다. 유비는 잠시 생각한 후 노인을 업고 묵묵히 다시 물을 건넜다. 결국 노인을 업고 그 늦가을 저녁, 추운 개울을 3번이나 왕복한 것이다.

짐을 찾고 겨우 개울을 건너서 강기슭에 당도하자, 노인이 유비에게 물었다.

"처음 나를 업어준 것은 그렇다 치더라도, 보퉁이를 가지러 가자고 했을 때는 어찌 그 수고로움을 참았더냐?"

그러자 유비가 말했다.

"그때 제가 그냥 가버리면 어르신을 업고 강을 건넌 애초의 수고마저 값을 잃게 됩니다. 그러나 한 번을 더 건넜기에 앞서의 수고로움이 2배로 셈 치게 되지 않았습니까?"

그 말에 노인은 "벌써 그것을 알고 있다니 놀라운 아이구나. 그게 선비들이 말하는 인의라는 것이다. 그걸로 빚을 지게 되면 10배를 갚고도 모자란다고 생각하고, 제 목숨을 돌보지 않고 일하게 된단다. 그것을 쓸 때는 네가 그것을 쓰고 있다는 것을 남이 알게 해서는 안 되느니라"고 일렀다.

하나를 잃지 않기 위해 둘을 버리느니, 둘을 얻기 위해 하나를 버리는 수고를 마다하지 않는 사고방식이 마음의 '품'이고 '깊이'다. 마찬가지로 리더의 영향력은 희생에 비례한다. 훌륭한 리더들은 적절한 때에 '2보 전진을 위한 1보 희생'의 헌신으로 베팅할 줄 안다. 그래야만 지위를 넘어 마음에서 우러나는 존경을 받을 수 있다.

자기희생에서 명심해야 할 것은 '담배 3개비의 법칙'이다. 이 법칙은 흡연자들 사이에 통용되는 것으로 자기희생에도 적용될 수 있다. 옆 사람이 다가와 담배 한 개비만 달라고 부탁한다. 대부분 선뜻 내준다. 두 번째로 와서 또 달라고 하면 다소 불만스런 표정으로 어쩔 수 없이 내준다. 세 번째로 와서 그것도 '돛대'까지 달라고 하면 버럭 화를 내게 되는 게 보통사람의 심리다. 이때 꾹 참고 돛대까지 내줄 때 감동과 감사는 배가되고 앞에 준 담배들도 효력을 발휘한다. 상사로서 부하에게 베풀기로 작정하면 마음, 시간, 지식 다 흠뻑 젖도록 줘야 한다. 잘나가다가 중간에 생색을 내거나 중도 포기하지 말라.

얼마 전 CEO들과 일반사원들이 모두 어울리는 모임에서 뷔페식으로 식사를 할 일이 있었다. 생선초밥, 갈비, 킹크랩 등은 어느 뷔페에서든 가장 먼저 동나는 음식이다. 뒤에 식사 줄은 장사진을 이루고, 일반사원들은 뒤에 누가 섰든 아랑곳없이 인기 음식들을 박박 퍼갔다. 반면에 CEO들은 뒤를 한번 보더니 인기 음식은 건드리지도 않고 밥과 김치 등 기본 음식 중심으로 뜨는 것이었다. 그것을 보며 사람이 자리를 만드는 것인지, 자리가 사람을 만드는 것인지 닭과 달걀의 문제이긴 하지만, 확실히 리더는 남다르구나 하는 생각을 했다.

리더가 '희생'이란 추상명사를 일상에서 보통명사로 실천해 보일 때 비로소 조직은 혁신된다. 서두칠 전 동원시스템즈 사장은 다음과 같이 설명했다.

“희생은 곧 열정입니다. 왜 영화 〈패션 오브 크라이스트Passion of Christ〉라고 있지 않습니까. 우리말로 ‘예수의 고난’이라고 번역되지요. 이것이 바로 일반의 인식을 보여주는 좋은 예라고 봅니다. 사람들은 열정passion을 ‘고난’이라고 생각합니다. 하지만 열정을 가진 사람은 목표를 향해 어떤 고난이 있더라도 기꺼이, 그리고 남보다 먼저 솔선 수범합니다. 말이 아니라 행동으로 드러나고, 희생을 통해 그 열정이 진실로 인식되고, 남에게도 저절로 전염되는 것이지요.”

최연 홍익대 경영학과 교수는 “리더십이란 조직구조 설계로 처리할 수 없는 불완전한 부분을 해결하는 수단”이라며 “조직설계는 항상 완벽할 수 없으므로 조직원들 중 누군가가 희생해서 그 불완전성을 막아야 한다. 리더가 그 역할을 선도적으로 맡아 희생할 때 조직은 살아 움직이기 시작한다”고 말했다.

좋은 리더에서 위대한 리더로, 사랑받는 리더에서 존경받는 리더로 발돋움하게 하는 것이 바로 리더의 자기희생이다. 자기희생은 리더가 가외의 일을 자발적으로 하는 것이다. 자기희생은 조직상황 하에서 업무분담, 보상분배, 권한행사에서 개인의 이익, 특권 혹은 복지를 포기하거나 연기하는 것으로 구분할 수 있다.

업무분담에서 자기희생이란 상대적으로 위험하거나 어려운 일을 자청해서 감당하는 것을 말한다. 보상분배 면에서 희생은 자신에게 분배될 금전적, 비금전적 보상을 포기하거나 미루는 것을 말한다. 권한행사에서 자기희생은 자기가 임의로 사용할 수 있는 자원과 권한 등의 사용을 자제하거나 포기할 때 발생하는 희생을 의미한다. 구성원들은 이 같은 희생을 보며 리더로서 자격을 갖추고 있음을 느끼고 희생에 보답해야겠다는 행동의지를 갖게 된다. 리더의 자기희생적 리더십으로 다져진 조직력은 위기시에 특히 빛을 발한다.

그렇다면 리더가 자기희생에 관한 담배 3개비의 법칙을 조직에서 적용하기 위한 구체적 방안은 무엇인가?

첫째, 권한을 희생하고, 부하의 방패가 되어주어야 한다.

여러 가지 희생적 행위가 있지만 부하들이 상사에게 가장 바라는 '기본적 희생'은 상사가 몸을 사리지 않고 책임짐으로써 자신들을 보호해주는 것이다. 일이 잘 진척되지 않을 때 원인을 알아보면 많은 경우 책임소재를 둘러싼 치열한 눈치공방이 이뤄지고 있다. "성공의 부모는 여럿이지만 실패는 부모가 없다"는 서양속담이 있다. 잘못했을 때 자신이 덤터기 쓰는 게 아닌가 하는 공포는 모든 부하, 아니 직장인의 공통된 걱정거리다. 이럴 때 상사가 부하들의 방패가 되어줄 거라는 신뢰를 심어줘라.

트루먼 대통령이 2차대전 당시 일본에 원폭투하를 결정하며 "모든 책임은 여기서 멈춘다"고 한 것처럼, 당신이 사후 책임을 자처할 때 부하들은 적극적으로 일에 나선다. 공功을 부하에게 돌리고 과過를 자신에게 돌리는 것이 '방패 리더'의 요건이다. 부하들이 움직이지 않을 때 과감히 "어쨌든 책임은 내가 질 테니 질러봐" 하고 말해보라. 같은 사람인가 의심할 정도로 달라지는 효험을 체험할 수 있을 것이다.

한나라 무제 때 중신 장탕張湯은 지혜를 갖고 사람을 부린 인물이다. 그는 판결문을 올릴 때 황제의 힐책을 받으면, 자기 부하 가운데 유능한 자의 이름을 들며 "실은 ○○가 폐하와 같은 취지의 의견을 제시했는데, 제가 그 의견에 귀를 기울이지 않았습니다"라고 과실을 자기에게 돌렸다. 반대로 칭찬을 받으면 "폐하, 이 판결은 신臣이 내린 것이 아니옵니다. ○○가 품신한 의견을 그대로 채용한 것뿐입니다"라고 부하를 드러내줬다. 많은 상사들이 부하의 공도 가로채는 마당에 이처럼 해주니 부하들이 마음으로 따르지 않을 리 있겠는가.

공공기관 층층시하의 기관장인 P이사장은 "외풍은 내가 막을 테니 직원들은 소신껏 일해라"라고 말하곤 한다. 이 같은 취지에서 가장 먼저 취한 조치 중 하나가 직원들을 감시하는 감사팀 신설 불허였다. 그는 직원들에게는 "나를 믿고 따르십시오. 책임은 내가 다 지겠습니다. 감사팀 없는 뒷감당은 제가 다 할 테니 열심히 일만 하십시오" 하고 자신감을 불어넣어줬다.

상부기관에는 "위임된 사항은 다 하겠다. 간섭은 하지 말라. 문제되면 그때 얼마든지 따져라. 감사팀이 없다고 해서 사고 나고, 있다고 해서 안 나냐? 없어도 사고 안 난다. 감사팀 인원에게 줄 예산 있으면 다른 더 급한 일부터 하자"고 설득했다.

부하들의 복지부동은 상부의 눈치를 보는 상사 탓이 더 크다. 옷 벗더라도 부하를 지켜주겠다는 각오를 갖고 임하라. P이사장은 2년 만에 다시 감사팀을 설치하긴 했지만 그의 외풍 막기는 부하들의 존경을 사는 데 큰 역할을 했다. 부하들에게 기꺼이 방패가 돼줘라. 옆의 갈등부서든, 위의 상사든, 당신의 방패가 든든할수록 부하들의 일 몰입도 강해진다.

둘째, 특권을 희생해야 한다.

좋은 것은 맨 나중에, 나쁜 것은 맨 처음에 하라. 특권을 포기하고, 가끔은 조직의 마이너리티가 되어보라. 오기 장군이 부하들의 신망을 얻을 수 있었던 이유는 전장에서 병사들과 똑같이 식량을 등에 지고 침식을 같이하며 특권을 주장하지 않았기 때문이었다.

월마트의 샘 월튼Samuel Walton은 자신의 집무실을 검소하게 한 것으로 유명하고, 철강왕 카네기Andrew Carnegie는 언제나 점심식사는 직원들과 함께 구내식당에서 했다. 그는 그 자리에서 직원들의 고충을 알게 되고, 또 그들로부터 중간관리자들이 보고하지 않는 유용한 정보도 얻게 된다고 말했다.

국내의 CEO들 중에서도 사장실이나 회장실을 건물에서 가장 외지고 볕 안 드는 '다크 사이드dark side'에 설치한다든가, 별도의 공간을 두지 않고 직원들과 함께 사무실을 쓰는 경우를 꽤 보았다. 그런가 하면 사무실 집기를 재활용 매장에서 갖다 쓰는 분도 있었다. 어쩌면 이벤트성 궁상이 아니냐며 백안시할 수도 있지만, 이들이 자신에게만 인색하고 부하들에게는 여유 있게 대한다는 점에서 궁상이라고 말할 수만은 없다.

C회장은 주차장 한구석에 사무실을 두고 있어 그 이유를 물었더니 "특별히 희생적 마인드라기보다는 고객이 차 타고 쉽게 방문하라는

접근성 때문에 그렇게 했다"고 답하기도 했다. P사장은 따로 사장실을 두지 않고 직원들과 사무실을 함께 쓰는 분이다. 혹시 불편하지는 않나 물어보니 그는 "불편하지만, 직원들과 소통에서 얻는 이로운 점이 그것을 상쇄하고도 남는다"고 답했다. 해마다 사장의 책상 위치를 바꿈으로써 역점 사업방향이 어디인지 암묵적으로 가리키는 등 나름대로 운용의 묘가 즐겁다는 이야기였다.

J여행사 대표는 가끔 회사 화장실 청소를 직접 하곤 한다. 그것도 고무장갑을 끼면 불편하다고 맨손으로 한다. 20대 때 팩시밀리와 책상 하나로 사업을 시작하던 초심을 잃지 않으려는 뜻에서다. L사장은 회사 내 영업차량을 모두 렌터카로 교체하기로 하고는 가장 먼저 자신의 차부터 바꿨다. 나쁜 것은 사장이 가장 먼저, 좋은 것은 가장 나중에 해야 영이 선다는 게 그의 평소 지론이다.

모 외식 프렌차이즈 전문업체의 J대표는 '서빙하는 대표'로 통한다. J대표는 매달 1주일 정도는 아무런 예고 없이 매장을 방문해 직접 접객 업무를 담당하는 서빙 직원으로 변신해 매장 직원과 똑같이 일한다. 매장의 한 직원은 "동료들이 말하지 않으면 아무도 대표님의 존재를 인식하지 못할 정도입니다. 대표님 특유의 눈웃음과 붙임성으로 고객들에게 인기도 좋아요"라고 말했다.

사무실 공유든, 화장실 청소든 상사가 '에헴' 하며 자신의 특권을 요구하지 않고 직원에게 희생하는 모습을 보이는 것은 열정과 감동으로 직원들에게 전파된다.

셋째, 보상을 희생해야 한다.

보상분배상의 희생은 자신에게 분배될 금전적, 비금전적 보상을 포기하거나 미루는 것을 말한다. 크라이슬러가 풍전등화의 위기에 몰렸을 때 연봉 1달러를 받고 기업의 회생을 위해 헌신했던 아이아코카Lee Iacocca가 좋은 예다. 그 이후 스티브 잡스 등 여러 경영자들이 잇달아 1달러 연봉 대열에 뛰어든 것만 보아도 보상분배에서의 희생이 구성원들에게 얼마나 큰 영향을 미치는지 짐작할 수 있다.

온라인교육 포털사이트 에듀스파가 직장인 414명을 대상으로 '당신의 CEO가 가장 즐겨하는 입에 발린 거짓말'을 설문조사한 결과에 따르면 대한민국 CEO들의 거짓말 1위는 전체 응답자 중 22%를 차지한 "조금만 참아라. 이 고비 넘기면 다 잘된다"였다. 2위는 "우리는 사람을 가장 소중하게 생각하는 회사다"(16.7%)가 차지했으며, "나도 최대한 많이 주고 싶다"(16.7%), "내가 자네를 각별하게 생각하는 거 알지?"(12.6%) 등의 거짓말이 상위권에 올랐다. 그만큼 리더의 자기희생에 대한 불신이 크다는 이야기다.

제갈정웅 대림대학 총장은 자신의 월급 중 일정 비율을 떼어 학생들을 위한 도서기증비로 쓰고 있다. K팀장은 본사로부터 지급되는 팀장 포상금을 개인적 용도로 쓰지 않고 직원들에게 격려금을 준다든지, 본인의 돈을 추가해 직원들에게 상품권을 선물하곤 한다. 단기적으로는 손해지만 사실은 신뢰투자로 복리가 되어 돌아오게 마련이다.

윌리엄 그리헤이William Greehey 발레로에너지 이사회 의장은 2007년 카타리나 폭풍으로 회사가 어려워졌을 때 직원을 구조조정하는 대신 정부보다 먼저 직원들에게 재해 지원금 1만 달러씩 지불했다. 그러나 맞은편에 있던 회사는 직원들을 위해 아무 일도 하지 않았다. 결과는 어떻게 달라졌을까? 상대 회사는 발레로보다 3주 늦게야 가동되었고, 그 손해비용은 직원 지원비를 뛰어넘었다.

리더의 희생이 감동을 낳고 감동이 조직몰입을 낳는다. 기꺼이 희생하라. 희생은 고난이 아니라 열정의 다른 말이다.

눈먼 상사는 있어도 강점 없는 부하는 없다

'계명구도鷄鳴狗盜', 닭 울음소리를 잘 내는 사람과 개 흉내를 잘 내는 좀도둑이라는 뜻의 고사성어로, 별 볼일 없는 재주를 가진 사람도 때로는 요긴하게 쓸모가 있음을 비유할 때 이르는 말이다. 제나라의 맹상군孟嘗君이 진나라에 들어가 소왕昭王에게 피살될 뻔했을 때, 식객 중 계명구도의 재주를 가진 두 선비 덕분에 위기를 면한 이야기에서 유래했다.

여기서 눈여겨 볼 것은 맹상군의 혜안이다. 만일 닭 울음소리, 개 흉내 잘 내는 '개인기'가 무슨 재능에 속하느냐며 문전박대했더라면 맹상군은 진나라에서 살아 돌아오지 못했을 것이다. 메이저리그에서 소용되는 재능뿐 아니라 마이너리그의 '재주 같지 않은 재주'도 달란트임을 인정하는 것이야말로 리더의 안목이다. 세상에 쓰이지 않을 재능은 없고, 그 재능을 제자리에 배치해주는 게 바로 리더의 몫이다.

부하의 타고난 재능을 키워주려고 노력하는 상사가 정말 강한 리더다. 자신의 성장을 도와주려고 하는 진정성을 보이는 상사를 마다하는 부하는 없다. 부하 잘못을 시시콜콜 들춰내 시정하고 꾸짖는 상사는 하수 리더다. 반면에 본인도 모르는 강점을 찾아 개발시키고 성장시켜주는 상사는 고수 리더다.

토끼를 용궁에 배치하고, 거북을 육지에 있게 하면 제 능력을 발휘하지 못할 것은 뻔하다. 어떤 사람이냐보다 그에게 어떤 일을 맡기느냐가 더 중요한데도 하수 상사들은 자신의 용인기술은 탓하지 않고 부하 실력만 탓한다. 부하에게 제대로 어울리는 일을 맡겨라. 부하의 강점을 파악하라. 그 천성을 잘 살려줌에 따라 조직의 성과에 큰 차이가 발생한다.

당나라의 문인 유종원柳宗元이 쓴 《종수곽탁타전種樹郭橐駝傳》에는 나무 잘 심는 노인의 비법이 나온다. 그 노인은 "내가 나무를 잘 자라게 할 수 있는 것이 아니라, 단지 나무의 천성을 잘 따라 그 성질을 이루게 할 따름이다"라고 말했다.

나이, 직위, 출신 등에 따라 차별하지 않고 부하들을 인격적으로 존엄성 있게 대하는 것은 관리자의 중요한 덕목이다. 하지만 이것은 리더의 선호도에 따라 부하들을 차별하지 말아야 한다는 것이지, 능력에 따른 구별도 하지 말라는 얘기는 아니다.

고수 상사가 되려면 부하에게 "무엇을 할 수 없는가"보다 "무엇을 잘할 수 있는가"를 물어라. 비즈니스 컨설턴트 마커스 버킹엄Marcus Buckingham은 "뛰어난 조직이라면 모든 구성원이 저마다 다르다는 사실을 인정할 뿐 아니라 그 차이를 조직의 목적에 맞게 이용할 줄 알아야 한다"고 주장했다. 양적 성과를 넘어 질적 성과를 이루고 싶다면 적재적소, 강점경영을 해야 하는 것은 리더의 의무사항이다.

그렇다면 강점경영을 하며 마음에 새겨야 할 것은 무엇일까?

첫째, 부하들을 과대평가하지 말라. 슈퍼맨은 없다.

흔히 진입장벽이 높은 조직의 리더일수록 이 같은 어리석음을 범하기 쉽다. 이들은 보통 '우리 조직에 들어올 정도의 인재라면 어떤 분야, 어떤 일을 시키든 다 할 수 있다'는 슈퍼맨 신조를 맹신한다.

모 공공기관의 P국장. 그는 일단 수백 대 일의 고시를 치르고 입사한 이상 능력은 다 비슷하다고 생각하는 사람이다. 부하들의 능력에 전폭적 신뢰를 보이는 것은 좋다. 문제는 적성을 고려하지 않은 평등주의자란 점이다. 늘 사리사욕에 치우치지 않는다는 그가 인사를 맡고 나서부터 직원들의 시름이 깊어졌다. 인사기간이 오래 걸리면 비리와 루머가 싹튼다는 신조를 가지고 있는 P국장이 적성무시의 인사를 전광석화처럼 해치우기 때문이다.

예전의 국장은 각자 원하는 부서 1, 2지망을 받아 이리저리 장고長考를 거듭했지만, P국장은 높은 경쟁률을 뚫고 합격한 우리 직원들의 실력이면 어느 부서에 배치해도 다 해내게 되어 있다며 부하의 지망과 적성에 상관없이 뺑뺑이 인사를 했다. 당연히 조직의 사기와 성과는 모두 떨어졌다.

예전에 모 대기업의 잘나가는 임원이 투신자살한 일이 있었다. 여러 설說이 분분했으나 그를 아는 지인들은 "연구 분야의 S급 인재에게 현장중심의 관리업무를 갑자기 맡겨놓으니 적응이 안 된 게 큰 원인"이라며 안타까워했다.

흔히 강점이라 하면 적성과 능력 등의 단종 평가항목으로만 생각하기 쉽다. 하지만 강점에는 습관, 태도, 성향, 가치관 등 개인차를 유발하는 관련 요인이 모두 다 포함된다. 부하의 강점 활용에서 명심할 것은 "능력 없는 사람은 없지만 발휘할 분야는 다르다"는 점이다. "요즘 똑똑하지 않은 사람이 없으니 교육 몇 시간만 받으면 다 하게 돼 있다"는 P국장의 이야기는 반만 맞는다. 할 수 있을지는 몰라도 뛰어난 성과를 내긴 힘들기 때문이다. 평균 이상의 성과를 내고 싶다면 부하들의 강점을 반영하고 육성하라.

둘째, 부하들의 능력을 과소평가하지 말라. 약점을 질책하기보다 장점을 개발하라.

부하 능력을 과신하는 경우 못지않게 강점경영에서 실패하는 이들이 바로 과소평가파다. 이들은 한결같이 "아, 나만 한 직원들이 없어. 어디 좋은 사람 없나? 나 같은 부하 10명, 아니 3명만 있으면 우리 조직이 날고 길 텐데" 하며 불평을 입에 달고 산다. 이런 생각을 품고 있으면 겉으로 드러내지 않아도 티가 난다. 부하들이 가진 능력 이상은 돌파할 수 없다고 먼저 한계부터 정해놓는다. 그래서 늘 불안하고 불만이다. 쓸 만한 인재를 구하기 힘들다는 것이다. 선진 경영사례를 이야기하면 한결같이 고개를 돌리며 "그건 할 만한 깜냥 있는 인재를 모았으니 가능한 얘기지, 우리 직원들로는 어림도 없다"고 손사래를 친다. 과연 그럴까. 진정한 강점경영은 부하들의 능력을 과소평가하지 않는 데서 출발한다.

부하의 약점을 약점으로 폄하하지 말라. 리사이클이 지구를 살리듯 부하의 '강점부활 리사이클링'이 조직을 살린다. 가령 사람들과의 관계에 종종 휘둘리는 부하가 있다고 하자. 그런 사람은 의사결정 등 중요 포스트에 배치하면 부정적인 영향을 미친다. 하지만 상대적으로 권한과 책임이 덜하지만 서비스가 중요한 자리에 배치하면 오히려 긍정적으로 작용하기도 한다. 한직에 모인 사람들의 상처를 추스르고 본인의 자존감도 회복할 수 있다.

지혜로운 사람에게 용기를 요구하지 말고, 용기 있는 사람에게 지혜까지 요구하지 말라. 오리에게 날 것을 요구하지 말고, 독수리에게 물에서 헤엄칠 것을 요구하지 말라. 그것은 상대에 대한 신뢰가 아니고 고문이다. 각자의 강점을 있는 그대로 살려줘라.

용인술用人術에서 백미는 바로 '폐물을 보물로 만드는 것'이라 정의할 수 있다. 적재적소에 배치하면 누군들 보물 아닌 사람이 있겠느냐는 마인드로 임할 때 구성원을 존중하게 되고 장점을 경영할 수 있다. 유능한 부하를 만드는 것도, 무능한 부하를 만드는 것도 모두 상사하기 나름이다. 각각의 장점을 파악해 인정해주면 알아서 제 몫 이상을 하게 되어 있다.

P사장은 30년 '인사통'으로 뼈가 굵은 경영자다. 그가 인사부장으로 있던 시절, 사고뭉치라 불리는 3인방 왕따 부하가 있었단다. 하나는 명문대 출신의 삐딱이, 또 하나는 집안배경만 믿고 유세부리는 철없는 도련님, 마지막으로 일은 잘하는데 대인관계 능력이 떨어지는 외톨이 직원이었다. 그는 각 부서가 서로 안 받으려 하는 이 직원들을 몽땅 떨이로 두말없이 받아야 했다. 우선 일 잘하는 외톨이 직원은 기획 업무를, 명문가 철부지는 인맥을 통한 문제해결과 위기대처 일을 시켰다. 명문대 출신의 불평쟁이에게는 할 일을 분명하고 정확하게 지시해줬다. 시시콜콜 근태에 대한 참견은 하지 않는 대신 정확하게 할 일의 범위와 내용을 지시해 퇴근할 때 반드시 보고하도록 했다. 매일 사고뭉치로 야단만 맞던 그들에게 일을 맡기고 그들의 눈높이에 맞춰 지시하고, 신뢰를 보이자 훨훨 날더란 것이다.

"누구라도 장점은 있게 마련입니다. 장점을 활용하면 당사자도 자신감과 긍지가 생기게 되어 있습니다. '저런 장점은 우리 조직과는 상관없는 거야' 하니까 자꾸 단점만 보이고 엇나가고 결국 적대적 관계를 형성하는 것이지요. 단점을 장점으로 재활용하는 게 바로 상사의 리더십 아닙니까. 장점을 개발하기 위해 단점을 참은 게 비결이었습니다. 쓸 만한 놈 하나 없다고 부하 흉보는 게 제일 못난 상사이지요."

강점경영에 실패하는 상사들은 대개 약점을 시정해 뭘 만들어보려고 한다. 그보다는 약점을 장점으로 바꾸는 게 더 효과적이다.

김성룡 교보문고 대표는 늘 부하에게 자기다움을 포기하지 말고 지키라고 조언한다. 김 대표는 자신이 '경청형' 리더로 자리 잡게 된 바탕자질 1순위로 '느린 말투'를 꼽았다. "자기다움을 개발하고 강화하는 것이 결국은 역량개발에 도움이 되지요. 저처럼 말이 느린 사람에게 무조건 빨리 말하라고 몰아붙이면 어떻겠습니까. 오히려 엉켜서 하던 말도 못하지 않겠습니까? 말을 천천히 하다 보니 말하는 동안 차분히 생각하게 돼 실수도 적고, 직원들이 제 말에 집중하고 빨려 들어오더군요. 동료와 후배들에게 말하기보다 들어주니까 소통이 잘되더군요. 저에게 상담도 하고, 하소연을 받아주니 친해지던걸요."

강점을 개발한다고 하면 으레 많은 관리자들이 엄청나게 큰 진단검사를 해야 한다고 생각하지만, 부하에 대한 세심한 관찰로도 얼마든지 가능하다.

나는 강점경영을 요철凹凸의 '올록볼록 경영'이라 표현하곤 한다. 올록볼록한 요철을 제대로 맞추면 환상이지만 오목한 곳을 오목한 곳에, 볼록한 것을 볼록한 것에 억지로 끼워 맞추려고 하면 어떻게 되겠는가.

만일 근무시간 내내 메신저만 똑딱거리거나 전화통을 붙잡고 놓을 줄 모르는, 오늘내일 잘릴지 모르는 저성과자 부하가 있다면 당신은 어떻게 대응하겠는가? 열불이 난다고 호통부터 치겠는가, 아니면 나 몰라라 포기하겠는가? 아니면 제발 나 좀 살려달라고 통사정을 하겠는가? 이런 '배 째라' 식 저성과자 부하일수록 야단발이 먹히지 않는 법이다. 이미 내놓은 사람이니 이대로 살겠다고 엇나가기 십상이다.

이 상황에서 강점경영의 용인술을 파악하는 것은 '전화수다'라는 재주 같지 않은 재주(?)를 살려주는 것이다. 마치 계명구도의 재간을 재능으로 업그레이드해 인정해준 맹상군처럼 말이다.

L부장이 쓴 방법은 외부 전화 받는 일 일체를 그 직원에게 맡긴 것이었다. 한때 자포자기식으로 전화 한번 잡으면 1시간이었던 부하는 이 일을 맡은 후로 날개를 달았다고 한다. 부서에 걸려오는 외부 전화를 책임지고 응대해 전화 친절서비스를 하고, 그것이 부서의 성과로 잡히고 인정받으면서 물 만난 고기로 몸 바쳐 일하게 된 것이다.

거기에다 수시로 공개석상에서 "다른 분들도 K직원한테서 전화 친절 응대매뉴얼을 배우세요" 하고 격려해줬다. 한때 충고도, 읍소도 먹히지 않았던 그 직원은 자신의 일에 매진하고 각종 아이디어까지 내놓으며 직장생활을 재미있게 할 수 있었다. 만일 그때 담당 부서장이 야단만 치거나, 포기하거나, 자기 방식대로 타이르려 했다면, 아마 이 같은 변화는 가져오지 못했을 것이다. 부하의 약점을 강점으로 재활용할 방법을 생각해보라.

셋째, 강점은 종합상품임을 명심하라.

강점경영은 능력, 적성, 지식 등의 요인의 단일 상품이 아니라 부하의 책임감, 성격, 습관, 가치관, 성장욕구, 직무에 대해 느끼는 의미성 등 모든 개인차 관련 요인을 포괄해 고려해야 하는 종합상품이다. 그렇기 때문에 부하에 대한 상사의 개별적인 관찰과 관심이 더욱 필요하다.

한나라 중신 장탕은 한무제가 중죄에 처하고 싶어 하는 안건인 경우에는 평소 엄하게 판결하는 부하에게 그 안건을 담당케 했다. 이와는 반대로 무제가 죄를 용서해주고 싶어 하는 안건인 경우에는 평소 유하게 판결을 내리는 부하에게 그 일을 맡겼다고 한다.

이처럼 적재적소 인재경영에서는 능력뿐 아니라 다양한 요인을 고려해야 한다. 예일대 교수 핵크먼은 직무특성화 이론을 통해 "고성장 욕구를 가진 부하뿐 아니라 성장욕구가 낮은 부하들도 100% 능력을 발휘하게 할 수 있다"고 주장했다. 욕구수준이 낮은 경우와 높은 경우 각각에 대하여 그들의 기호와 가치에 알맞은 직무를 제공하면 누구나 자존감을 갖고 열심히 일하게 된다는 것이다. 즉 도전적 일을 통해 성장하고자 하는 이에겐 다양한 기술과 직무중요성을 강조해 어려운 일을 맡기고, 안정적이고 확실한 업무를 편하게 여기는 구성원에겐 보다 단순한 직무를 제공하면 성과가 높아지더란 이야기다. 이렇게 할 경우, 성과의 질 면에서 평균 25% 이상의 증가, 15% 이상의 이직률감소 효과를 보인다는 연구결과가 나왔다.

강점경영을 하고자 할 때 관리자들이 겪는 딜레마 중의 하나는 재능과 태도의 균형 문제다. 재능은 뛰어나서 지금 당장 조직에 꼭 필요한데 태도가 나쁜 경우, 그 고민은 깊어진다. 어떻게 하면 그런 인재의 장점을 활용할 수 있을 것인가? 대부분의 리더들이 재능보다 인품을 중시한 데 비해 조조나 측천무후則天武后는 태도보다는 능력이란 강점을 높게 평가한 경우다. 이들은 덕행이 부족한 것도 상사가 다루기 나름이라고 판단하며, 덕이 부족한 사람은 자연히 욕망도 크기 때문에 이 점을 활용하면 효과적으로 부릴 수 있다는 입장이었다.

중국 유일의 여자황제 측천무후는 이의부와 허경종 등 시류에 영합하는 간신들을 자기 측근으로 삼았다. 주위 신하들이 경계해야 한다며 반대하자 이런 말을 했다.

"나는 그를 푸대접하지 않겠다. 이런 사람을 잘만 이용하면 나를 위해 목숨을 바칠 것이다. 바르지 못한 재능이라도 잘 다루기만 하면 여러모로 써먹을 수 있다. 충신에 대응할 수 있는 최고의 무기는 바로 이런 사람이 아니겠느냐. 그는 명예와 이익을 추구하고 나는 명예와 이익으로 그를 부릴 수 있으니, 이런 당근만 준다면 그가 고분고분하지 않을 수 있겠느냐."

과연 측천무후는 그 '시류영합' 인물들을 든든한 조력자로 둔 덕분에 권력을 장악할 수 있었다. 간신을 조력자로 중용하면서 이들이 성공할 수 있었던 비결은 그 사람의 재능을 사용하면서 다른 제도를 통해 그를 조절하고 견제하여 그의 나쁜 성격이 해를 끼치지 않도록 제어 시스템을 갖춘 데 있었다. 능력보다 태도를 중시해야 하는 게 일반적 선택이지만 부득이 위험한 선택을 해야 한다면 부하의 그 같은 면을 파악하고 견제장치를 확보하는 것이 필수다.

지금 인재난이라며 부하 탓만 하고 있지는 않은가? 심지어 간신도 든든한 중신으로 재활용한 측천무후를 참고해보라. 강점은 존재해서 보이는 것이 아니라 보려고 할 때 존재하는 법이다. 세상에 도움이 되지 않는 강점 달란트는 없다. 그것을 파악해 적재적소에 활용할 수 있느냐 없느냐의 차이만 있을 뿐이다. 부하 탓하기보다 부하가 잘하는 일과 잘할 것 같은 일, 강점을 발휘하기 위해 상사로서 지원해줄 일은 무엇인지 그것부터 생각해보라. 나만 한 인재가 없는 것은 부하 탓이 아니라 그들을 활용하지 못한 상사 탓이다.

강한 리더는 위기에 빛난다

"난세가 영웅을 만든다." 다시 말하자면, 리더의 능력은 위기에 빛난다는 뜻이다. 평화시에는 평범한 리더와 비범한 리더의 능력이 고만고만해서 별 차이가 없다. 하지만 위기 시에 리더의 능력 차이는 확연히 드러난다. 그런 점에서 위기야말로 바로 리더십 역량이 고스란히 평가되는 '진실의 순간'이기도 하다.

오불관언吾不關焉하며 천하태평이면 무책임해 보이고, 우왕좌왕하면 부하들이 불안해하고, 우두망찰 어찌할 바 몰라 넋 놓고 있으면 부하들은 불신한다. 자, 위기의 '쓰나미'는 닥치고, 직원들은 한없이 불안해하며, 고객의 재촉은 빗발치고 있다면 당신은 어떻게 할 것인가?

'팩트'는 신속하고 분명하게, 한꺼번에 전하라

위기에 봉착했을 때 많은 상사들이 범하는 오류 중 하나가 혼자 걱정을 떠안고 고민하는 것이다. 급기야 진퇴양난 궁지에 몰려서야 사실을 공개하거나, 아니면 조금씩 흘린다. 위기를 전달하는 방법으로서는 악수惡手다. 예전에 망나니가 사형수의 목을 벨 때, 사형수의 가족들은 망나니에게 '급행료'라는 것을 주면서 사형수의 목을 슬근슬근 베지 말고 단칼에 내리쳐달라고 부탁했다. 슬근슬근할수록 당사자에게 큰 두려움과 고통을 주기 때문이다.

나쁜 소식일수록 포 뜨듯 나눠 전하지 말고 사실 그대로를 정확하고 신속하게 한꺼번에 전하라. 혹시라도 위기상황을 그대로 전달하면 부하들이 동요하고, 상황을 더 악화시키는 것은 아닐까 걱정이 될지 모른다. 하지만 손바닥으로 해를 가릴 수는 없다. 부하들은 위기 그 자체보다 불확실한 상황을 더 두려워한다.

워렌 버핏은 조직에서 성공하려면 2가지만 잘하면 된다고 했다. 하나는 오너처럼 생각하는 것이고, 다른 하나는 나쁜 소식을 빨리 말하는 것이다. 페덱스의 창업자 프레드릭 스미스Frederic Smith 회장도 "직원들을 적이 아닌 동지로 생각한다면, 그들을 돌보는 최선의 방법이 설령 나쁜 소식일지라도 진실을 알려주는 것임을 알게 된다"고 말했다.

모 CEO는 불황으로 시달리는 건설사의 경영자로 외부 수혈되었다. 가자마자 그는 망해가는 조직 특유의 느슨한 분위기를 한눈에 느낄 수 있었다. 사정이 나쁜 줄 짐작은 했지만, 생각보다 심각했다. 경영수지가 엉망인 것은 차치하더라도, 구성원들의 사기가 형편없이 떨어져 있었다. 더욱 놀란 것은 전임 경영자에 대한 직원들의 원망과 원성이 하늘을 찌를 듯 했다는 점이다. 신임 경영자는 이취임식을 함께하며 전임 경영자에게 공로패라도 전달하고자 했으나 직원들은 그것조차 주기 아깝다며 반대할 정도였다.

그 이유는 무엇이었을까? 지속되는 경영악화에 대해 전임 경영자가 고민은 했으되 이를 직원들과 공유하지 않은 게 주원인이었다. 수지악화의 데이터를 시시각각 확인하고 수습책을 마련해야 하는 위치이다 보니 날로 늘어나는 적자에 걱정은 목을 차고 올라왔다. 하지만 같은 배를 탄 직원들에게는 정작 이 상황을 정확하게 전달하지 않았다. 혼자 삭이려니 끙끙 앓게 되고, 그 속도 모르고 태평인 직원들이 못마땅하고, 그러다 보니 직원들에게 점점 더 분통만 터트렸다. 정작 직원들은 사장의 표정을 보고 회사 사정이 나쁘다는 것을 짐작할 뿐, 구체적으로 어떤 상황인지는 몰랐다. 그러니 매일 오만상을 찌푸리며 별것도 아닌 일에 짜증내고 호통치는 사장이 미울 수밖에 없었다.

저간의 사정을 파악한 신임 경영자가 가장 먼저 한 일은 회사 제반의 수지 자료를 구성원들과 공람한 것이었다. 이를 본 직원들은 생각보다 심각한 상황에 깜짝 놀랐지만, 회사가 어떤 어려움에 닥쳤고 현재 어떻게 상황이 돌아가는지에 대해서는 정확히 직시할 수 있었다.

위기에 대처하기 위해 직원들이 바짝 정신 차리기를 원하는가? 그렇다면 정보를 신속하고 투명하게 공개하라. 위기라고 막연히 짐작하는 것과 눈으로 직접 확인하는 것은 하늘과 땅 차이다. 불안한 분위기만 모호하게 조성하지 말고 정확하게 데이터를 접하게 하라. 그렇지 않으면 구성원들은 "도대체 우리더러 뭘 어쩌라는 거야" 하며 불만은 불만대로 쌓이고 몸 사리기에만 급급하게 된다.

직원들이 알아봤자 무슨 도움이 되겠느냐고 지레 판단하지 말라. 바로 그런 장막 치기가 직원들의 적극적 참여의식과 고통분담의 의지를 꺾는다. 투명하고 신속한 소통은 직원들의 불안 심리를 완화시켜줄 수 있다.

또한 조직 내 신뢰를 회복하기 위해서라도 특히 투명한 소통이 필요하다. 리더와 직원들은 대화라는 수단을 통해 회사와 개인, 공동의 이해를 위해 앞으로의 상황을 예상하고 진단할 수 있다. 이는 해결책이라는 생산적 결과를 가져다준다.

익히 알다시피, 위기일수록 '카더라 통신'이 판치기 쉽다. 시간이 지나면서 루머가 근거 없는 뜬소문이 아니라 사실로 밝혀질수록 조직 분위기는 수습할 수 없는 지경에 이른다. 어차피 알려질 것, 숨기지 말고 루머의 진위 여부, 위기의 정확한 정도를 확실하게 말해라. 우리 회사의 소식을 언론이나 한 다리 건너 제삼자를 통해 듣게 하지 말라. 위기에 따른 비용 절감과 인원감축 조치가 불가피하다면, 그 배경과 기대 효과 등을 구체적으로 밝혀라. 그래야 막연한 불안감에서 벗어나 직원들은 리더를 믿고 따를 수 있다.

리더로서 자신감을 보여주어라

파부침주破釜沈舟와 해하가垓下歌. '파부침주'는 솥을 깨뜨리고 배를 가라앉힌다는 뜻으로, 싸움터로 나가면서 살아 돌아오기를 바라지 않고 결전을 각오한 굳은 결의를 비유적으로 이르는 말이다. 진나라를 치기 위해 거록으로 출병한 항우는 전군을 이끌고 장하를 건넌 후에 배를 모조리 침몰시키고는 그것으로도 모자라 단 사흘치의 식량만 남긴 채 모든 그릇을 깨뜨리고 군영을 불태워버리도록 했다. 필사의 각오로 전투에 임하자는 뜻이었다. 과연 병사들은 출진 명령과 함께 무섭게 적진을 향해 돌진했고, 결국 9번을 싸워 9번을 이겼다. 반면 '해하가'는 항우가 해하垓下에서 한나라 고조에게 포위되었을 때 형세가 이미 기울어져 앞날이 다한 것을 슬퍼하며 지은 노래다. 같은 리더인데도 위기에 직면한 자세가 천양지차다.

파부침주를 단행한 거록에서는 기개가 넘치는 반면, 해하가를 부른 해하에서는 좌절의 애조가 넘친다. 항우가 "힘은 산을 뽑을 만하고 기운은 세상을 덮을 만했건만, 때가 불리해 준마도 달리지 않으니 어쩌면 좋단 말이냐, 어쩌면 좋단 말이냐" 하며 탄식할 때는 파부침주를 결단했던 이와 같은 인물이었는지 의심이 들 정도로 애절하기 그지없다.

항우가 위기상황에 대면해 패배했다고 스스로 재도전의 의지를 잃고 좌절하자, 부하들은 산지사방 흩어졌고 패배는 기정사실화될 수밖에 없었다. 후에 당나라의 시인 두목杜牧이 "강동의 젊은이 중에는 준재가 많으니, 흙먼지 일으키며 다시 쳐들어왔다면 어찌되었을까" 하며 아쉬워할 정도로 아까운 포기였다. 위기와 역경에 임하는 리더의 자신감이 얼마나 중요한가를 보여주는 역사적 사례다.

항우의 자신감 넘치는 '파부침주'는 닛산자동차의 CEO 카를로스 곤Carlos Ghosn의 '불타는 갑판론'을 연상시킨다. 침몰 직전의 닛산자동차에 취임하면서 그는 임직원들에게 "닛산은 침몰하는 배다. 우리는 불타는 갑판 위에 있다. 살기 위한 선택은 단 하나, 바다에 뛰어드는 것뿐이다"라고 외치면서 모두가 위기를 현실로 체감케 했다. 그리고 위기상황을 전달하는 동시에 명쾌하면서도 쉽게 달성할 수 있는 목표를 설정해줌으로써 모든 구성원이 희망을 갖고 나아가게 했다.

그저 "불이야!"를 외치고 비상구가 어딘지 모른다고 하면 일대 혼란이 빚어질 게 뻔하다. 출구가 보이지 않는다고 생각하면 직원들은 자포자기하거나 자신들의 활로를 찾기 위해 뿔뿔이 흩어져 조직의 붕괴를 가져올 것이다.

리더가 이처럼 정확한 위기전달과 함께 보여줘야 할 것은 역설적이게도 '자신감'이다. 두 가지가 얼핏 모순돼 보이지만, 리더가 자신감을 드러내는 것은 구성원들의 불안을 잠재우기 위해 필수적이다. 근거 없는 낙관은 허장성세지만, 정확한 목표와 역할에 대한 책임감으로 무장된 자신감은 조직을 위기에서 구출한다.

《삼국지》의 영웅 조조도 위기상황에서 자신감을 드러내는 데 능란했던 인물이다. 평소에 조조는 눈물이 많은 사람이었다. 하지만 전쟁에 패하거나 치욕을 당할 경우에는 결코 눈물을 보이지 않았다. 울분과 굴욕을 삭이며 울음을 참았다. 도리어 기개를 드러내며 밝고 힘찬 모습을 보였다. 나아가 출전을 저지했던 사람들을 찾아가 포상하고, 패배요인을 분석해 참고자료로 삼았다.

위기상황에서 리더는 조직이 어디로 나아가야 하며 개개인에게 무엇이 요구되는지를 명확히 해줘야 한다. 그리고 이를 위해 리더부터 나서서 책임지겠다는 자세를 분명히 보여줘야 한다. 비록 앞날을 예측하기 힘들더라도 리더가 앞장서 행하라. 이 같은 자신감은 먼저 책임지겠다는 의지와 부하들을 믿는다는 신뢰감으로 표출된다. '너만 물에 빠져라'가 아니라 '같이 빠지자'는 것이다. 아니, 먼저 빠지는 용기를 보여줘라. 그리고 구성원들이 물에서, 위기에서 나오기 위해 꼭 해야만 하는 일이 무엇인지 분명히 해줘라.

K부장은 회사가 난국에 처해 월급도 제대로 안 나오는 상황에서도 부하들의 생일을 챙겨주며 처진 어깨를 위로하곤 했다. 동료 부장들이 "젊은 너희들이 어렵다고 하면 난 오죽하겠냐? 학비 들어갈 자식들이 줄줄이 있는데, 나에 비하면 너희들한테는 아무것도 아니지 않아?" 하며 나 몰라라 하는 것과 대비됐다. 결국 K부장의 위기관리 리더십은 회사 밖에서도 좋은 평가를 받아 더 좋은 조건으로 스카우트되는 계기가 되었다.

그러나 지나친 격려나 허장성세는 곤란하다. 어떤 상사들은 분위기를 진작시켜야 한다는 책임감 때문에 회식자리라도 많이 만들어 부하를 다독여야 한다는 강박감에 짓눌리기도 한다. 하지만 부하들의 마음은 다르다. 구조조정에 들어갔던 한 회사의 평직원은 이렇게 토로한다. "부장님은 동기부여에 필요하다고 생각했는지 모르겠지만, 걸핏하면 기운내보자고 회식하는 것도 스트레스였습니다. 회사는 가뜩이나 초상집 분위기인데, 퇴근하고 나서까지 한숨 쉬는 자리에 서로 얼굴 맞대고 있는다는 게 고역이었지요. 고문이란 생각이 들 정도였습니다."

어려운 형편에 술 마시고 회식한다고 사기가 높아지지는 않는다. 그것이야말로 상사의 착각이다. 만일 분위기 반전을 통한 동기부여가 필요하다면, 회식자리보다 차라리 교육의 기회를 마련하는 게 한결 효과적이다.

김기용 카길코리아 회장은 불안감이 팽배할 때 오히려 교육 지원을 하는 것이 직원들에게 열정과 용기를 불어넣는 데 효과적이라고 지적했다. "IMF 금융위기로 대부분의 기업이 교육개발에 대한 투자를 줄였지요. 하지만 저희는 오히려 그때가 가장 적은 비용으로 훌륭한 인재를 육성할 절호의 기회라고 생각하고 더 집중적으로 인재개발에 투자했습니다." 그의 긍정적 열정과 기운은 직원들의 기를 살려줬고, 결국 위기란 말이 무색할 정도로 조직성장의 밑거름이 됐다.

위기일수록 리더의 자신감을 보여줘라. 당신 스스로를 믿고 부하들을 신뢰하라. 그리고 그것을 실행하라. 자신을 믿는 상사가 부하의 신뢰도 받을 수 있다. 위기를 직원들에게 제대로 알리고 해결책을 자신감 있게 제시해 함께 수습해나가는 것은 부하에 대한 리더의 기본 예의다.

PART 3

솔직한 리더보다 사려 깊은 리더가 돼라

작은 설득 한 끗 차이가 충성을 낳는다

상사살이보다 부하살이가 더 고되고 힘들다. 직장생활에 어느 정도 연륜이 있다면 이 말에 하나같이 동의할 것이다. 혹자는 "상사 시집살이가 힘들 때는 머리가 허옇게 셌는데, 부하 시집살이가 힘들 때는 머리카락이 한 움큼씩 빠진다"고 말한다. 대체로 상사의 수보다는 부하의 수가 더 많다. 그러다 보니 말도 많다. 상사에게 야단맞으면 물론 괴롭다. 하지만 나와서 다시 생각해보면 이해가 가는 일이기도 하다. 그런데 부하들을 야단치면 그들도 내 마음을 이해해줄까? 절대 아니다. 오히려 뒤에서 자기들끼리 수군대는 소리에 일이 손에 잡히지 않는다. 갈수록 뒷방 늙은이로 내쳐지는 것 같아 은근히 외로워지는 게 상사들의 솔직한 심경이다.

그러나 이것이 다 부하 탓은 아니다. 알고 보면 그들을 휘어잡지 못하는 상사 탓이 더 크다. “나 때는 말이야” 하며 부하들로 하여금 무조건적인 복종을 요구하지는 않았는가? 강제적인 복종은 부하들의 반발심만 부추길 뿐이다. 그렇다면 그들을 내 사람으로 만드는 ‘부드러운’ 비결은 없을까? 자, 부하 설득의 3가지 전략을 알아보자.

역지사지의 법칙 : 감정이입하라

입장을 바꿔 생각하면 상대를 이해하기 쉽다. 역지사지, 이 진부한 진리가 바로 직원들의 마음을 사로잡는 비밀병기다. 부하직원에 대한 공감의 주파수를 맞추면서 신뢰관계가 형성되면, 그다음부터 조직은 훨훨 날아오르게 되어 있다. 반면 서로 ‘어차피 너는 너, 나는 나’ 하는 식으로 통하지 않는다고 생각하면 조직은 ‘당나라 군대’, ‘콩가루 조직’의 각개전투판이 되기 십상이다.

“월급 주는데 열심히 일하는 게 당연하지”라고 당위론만 내세우지는 않는가? 이렇게 말하는 상사들은 자신의 설득방법에 어떤 허점이 있는지는 생각지 않고 부하직원만 들볶는다. 발이 아파서 한 발짝도 걷지 못하는 병사에게 “저 멀리 알프스 정상에 올라가자”고 아무리 고함치고 채찍질해봐야 소용 있겠는가. 병사의 아픈 발을 보듬으며 반창고라도 붙여주는 관심을 보여야 비로소 병사의 눈에 흰 눈 덮인 알프스가 들어오고, 오를 마음이 생긴다. 내 처지를 알아준다는 진정성이 확인될 때, 나의 아픔을 헤아려주고 구체적으로 반응해줄 때 부하들은 리더에게 열광한다.

일찍이 다윈은 "감정이입empathy은 자연이 내린 여러 연장 가운데 생존을 위한 강력한 보조물"이라 했다. 비단 개체뿐이랴, 조직의 생존에도 감정이입 능력은 필수적이다. 레이건 대통령의 보좌관이었던 존 시어즈John Sears는 "훌륭한 대통령은 대부분 개인적인 비극이나 고통을 통해 감정이입을 배웠다. 실패와 좌절을 겪고 다시 일어서는 과정에서 그들은 성숙한 영혼을 만들어 교만하지 않은 자신감을 갖고, 신뢰감을 부여하는 그 무엇을 얻을 수 있었다"라고 말했다.

웨스트포인트 사관학교 동기인 아이젠하워 대통령과 맥아더 장군. 학창 시절 아이젠하워는 최하위 열등생이었고, 맥아더는 최상위 우등생이었다. 한때 아이젠하워는 맥아더의 부관을 지낸 적도 있었다. 그러나 인생의 중반에 와서 판세가 역전된 이유는 바로 '배려지수'의 차이 때문이었다. 맥아더는 곧이곧대로 하는 교과서적 인물이었던 반면, 아이젠하워는 구성원들을 배려할 줄 알았다. 일례로 그가 컬럼비아 대학 총장으로 재직하던 시절, 학생들이 숱하게 밟아서 잔디밭이 남아나지 않았다. 교직원들이 그들을 무더기로 징계해야 한다고 주장하자 아이젠하워는 차라리 잔디밭 사이로 길을 만들라고 했다. 학생들의 니즈를 읽었다는 뜻이다.

공감은 무조건 덮어버리는 것도, 무조건 동조하는 것도 아니다. 덮어버리는 말은 자칫 상대로 하여금 자신의 감정이 무시당한다고 느끼게 할 수 있고, 그렇다고 그와 완전히 빙의돼 똑같이 흥분하고 욕하는 것은 유용하지 않다. 순간적 카타르시스만 느낄 뿐, 괘씸한 마음은 여전히 그대로 남아 있기 때문이다.

진정한 공감은 상대의 마음을 읽고, 보듬어주며, 나아가 도와주기까지 하는 것이다. 사람들의 표정과 말 사이의 행간을 읽는 것뿐 아니라 그들의 마음속으로 들어가 실제로 그들이 어떻게 보고 느꼈는지를 편견 없는 열린 마음으로 관찰하는 것이다. 자식을 사랑하는 엄마는 아이 몸에 땀띠가 나기 전에 미리미리 여름옷을 챙겨놓는다. 그처럼 직원이 요구하기 전에 미리 챙기고 어루만져줘라.

양병무 재능교육 사장은 시詩를 통해 직원들과 교류하는 경영자로 유명하다. 그는 사내 홈페이지를 통해 직원들 저마다의 노고에 대한 고마움과 위로를 시로 전달했다. 사생활을 반납하면서까지 성과를 올리기 위해 애쓰는 직원들의 애타는 마음을 달래주고, 더불어 성과가 나지 않아 조급해하는 이들의 마음고생도 보듬어주었다. 이러한 과정을 거치면서 그는 부임한 지 얼마 되지 않아 직원들에게 쉽게 동화될 수 있었다.

손연기 국가정보위원회 전략위원은 운전기사가 좋아하는 음악을 자신의 USB에 담아둔다. 차 안에서 자신뿐 아니라 기사가 좋아하는 음악도 함께 듣기 위해서다. 이 또한 리더의 작은 배려다.

당장의 불편과 불리함을 감수하고 상대를 배려하는 게 역지사지의 본질이다. 우선은 간단히 주위 사람들에게 감정이입을 해보면 된다. 상황을 읽고, 사람을 보고, '나라면?' 하고 입장 바꿔 생각해보라. 상대가 비즈니스 파트너든, 상사든, 아니면 부하든, 그를 관찰하라. '나라면 이렇게 할 텐데 도대체 왜 안 따라오는 거야'라고 답답해할수록 직원들은 당신의 페이스에 들어올 것을 거부한다. 왜? 그는 당신이 아니기 때문이다. 그러니 '내가 저 사람이라면 그럴 만하겠군' 하며 마음을 읽어줘라. 다른 사람의 신발을 신는다는 것은 힘들고 불편한 일이다. 하지만 한 번만 더 입장을 바꿔 생각하고 헤아려라. 역지사지에 능숙해질수록 당신의 영향력은 강화될 것이다.

역지사지와 공감이 왜 중요한지 강조하다 보면, 상사나 부하 모두의 입에서 "누군들 안 하고 싶나, 하려고 해도 잘 안 되는 걸 어쩌라고" 하는 볼멘소리가 나온다. 아무리 역지사지하려고 해도 결국은 이기주의를 버리지 못하겠다면 이런 방법을 써보는 것은 어떤가?

먼저 앞서 설명한 '이이제이以夷制夷'다. 문제직원을 설득하려면 그와 비슷한 사람을 먼저 만나라. 그와 이야기를 나눠보면 문제직원에 대한 감정이입에 기대 이상의 큰 도움을 얻을 수 있다.

또 다른 방법은 '모방'이다. 부하의 의중을 읽고 싶다고? 그런데 알기 힘들다고? 그렇다면 미국의 소설가 에드거 앨런 포Edgar Allan Poe의 말을 참고해보라. "나는 사람들이 얼마나 선하거나 악한지를 알고 싶을 때 혹은 지금 그가 어떤 생각을 하는지 궁금할 때, 되도록 정확하게 그 사람의 표정을 흉내 낸다. 그러고 나서 내 머리와 마음이 어떤 생각과 느낌이 생기는지를 살핀다."

아는 만큼 이해하고, 좋아하는 만큼 닮아가고, 함께하는 만큼 본뜨게 돼 있다. 이는 과학적으로도 입증된 사실이다. 이탈리아 나폴리 제

2대학의 루이지 트로자노Luigi Trojano 박사팀에 의하면 외부 자극에 전혀 반응하지 못하는 감금증후군locked-in syndrome 환자들은 타인의 감정을 잘 읽어내지 못한다고 한다. 상대방의 표정을 따라 하지 못하기 때문이다. 이를 뒤집어 생각하면, 닮은 표정을 지으면 감정이입을 하기 쉽다는 뜻이 된다. 융합이 잘되는 상사와 부하, 금슬 좋은 부부는 어딘가 느낌이 비슷한데, 바로 같이 웃고 울며 동고동락한 결과다.

그러니 전적으로 상대의 입장에 서는 것이 힘들다면 모방 혹은 빙의라도 하라. 이처럼 상하의 눈물겨운 노력에서 역지사지의 공감은 싹튼다.

본말전도의 법칙 : 기대와 결과를 도치하라

"네가 잘하면 나도 잘해주겠다"라든가 "내가 이만큼 해줬으니 너도 이만큼 보답하라" 혹은 "열심히 하면 믿어줄게" 식의 조건제시성 인과응보 커뮤니케이션은 백전백패다. 속 보인다고 밉보이기 십상이다. 강한 리더는 그보다 "열심히 일하는 여러분, 참 대단하고 믿음직스럽다"고 먼저 신뢰부터 표한다. 이처럼 일의 원인과 끝을 도치시키는 본말전도 법칙을 써보라. 고마움과 신뢰를 먼저 표하면서 상대를 감동의 도가니에 흠뻑 빠지게 한 다음, 기대치를 요구하라.

말의 순서만 살짝 바꿔도 감동의 크기는 하늘과 땅 차이로 갈린다. 조건을 걸지 말고 신뢰부터 표하라. 어순을 달리하면 생각의 순서까지 함께 바뀐다. 바라는 바末를 현실처럼 미리 말하고, 그다음에 부탁사항本을 말하라.

내가 모 화학회사의 교육행사에 참석했을 때의 일이다. 그룹 내 팀장 부부들을 초청하여 1박2일 간의 일정으로 진행됐는데, 방마다 부부를 위한 과일바구니가 배달되고, 참가자 중 몇몇은 신혼여행 이후 부부가 여행하기는 처음이라고 할 정도로 분위기가 들떠 있었다. 행사 중 K부회장의 인사말이 있었다. 나는 자못 긴장했다. 이런 좋은 자리를 마련했으니 이제부터 열심히 일하라고 장광설을 늘어놓지는 않을까? 결론부터 말하면 나의 기우였다.

"여기 이 자리에 모이신 사우 여러분은 이미 국내 베스트를 넘어 월드 베스트 수준입니다. 너무 열심히 일해주시는 여러분을 위해 회사가 어떻게 보답해야 할지 몰라 오늘 이 조촐한 감사의 자리를 마련했습니다. 여러분의 열정에 보답하기에는 부족하지만 이 자리를 즐겨주시면 감사하겠습니다."

K부회장의 인사말이 끝나자마자 나는 재빨리 장내를 훑어보며 직원들의 반응을 살폈다. 모두들 감동한 표정이었다. 만일 K부회장이 "여러 가지 어려운 경제상황에서 회사에서 예산을 들여 여러분을 위해 애써 좋은 자리를 만들었습니다. 여러분도 그 뜻을 헤아려 앞으로 열심히 일해주십시오" 하고 말했다면 어땠을까. 아마도 직원들은 '에이, 또 그 소리' 하며 분발하고 잘하려고 했던 마음마저 뚝 날아가버렸을지 모른다.

부하직원이 제대로 안 한다고 닦달하거나 채찍질만 하지 말고, 당신이 바라는 바가 이미 이루어진 것처럼 감사의 멘트를 날려라. 어순을 도치해보면, 당신의 말이 그들에게 얼마나 효과적으로 먹히는지 실감할 수 있을 것이다. 직원들에게 "해는 지려 하는데 갈 길은 멀도다" 하며 시간도 없는데 목표를 향해 서두르라고 몰아붙이면 오히려 기만 꺾인다. 그보다는 "고지가 바로 저기인데, 조금만 더 가면 돼" 하며 지금까지 해온 작은 성공스토리에 대해 상기시켜라. 목표가 바로 코앞이라고 격려해줘라. 그럴 때 상사의 리더십은 배로 증가한다. '아직'이란 말로 채찍을 쓰지 말고, '이미'라는 당근으로 용기를 줘라. 이미 잘 달리고 있다고 생각하면, 가속도가 붙을 수밖에 없지 않겠는가?

선사후공의 법칙 :
사적 목표와 조직의 목표를 연결하라

업무처리에는 선공후사가 엄정하게 지켜져야 한다. 하지만 적어도 리더가 구성원들과 커뮤니케이션을 할 때는 선사후공先私後公이 절대적으로 필요하다. 이利는 가깝고 의義는 먼 법이다. 대의명분의 총론이 아무리 좋더라도 각론의 이익이 분명하지 않으면 부하들을 움직이게 하기 힘들다. 사적인 공감대가 형성되지 않은 상태에서 목표달성에 대해 아무리 말해봤자 리더의 목만 아플 뿐이다. 그들이 받을 직접적 이익을 명확히 규정해 알기 쉽게 설명해줘라.

직원들이 일을 열심히 안 하는 이유는 조직의 비전이 자신과 매치되지 않기 때문이다. 이때 필요한 것은 "비전 참 좋은데, 참 좋은데" 하며 가치만 강조할 것이 아니라 개인에게 왜 좋은지 뚜렷하게 연결시켜주는 일이다. 실적을 달성할 것을 독려하기보다, 실적을 달성한 후 달라질 모습을 그려줘라. 자신이 한 일이 회사의 어떤 부분에 실질적인 도움이 되었는지, 어느 부분에 기여하였는지를 시각화, 수치화하여 보여줘라.

강한 상사는 부하에게 돌아갈 이익과 조직의 목표를 연계시켜 설득하는 데 능하다. 그것이 자신에게 도움이 된다는 것을 깨달으면 부하는 당신의 감시 없이도, 지시 없이도 알아서 움직인다. 그것이 자신을 위한 일이기 때문이다. 명분이 좋다고 목청 높여 지시하고 혼자 북 치고 장구 치며 애 끓이지 말라. 그 시간에 부하들의 이익과 조직 비전의 접점을 찾아내라.

엘리아 크럼Alia Crum과 엘런 랭어Ellen Langer는 호텔 객실청소 직원과 그들의 운동습관에 관한 주목할 만한 연구를 발표했다. 연구 초반에 실시한 설문조사에서 청소직원의 67%가 규칙적인 운동을 하지 않는다고 대답했다. 이들을 두 그룹으로 나누어 A그룹에게는 일상적 노동이 구체적으로 얼마만큼 운동이 되는지 설명해주었다. B그룹에게는 운동효과를 설명해주지 않고, 그저 운동하는지만 물었다. 2개월 후 어떤 결과가 나왔을까? B그룹에서는 4주 후 몸무게의 변화가 거의 없었던 반면, A그룹 직원들은 평균 2kg의 감량효과가 있었다. 자기가 맡은 공적 업무가 개인적 이익과 어떻게 연결되는지 설명해주었느냐 여부에 따라 결과가 확연히 달라졌던 것이다.

부하들에게 어떤 득이 되고 어떤 동기부여가 되는지 정확히 콕 집어 이야기해주면, 같은 말이라도 효과는 분명 커진다. '아' 다르고 '어' 다르다는 것은 단지 듣는 사람 맘 상할까 봐 에둘러 표현하라는 완곡어법이 아니다. '이익'과 '대의'의 접점을 설명해줄 때, 부하들은 알아서 일한다.

네트워크 병원그룹을 경영하는 S회장이 있다. 월요일마다 직원조회를 하고, 목이 아프도록 회사의 비전을 설파했다. 그뿐인가. 사시社是는 컴퓨터 바탕화면이며 책상이며 벽이며 가리지 않고 붙여놓았고, 눈 닿는 곳 어디에든 사훈을 써 붙였다. 하지만 직원들은 우이독경, 마이동풍이었다. 전국 각 지역에 흩어져 있는 수십 개 체인점의 직원들을 일일이 쫓아다니며 훈계할 수도 없고, 눈 돌리면 딴생각하는 이들을 잡아놓을 방법은 무엇인가? 성과에 따른 인센티브 보상도 반짝 효과지, 그다음부터는 한계가 있다. S회장은 머리를 싸매고 고민했다. 그때 문득 떠오른 생각이 바로 선사후공이었다. 그는 조직의 목표를 웅변하면서 직원 개인의 목표를 각개격파로 챙기기 시작했다.

"L씨, 당신의 10년 후 꿈은 무엇입니까?" 직원이 눈치를 보더니 쭈뼛쭈뼛 대답했다. "퇴직해서 제 이름으로 작은 가게라도 하나 차리는 게 꿈입니다." 예전 같으면 "그렇게 딴생각하니 병원에서 일이 서투르고, 실수가 많은 것 아니냐"며 호통 쳤을지 모르지만, S회장은 마음을 가다듬고 선사후공을 새겼다. 그리고 차분하게 질문을 이어나갔다.

"아, 좋은 계획을 가지셨군요. 그렇다면 L씨가 10년 후 본인의 점포를 가지기 위해선 지금부터 어떻게 준비를 하는 게 좋을까요? 그 돈을 마련하려면 지금부터 얼마는 저축해야 하지 않겠습니까?"

그 말을 들은 직원은 눈을 반짝거리며 문득 무릎을 쳤다. 회사 일을 열심히 하는 게 자신의 목표와 분리된 게 아니라 조기달성하는 지름길이라는 깨달음을 드디어 얻었기 때문이다. 선사후공 방법으로 S회장은 그 후 한결 여유로워졌고, 직원들 또한 회사의 일을 자신의 일로 여기며 신명나게 일하고 있다고 한다.

강한 리더들은 회사의 목표를 개인의 목표와 연계해 설명할 줄 안다. 조직원들에게 뜬구름 잡듯이 비전을 제시하지 말라. 그것이 조직원의 삶에 어떤 이익과 행복을 가져다줄 수 있는지 구체적으로 말하라. 감시하지 않고서도 직원들 스스로 능력 이상의 일을 하겠다고 마음먹게 하려면 먼저 그들의 꿈을 읽어라. 무턱대고 '저 높은 곳을 향해'를 외치지 말고, 부하의 입장에서 조직의 목표를 재해석해주고 따뜻하게 격려해줘라. 선사후공의 법칙을 모르고서는 비전은 모래 위 누각일 뿐이다.

솔직과 무례를 착각하지 말라

좋은 상사와 나쁜 상사는 한 끗 차이다. 부하들이 싫어하는 이른바 '진상 상사'도 알고 보면 좋은 상사들과 별반 다르지 않다. 그렇다면 이 둘을 가르는 한 끗 차이란 무엇인가? 바로 상사의 태도와 말투다. 아무리 좋은 말도 말하는 방식이나 태도에 따라 빈정대는 소리로 들릴 수 있다. 뼈가 되고 살이 되는 얘기도 나쁜 상사의 입에서 나오면 기분 나빠서 귀를 막아버리고 싶다고 말하는 이들도 많다.

외로운 상사, 그대는 혹시 "다 너희 잘되라고 하는 소리니 귀담아들으라"며 날이 선 말을 함부로 뱉지는 않는가? 혹시 "위선은 싫다, 솔직한 상사가 되겠다"며 상처에 소금 뿌리는 소리만 하지는 않는가? 솔직과 무례는 다르다. 하고 싶은 말을 내키는 대로 하는 것이 솔직이고 카리스마라고 착각하지 말라. 그것은 오히려 자신의 무모함을 드러내고 스스로 사회적 미숙아라고 고백하는 것과 다름없다. 자신의 의도를 기분 나쁘지 않게 완곡하게 표현할 줄 아는 것도 리더십이다. 리더십은 거대담론이 아니다. 쫀쫀한 헤아림에서 성패가 갈린다.

《SQ사회지능SQ Social Intelligence》의 저자 대니얼 골먼Daniel Goleman은 다른 사람의 감정을 헤아리고, 마음을 설득하고 변화시키는 사회적 관계 기술을 리더의 중요 덕목으로 꼽았다. 사회적 관계 기술이란 인간관계에서 타인을 이해하고 동시에 그 관계 속에서 적절하게 대처하고 행동하는 능력, 즉 사회지능SQ을 의미한다.

여기서 잠깐, 오해는 하지 마시라. 사회적 관계 기술은 상대에게 영합하는 처세술이나 유약한 대화술이 아니다. 오히려 변화의 필요성과 변화의 실천을 설득하고 전달하는 기술이다. 즉 말해야 할 것과 말해서 안 되는 것, 상황에 따라 전할 것과 전하지 말 것을 구분하는 것이다.

그런 점에서 사회적 관계 기술이 높은 리더가 반드시 착한 리더, 여론을 의식하는 연예인형 리더와 동의어는 아니다. 구성원들이 자발적으로 일하도록 동기를 120% 부여해주는 에너지 넘치는 리더에 가깝다.

많은 상사들이 메시지를 정확하게 전달하기 위해서는 스매싱하듯 직설적으로 뱉어버려야 한다고 착각한다. 그러나 상사 위주의 독단적 메시지로 꽂히면, 상대방에게 거부감과 반발심을 사기 쉽다.

어느 날 세미나 뒤풀이 자리에서 지인들과 함께 사회적응에 미숙한 유형에 대해 대화를 나눴다. 그들이 꼽은 기피형 1위는 '솔직담백형'

이었다. "내 단점은 너무 솔직한 거야"라고 말하는 이들은 자신이 가진 뛰어난 재능과 상관없이 바로 그 솔직함 때문에 사회생활의 결정적 순간에 실족하더란 얘기였다. 일행은 그 말을 듣고 조직에 1명씩은 반드시 있는 이들 솔직담백형의 폐해에 대해 모두 고개를 끄덕였다. 솔직담백형은 자신의 단점을 너무나 자신 있게 장점처럼 얘기하고, 상대의 단점도 단도직입적으로 지적하는 것이 예의인 양 떠들어대면서 주위를 썰렁하게 한다. 자신의 무례한 언사가 타인에게 준 깊은 상처에 대해 반성하거나 눈치를 살피기는커녕 자신들을 정당화하기 일쑤고, 게다가 예의바른 주위 사람들을 오히려 위선자로 몰아대며 자신들의 무례를 솔직함으로 착각한다는 게 그날 성토대회의 결론이었다.

많은 상사들이 솔직과 무례, 예절과 위선을 구별하지 못한다. 솔직하게 말한답시고 부하의 자존심을 건드리는 막말을 해 조직에 등을 돌리게 한다. 또 "난 앓느니 죽지, 그런 위선은 못 떨어" 하며 대쪽 같은 척한다. 대인관계에서 이 같은 오류가 빚어지는 이유는 메시지의 'what'만 옳으면 'how'는 별 상관없다는 태도 때문이다. 메시지를 명확히 전달하는 것과 매너를 지키는 것은 모순되는 문제가 아니다. 예컨대 사회지능이 높은 상사는 "당신은 리더십이 없어서 임원으로 승진할 수 없어" 하며 부정적으로 내지르는 말을 하지 않는다. 한번 생각해보시라. 위의 말과 "리더십만 향상시키면 임원으로 승진할 수 있겠어"라는 말의 어감 차이를. 같은 말이라도 '아' 다르고 '어' 다른 표현에 따라 상대에게 미치는 말의 영향과 효과는 전혀 다르다. 전자의 말에는 상처받고 의기소침해지지만, 후자의 말에서는 가능성을 찾고 도전할 힘을 부여받는다.

위기관리 커뮤니케이션도 마찬가지다. 자신에게 불리한 정보를 요구하면 결연한 의지로 "목에 칼이 들어와도 나는 절대로 말씀드리지 못합니다"라는 비장파가 있게 마련이다. 앞질러 세게 나가 절벽 끝에서 자충수를 두지 말라. 이보다는 차라리 "제가 아는 범위 내에서 모두 말씀드리겠습니다. 잘못에 대해서는 모두 책임지겠습니다"라는 긍정 메시지를 전하면, 같은 내용이라도 상대에게 훨씬 신뢰와 안정감을 줄 뿐 아니라 비밀정보에 대해 보안을 유지할 수 있다.

'100% 확신', '분명히'를 입에 달고 다니며 스스로를 대쪽 같은 인간이라 자랑하는 사람은 사회성과 리더십 빵점이라고 고백하는 거나 다름없다. 날 서게, 각지게 말한다고 해서 메시지가 정확히 전달되는 것은 아니다. 반대로 긍정적으로 매너 있게 말한다고 해서 둔화되는 것도 아니다. 중요한 것은 상대방의 마음에 어떻게 다가오느냐다.

모 보험회사에서 부서 통폐합 바람이 불었다. 직원들의 입방아에 오르내리는 팀장과 팀원들은 좌불안석일 수밖에 없었다. 팀원의 경우는 부서를 옮기면 된다지만, 팀장의 경우는 나이나 경력으로 볼 때 다른 부서로 갈 여지가 없었다. 만약 그렇다면 그만두라는 소리와 같으니, 더 마음을 졸일 수밖에 없었다. 이런 상황에서 이 회사의 임원이 J팀장을 부르더니 이렇게 말하더란다. "돌려서 말하면 시간이나 걸리니 단도직입적으로 말씀드리겠습니다. 팀장님은 사실상 우리 회사에서 더 이상 역할이 없습니다."

그때 J팀장은 당장의 생계 걱정을 넘어 억장이 무너지는 아픔을 느꼈다고 한다. 선전포고처럼 떨어진 상사의 통지, '무역할無役割'이란 세 글자가 불에 달군 낙인처럼 가슴에 찍히면서, 아무리 퇴직 명령에 당위가 있다 해도 원망을 넘어 원한이라는 감정이 생길 수밖에 없었다고 토로했다.

흔히 커뮤니케이션을 이야기할 때 '캔도Candour의 법칙'을 들어 솔직하게 말할 것을 강조한다. 하지만 솔직하다는 것은 분명한 메시지를 진정성 있게 얘기하라는 것이지, 갑의 입장에서 상대의 마음에 비수를 꽂는 막말을 하라는 의미는 아니다. 직장 내에서 오가는 일상적인 대화는 당신의 권력을 쌓는 주춧돌이 된다. 그러니 비판할 것은 비판하더라도 인정할 것은 인정해줘라.

아마존닷컴의 CEO 제프 베조스Jeffrey Bezos는 프린스턴 대학의 졸업식에서 이런 축사를 했다.

"초등학교 시절 할머니가 운전하는 차를 타고 가면서 담배 1개비가 얼마만큼 생명을 단축시키는지 계산해봤습니다. 그러고 나서 할머니께 '할머니, 그렇게 담배 많이 피우시면 9년이나 빨리 죽는대요' 하고 자랑스럽게 말씀드렸지요. 분명 할머니께서 그런 어려운 계산을 어떻게 했냐며 칭찬해주실 거라 내심 기대했죠. 그런데 할머니께서 화를 내시지 않겠습니까? 차를 세우더니 할머니는 재능의 재앙을 들려주셨습니다. '똑똑함은 재능이고, 친절함은 선택이다. 조심하지 않는다면 자기의 재능으로 스스로를 도취시킬 수도 있다. 그렇게 된다면 그건

너의 재능조차 망치는 길이다'라는 내용이었습니다."

강한 상사는 메시지는 단호하게, 전달은 부드럽게 하는 사회지능을 발휘한다. 명분이나 권력에 도취돼 상대를 함부로 대하지 말라. 신념을 가지되 강요하지 말고, 비판하되 모욕은 주지 말라. 확고하게 전달하되 진정성을 외면하진 말라. 무례하게 대할 때 메시지의 공정함은 증발하고 매정에 대한 원망만 남는다.

확고부동해 변경의 여지가 없는 메시지라고 해서 꼭 무 자르듯 통보하란 법은 없다. 통 큰 사회지능을 가진 상사는 이런 매정한 메시지일수록 온정 있게 전달할 줄 안다.

요즘 부쩍 지각을 자주 하는 직원이 있다. 그때 당신은 어떻게 대응하겠는가? "요즘 대체 왜 이래? 지각을 밥 먹듯이 하고. 밖에 나가면 자네 같은 사람 한 트럭인 거 몰라? 그만두고 싶어서 그래?" 말인즉슨 옳으니 부하직원은 옴짝달싹 못하고 왜 지각을 했는지 변명할 엄두조차 내지 못한다. 그러나 정작 지각의 원인과 대책, 처벌에 대한 확인 등 사건의 본론은 짚지도 못하고 넘어간다. 온정 없이 공정만으로 들이대는 상사는 부하에게 말 못하는 분노와 좌절을 쌓이게 한다. 부하는 진정으로 시정하기보다는 그 분노와 좌절감, 모멸감을 삭이는 데 시간과 에너지를 다 써버리고, 최악의 경우 상사 곁을 떠난다.

독설을 퍼붓는다고 달라질 것이, 그리고 조직에 득이 될 것이 무엇인가. 문제직원이 있을 때 SQ리더들은 결코 "당신은 이게 문제야. 당장 고쳐. 안 그러면 해고야"라고 논쟁적으로, 직설적으로 내지르지 않는다. 그보다는 해결책을 함께 모색한다.

C부회장은 그의 가치관 경영에서 직원존중을 최우선으로 꼽는다. 최근 그는 직원들을 함부로 대하는 임원 K를 좌천 발령했다. 나는 이 분이 이 사실을 어떻게 전달했을지 궁금했다. 평소 사회적 관계 기술이 높은 분이라 생각하고 있었기에 메시지와 소통전달의 균형을 어떻게 갖추었을지 알고 싶었다. 그의 전달방식은 이러했다.

먼저 좌천 이유를 정확히 들려주었다. 직원들에게 함부로 대해 원성이 자자하고, 이것이 조직문화에 어긋날뿐더러 직원들의 사기를 저하시키면서 조직의 성과향상에도 문제가 되었다는 점, 그리고 문제가 된 행위를 구체적으로 지적했다. 그다음 단계에서는 K의 능력과 재량권을 인정해줬다. 즉 팀워크 능력은 떨어지지만 개인의 출중한 능력만큼은 자타가 공인하고 있으므로, 옮길 부서에서 개인기를 힘껏 발휘해보도록 조언했다. 그리고 팀워크를 잘 맞출 수 있는 부하를 직접 선발하도록 재량권을 일임했다. 마지막으로 K에 대한 기대를 드러냈다. 이번에 부하들과 팀워크를 잘 발휘해 성과를 내면 다음 인사발령시 여러 가능성이 열릴 테니 열심히 해보고, 계속 관심 갖고 지켜보겠다는 메시지를 전달했다.

C부회장의 3단계 전달방식처럼, 조직이나 구성원에 문제가 있을 경우 사려 깊은 리더들은 문제에 대해 정확히 지적하면서 그동안의 성과와 능력에 대해서는 분명히 인정해준다. 그리고 미래의 열린 가능성을 제시해주면서 부하들을 분발하게 만든다. 그들은 무례하지도 않고 문제를 얼버무리지 않으면서도 제대로 의사를 표현하는 기술을 알고 있다.

감정, 분출하지 말고 관리하라

속 보이는 '한 길 물속' 리더가 되지 말라. 엉큼한 마음을 잘 숨기라고? 아니다. 권모술수를 부리느라 속을 알 수 없는 의뭉한 상사가 되란 뜻이 결코 아니다. 하루에도 몇 번씩 요동치는 마음속 폭풍우를 적나라하게 드러내지 말고, 속내가 읽히는 리더가 되지 말라는 소리다.

부하들은 자기 기분에 따라 마음대로 부침개 뒤집듯이 원칙을 바꾸는 상사를 싫어한다. 매사를 감정적으로 처리하다 보니 상사 기분이 어떤지 항상 살펴야 하고, 보고서를 올리는 것 하나도 상사의 감정 기상도를 봐가면서 해야 하니 곱절로 피곤하다. 일이 힘든 게 아니라 죽 끓듯이 변하는 상사 비위 맞추기가 더 힘들다. 상사 눈치를 보며 보고 시기를 재다 보니 업무 속도가 늦어진다. 그러다 보면 업무성과가 떨어지고, 이것이 지속되면 회사 차원에서도 손실이 생긴다. 자신의 감정이 업무에 폭풍우처럼 영향을 미치는 모습을 보이는 순간 상사는 조롱받게 돼 있다.

강한 상사는 자신의 '감정 패'를 적절히 감출 줄 안다. 긍정적이든, 부정적이든 감정의 파고를 시시각각 노출시키는 법이 없다. 솔직함도 좋지만, 그렇다고 자기의 희로애락 감정으로 업무에 파장을 일으키는 상사를 좋아할 부하는 없다. 진정한 '감성 리더'는 감정의 표출보다 통제와 조절에 능하다. 통제야말로 표출보다 더 강렬한 소통 전략이다. 부하에 대한 호오好惡의 감정을 통제하고, 감정의 수를 읽히지 않을수록 상사의 말은 무게를 지닌다.

영화 〈범죄의 재구성〉을 보면 "상대가 무엇을 두려워하고 무엇을 원하는지 알면 게임은 끝난다"라는 대사가 나온다. 상사의 마음도 마찬가지다. 특히 조직에 자율적이며 창의적인 분위기를 북돋고자 한다면, 회의나 의사결정 과정에서 당신의 생각을 먼저 이야기하지 말라. 당신의 결론을 부하에게 들키는 순간, 만사 '도루묵'이다. 어느 누가 총대를 메고 당신의 의중에 반기를 들겠는가. 자신의 속내를 읽혀 예측가능한 상사가 되면 부하들은 단기적으로는 아부를, 장기적으로는 조종을 하려고 달려든다. 원칙과 의사결정의 기준에 대해서는 하루에 수백 번이라도 말하고 예측 가능하게 행동하라. 하지만 리더 스스로가 개인적으로 어떤 의견을 선호하고, 부하들이 어떤 결론을 도출하길 바라는지 노골적으로 드러내지 말라.

"거, 벽이 초록색인 것도 멋있네" 하는 사장의 말 한마디에 사무실 벽을 전부 초록색으로 칠했다는 일화는 코미디 같지만 사실이다. "왜 여기에는 지점이 2개나 있지?"라는 한마디에 지점 하나를 한 달 내에 폐쇄하라고 지시했다는 것 또한 웃지 못할 실화다. 리더의 한마디에 구내식당 메뉴가 1주일 내내 닭고기 요리가 되기도 한다. 힐러리 클린턴이 영부인 시절, 한 회사를 방문했을 때다. 그곳에서 준비한 콜라를 한잔 마시고는 인사차 "콜라가 참 맛있네요"라고 하자, 그다음부터 힐러리가 가는 곳마다 코카콜라가 넘쳐났다고 한다. 부하들은 상사의 작은 제스처, 표정 하나에도 신경을 곤두세우고 의미를 찾으려 한다. 상사의 의도와 상관없이 상사의 모든 것은 구성원들의 행동에 큰 영향을 미친다.

그래서 리더는 말은 물론 표정까지도 결코 가벼워서는 안 된다. 부하는 리더의 뜻을 거스르며 위험을 감수하기보다 리더의 기대와 일치하는 행동을 하게 돼 있다. 리더가 자신의 이불리利不利에 따라 좋아하고 싫어하는 것을 시시각각 노출하면 조직은 원칙이 아니라 상사의 감정과 기호에 따라 움직이기 시작한다. 그리고 불쑥 던진 말 한마디에서, 안색 변화에서 리더의 마음을 읽어 상사의 마음을 얻는 이득을 보았다고 판단될 경우에는 조직에 온갖 독심술의 스킬이 만연하게 된다.

부하들이 싫어하는 '한 길 물속' 얕은 리더 중에서도 최악은 '편애파'다. 이런 상사들은 자기 사람으로 여기는 사람과 그렇지 않은 사람을 확연히 다르게 대하고, 심지어는 아군과 적군으로 분리해 파당을

짓는 경우도 많다. 이들은 사적 감정을 개입하면서 직원관리를 하기 때문에 부하의 성장을 가로막고 조직의 갈등을 일으키기 십상이다.

H팀장의 이야기다. 그는 늘 "베스트만 살아남는다. 베스트가 아니면 자신의 부하직원이 될 수 없다"는 말을 입에 달고 다녔다. 말인즉슨 옳으나, 그 베스트란 것이 과정과 노력이 아니라 자기 동문이거나 명문대생만을 의미한다는 게 문제였다. 그는 자신의 '애愛부하'를 위해 모든 인맥을 동원하면서 영업실적을 올려주었다. 그리고 그들의 보고서에는 30분 넘게 꼼꼼히 피드백을 해주면서, 그의 편애에서 빗겨간 다른 직원들에게는 채 5분도 시간을 내주지 않았다.

또 다른 '진상' 타입은 쉽게 동요하고 심히 감정적인 '기분파'다. 기분파는 으레 호방할 것 같지만 문제는 변화무쌍하다는 점이다. 업무에 영향을 미치지 않으면 다행이지만 그럴 리가 있겠는가. 일에 대해 상사로부터 한소리 듣고 나오면 붉으락푸르락 얼굴이 달아오르고 마음이 누그러지지 않아 그 스트레스를 부하직원에게 풀어버린다. 부하로 하여금 원망을 넘어 조직을 떠나게 하는 경우다.

속이 훤히 드러나는 상사, 끝이 보이는 상사에게 부하들은 매력을 느끼지 못한다. 유리어항 같은 상사보다 양파처럼 끊임없이 새로운 것들이 나타나고 보여줄 게 있는 상사를 부하들은 따른다. 속 터진 만두, 입 벌어진 조개는 시장에서도 제값을 받기 어렵다. 마찬가지다. 자기의 잇속을 보여 '싼 티' 나는 상사가 되지 말라.

《한비자》에서는 이렇게 말한다. "군주는 신하의 이해관계가 집중되는 과녁이다. 이 과녁을 향해 수많은 신하들이 화살을 쏘고 있다. 이 때문에 군주는 신하들의 공동 목표가 되고 있다. 그러므로 군주가 좋아하는 것이나 싫어하는 것을 드러내면, 신하들은 그 틈을 이용하고 군주는 홀리게 된다. 만약 군주가 자신에게 한 신하의 말을 새나가게 방치한다면, 신하들이 군주에게 말하기를 꺼리고, 그러면 군주는 궁정에서 돌아가는 사정을 알 수 없게 된다. 군주가 힘써야 할 일은 두루 기밀을 유지하는 것이다. 즉 감정을 드러내지 않는 것이다. 좋아하는 기색을 드러내면 신하가 먼저 생색을 내 군주의 덕이 팔려나가고, 분노하는 기색을 드러내면 신하가 먼저 야단을 쳐 군주의 위엄이 반분된다. 밝은 군주의 말은 방호막이 쳐 있는 것처럼 밖으로 새나가지 않으며 드러나지 않는다."

오늘날에도 적용되는 지적이다. 상사는 부하들의 이해관계가 집중되는 과녁이다. 자신의 감정을 생각 없이 시시각각 표출하는 리더는 충성도, 성과도 놓친다. 부처님 손바닥이라고 하지 않던가. 부하의 손바닥 위에 놓이는 순간 상사로서 당신의 권위는 급전직하急轉直下다.

당신의 감정을 재깍재깍 생중계하지 말라. 상사로서 걱정거리를 부하에게 말하는 것도 삼가라. 벽에도 귀가 있고, 결국 "그 말은 하지 말라"는 말까지 얹혀서 다른 이들에게 들어가게 돼 있다. 부하들이 "떡 하나 주면 안 잡아먹지" 하는 호랑이처럼 내 마음의 길목에서 기다리도록 만들지 말라. 눈치 빠르고 입안의 혀처럼 구는 부하들이 많아지는 게 기쁜 일은 아니다. 오히려 상사 영향력을 행사하는 데는 마이너스다. 열 길 물속보다도 깊은 백 길 마음속 상사가 되어라.

속 드러나는 상사가 되지 않기 위한 해결책은 무엇일까? 바로 '성동격서聲東擊西' 전략이다. 성동격서는 동쪽에서 소리를 내고 서쪽에서 적을 친다는 뜻으로, 적을 유인하여 이쪽을 공격하는 체하다가 그 반대쪽을 치는 전술을 이르는 말이다.

나의 고등학교 선생님은 뒤통수에 눈이 달린 것으로 소문나 있었다. 학생들이 수업시간에 꾸벅꾸벅 졸고 있으면, 선생님은 조는 학생을 바로 야단치지 않고 반대쪽에 앉아 있는 다른 학생을 바라보는 척하다가 갑자기 분필을 던져 문제의 학생을 명중시키곤 했다. 눈은 이쪽을 응시하지만 분필은 저쪽으로 날아가니, 학생들은 선생님의 눈길과 손길을 따라가기 바빠 경계를 늦출 수 없었고, 그 선생님의 수업시간엔 조는 학생이 없었다.

조직관리를 하면서 그 선생님의 '분필 발사' 전략이 문득문득 떠오르곤 한다. 유능한 상사는 드러내놓고 부하를 총애하거나 꺼리지 않는다. 총애를 드러내면 해당 직원은 오만하게 굴거나, 주위로부터 따돌림을 당하거나 둘 중 하나다. 미워하는 티를 내면 그 직원은 "난 어차피 내놓은 사람이니까" 하며 막가파가 될 공산이 크니 이래저래 본전도 못 찾기 십상이다.

Y부회장에게는 회사를 옮기면서 데리고 온 부하 K가 있었다. 누구의 라인이라는 둥 낙하산이라는 둥 아무래도 기존 직원들의 입방아와 텃세에 여기저기 치이는 기색이 역력했다. 위로라도 한마디 해주고 싶

었지만 참고 참았단다. 오며가며 던진 말 한마디가 당사자의 의지를 약화시키거나, 동료들로부터 따돌림을 받게 할 우려가 있다고 생각해서였다. 단, 회사의 생리를 잘 아는 직원을 불러 "K팀장을 얼마나 잘 보필했느냐를 갖고 자네의 성과를 평가할 거네. 그가 잘 적응하고 못 하고는 자네에게 달려 있어"라고 말하면서 어시스트 1명을 배치해주었다. 당사자인 K에게 귀띔조차 하지 않았음은 물론이다.

Y부회장은 K가 있는 사무실에 갈 때면 직원들의 책상을 한 번씩 돌아보고 맨 나중에 K 옆을 무심한 듯 지나쳤다. K는 Y부회장의 그 같은 '할리우드 액션'이 당시에는 섭섭하기도 했지만, 지금은 오히려 감사하다고 말한다. 만일 배려나 안쓰러운 마음을 노골적으로 드러냈다면, 오히려 자신의 의지가 약해지고 좋지 않은 결과를 낳았을 거라며 안도의 한숨을 내쉬었다. Y부회장의 속 깊은 배려에 누구의 라인이라는 백넘버에서 벗어나 운신의 폭을 넓힐 수 있었다고 한다.

어느 날, K는 사옥 구석에 비치된 소화기가 오래돼 부식된 것을 우연히 보게 되었다. 마침 각 기관별로 소방 안전점검이 엄격하게 강조되고 있던 터라 상사에게 직보할 수밖에 없었다. 그러나 보고를 하고 나서 돌아서며 바로 "아차!" 했다. 이 때문에 불호령 받을 책임자의 후환이 떠올랐기 때문이다. 하지만 Y부회장은 노련했다. 곧바로 문제의 소화기로 냅다 호통치지 않았다. 그 대신 로비에 있는 그림을 휘둘러보고, 경비원과 수인사를 나누고, 회사 홍보관 등을 두리번두리번 둘러보고는 마치 우연히 보게 된 듯 소화기를 집어들고서 "이 소화기는 언제 검사받은 것이지요?" 하고 무심히 물었다. 관리 책임자가 그제야 자초지종을 급히 보고했고, K는 '밀고자'의 혐의를 무사히 벗어날 수 있었다.

진정한 감성 리더는 감정분출보다 통제와 조절에 능하다. 직원들에 대한 피드백에는 번개처럼 빠르지만, 자신의 의견과 감정을 보이는 데는 한 박자 느리다. 통제와 조절이야말로 표현보다 더 강렬한 소통 전략임을 알기 때문이다. 부하에 대한 호오의 감정, 마음의 방향을 드러내지 않을수록 상사의 권위는 세진다.

감성은 '공감'이지만 감정은 '노출'이다. 감성은 통제를 통해 팬을 만들고, 감정은 노출을 통해 적을 만든다. 감성지능이 높은 상사일수록 자신의 감정을 조절하고 통제하는 데 능숙하다. 당신의 감정 통제로 부하들을 감싸주고, 부하들이 상사의 감정이 아니라 원칙에 따르게 하라.

회식, '계급'은 버리되 '위엄'은 지켜라

호프데이, 단합대회, 회식…. 구성원들의 단합을 위해 상사들이 생각하는 이벤트들이다. 이 같은 행사를 통해 너나없이 함께 어우러지는 모습은 상사의 입장에서는 흡족하다. 조직의 화합을 도모할 때 상사들이 가장 먼저 떠올리는 전략은 분명 함께 먹고 마시고 어울리는 행사다. 반면 직원들은 노는 것도 가욋일이라며 피로증후군을 호소해 동상이몽을 보이는 경우가 많다.

그렇다면 상사들은 왜 모임을 통한 단합에 집착하는가? 일단 눈에 띄고 하기 쉽기 때문이다. 조직몰입도와 직무만족도, 리더만족도 등 여러 귀찮은 질적 평가를 하려면 시간도 시간이거니와 많은 노력과 공이 필요하고, 측정도 제대로 되지 않는다. 결과가 좋게 나오지 않을 경우 위험감수도 고려해야 한다. 반면 우르르 몰려가 '으쌰으쌰' 한

번 하는 게 모방도, 실행도, 확인도 쉬우니 상사들에게 가장 마음 편한 대안이 돼버렸다. '위하여' 건배사 한번 크게 외치고, 넥타이를 머리에 두르고 "무조건 무조건이야~" 하며 상사와 부하가 서로 달려가 주는 시늉 하나로 흥건한 유흥을 끝마치면 땡이다.

당신은 '음, 내일부터 한마음, 한뜻으로 똘똘 뭉치겠지. 이만큼 먹여 놓고 기도 살려놨으니 한동안 약발이 먹히겠는걸' 하며 자위하지만, 실제로 당신만큼 부하도 만족할 것이라고 생각하는가? 대답은 'No'다.

취업포털 커리어가 직장인 1,016명을 대상으로 설문조사한 결과에 따르면 술자리 후유증이 업무에 미치는 영향력은 야근후유증보다 2배나 큰 것으로 나타났다. 술자리 후유증으로는 '아침에 일어나는 게 힘들다'(74.2%, 복수응답)는 대답이 가장 많았고, '속이 좋지 않다'(61.6%)와 '업무집중력이 떨어진다'(55.4%)가 뒤를 이었다. 이 외에도 '업무시간에 졸게 된다'(25.8%), '목소리가 잠기거나 떨린다'(16.9%), '회사에 지각한다'(15.1%), '손 떨림 증상이 나타난다'(10.2%) 등의 응답이 나왔다.

그렇다면 단합에는 효과가 있는 것일까. 〈포커스〉가 만 20세 이상 직장인 500명을 대상으로 전화면접조사를 한 결과에 따르면, 직장인 10명 중 7명꼴로 직장 내 단체행사 때문에 스트레스를 받는다고 했다. 심지어 단체행사에 참석하느니 차라리 야근하는 것이 더 낫다고 응답한 직장인도 절반에 육박했다.

단체행사에 대한 부정적 인식은 젊은 직장인들이나 조직문화 개선에 대한 투자가 큰 직장에 근무할수록 높게 나타나는 경향을 보였다. 이들은 단체행사 참석을 괴롭게 하는 요인으로 '상사 뒤치다꺼리'(20%), '상사의 잔소리'(18%), '치어리더/도우미 역할'(15%), '사장의 긴 인사말'(13%), '음주 강요'(9%), '성희롱'(7%), '육체적 피로'(7%), '다음 날 업무부담'(5%) 등을 꼽았다.

돈 쓰고, 시간 쓰고, 몸 쓰고, 마음까지 쓰며 어울렸지만 단체행사가 단합과 반드시 이어지지는 않음은 상사인 당신이 목도해야 할 '불편한 진실'이다. "그간 마신 술잔의 수가 소통의 양이고, 그 술잔의 수가 서울에서 부산까지 수십 번을 왔다갔다"한다고 자랑스레 얘기하는 것은 상사만의 착각이기 쉽다.

앞의 조사에 의거하여 부하들의 생각 지형도를 읽어보면, 회식은 단합과 무관하거나 오히려 단합에 반작용을 일으킨다는 것을 알 수 있다. 술 마시고 팀워크를 다지라고 비용을 지출하지만 술 마시다가 오히려 갈등만 증폭되기도 한다.

그렇다면 이런 회식을 아예 없애라는 소리냐고 반문할지도 모르겠다. 아니다. 다만 회식, 단합행사에도 운용의 묘가 필요하다는 얘기다. 사실 외국회사에 다니는 사람들이 가장 부러워하는 것이 한국의 끈끈한 회식문화이기도 하다. 외국계 회사로 옮긴 후배가 토로한 '시원섭섭한 점'이 바로 저녁 회식문화가 없어졌다는 것이었다. 할 이야기는 업무시간에 다 끝내니 저녁에는 자기계발이나 가족과 보내는 시간이 많아져서 좋지만, 남은 버릇이 있어서 저녁에 "어, 한잔 하지" 하는 왁자지껄함 없이 퇴근하려니 왠지 뒤통수가 허전하다는 것이다. 한솥

밥 먹는 사이가 곧 동료다. 같이 밥을 먹으며 끈끈한 정을 다지는 회식은 잘만 경영하면 화합의 동지애를 다지는 긍정적 자리가 될 수 있다. 그렇다면 어떻게 단체행사를 진정한 화합의 자리로 경영할 것인가?

첫째, 직급을 파괴하라.

회식자리에서 부하를 '졸개'로 만들지 말라. 또 직급끼리 어울려 상하로 분리하지 말라. 회식 때 좌석배치를 하며 넘버1 상사 옆에 여직원, 그리고 넘버2, 넘버3로 직급별 구분을 하는 경우가 종종 있다. 임원은 임원끼리 뭉쳐 앉지 말라. 평소 동류 계급이 아니면 말을 섞으려 하지도 않는 시대착오형 상사들은 어디를 가나 티가 난다. 고루 섞여 앉고 최고경영자 주위일수록 신참을 앉혀라. 회식이야말로 상하가 자리를 함께하며 일선 직원들의 의견을 들을 수 있는 절호의 기회다.

부하들이 회식을 가외 업무로 생각하는 가장 큰 이유는 회식자리에서도 상사의 잔소리를 들어야 하고, 사무실에서 하듯이 온갖 잡일을 떠맡아야 하기 때문이다. 한마디로 회포를 푸는 자리가 아니라 회포가 쌓이는 자리다. 상사 옆에 앉으면 수저 챙기고, 물 따르고, 술 따르는 것은 기본이고, 심지어는 담배 심부름까지 온갖 자질구레한 일들은 다 해야 한다. 그러다가 2차로 노래방이 제대로 예약되지 않아 조금이라도 시간이 지체되면, 그 지청구는 모두 부하의 몫이다. 회식이 상사가 부하의 비공식 업무력을 가늠하는 자리라 생각하니 부하들은 불편하고 긴장되는 것이다.

L기업 S사장의 부하 술시중은 재계에서 유명하다. 그는 커다란 양

푼에 막걸리와 소주를 섞어 폭탄주를 제조한 후 임원들과 함께 손수 쟁반에 받쳐 들고 다니며 직원들에게 권한다. 안주까지 일일이 입에 직접 넣어준다. 사장이 종업원이 되어 권하는 술을 '에헴' 하고 마시는 직원들은 기가 살 수밖에 없다. 그가 "감사합니다" 하고 건배사를 선창하면 부하들이 "에헴, 알았다" 하고 화답하는 것이다. 조직문화에 따라 손발이 오글거려서 못하겠다고 할 수도 있지만, 중요한 것은 회식을 상사 좋은 자리가 아니라 직원 좋은 자리로 만들어야 한다는 점이다. 회식 때 자꾸 눈치 주며 직원들에게 잔심부름 시키고 시종 부리듯 하지 말라.

둘째, 구성원들의 기분과 시간을 배려하라.

회식과 관련해서 짜증나는 일들 중 단연 압권은 사전 조율 없이 상사 마음대로 급작스럽게 회식을 제안하는 경우다. 이럴 때 "잔업이 있어서 힘들겠는데요"라고 반응하면 "얼마나 남았는데? 그 정도야 내일 하면 되잖아"라고 받아친다. 선약이 있어서 참석할 수 없다고 말하면, "어, 이 사람 안 되겠네~. 지금 우리 단체생활하는데 혼자만 빠지겠다는 거야?" 하며 은근히 압박을 준다. 또 이들은 회식 메뉴도 팀원들에게 묻지 않고 자기가 좋아하는 대로 정하면서 이기심의 극치를 보여준다.

오늘따라 팀 분위기가 안 좋다고, 아니면 술이 '땡겨서' "오늘 저녁, 약속 없는 사람 맥주나 한잔 하지" 하며 직원들을 회식자리로 내몰지 말라. 오늘 저녁 약속 없는 사람끼리만 가기로 했다고, 가기 싫은 사람은 가지 말라고? 천만의 말씀이다. 회식이 업무의 연장이라고 누누이 강조한 당신의 말을 기억한 부하들은 '울며 겨자 먹기'로 선약을 취소한다. 혹시 당신은 기습번개 회식에 참석하는 직원들의 눈도장을 충성도장의 척도로 내심 활용하고 있지는 않은가? 그런 노림수를 알기에 부하에게는 '번개 회식'의 선택이 강요로 작용하는 것이다. 회식 날짜는 미리 예고해 부하들이 스케줄에 잡아놓을 수 있도록 하라.

아울러 송별회면 송별회, 상부에서 내려온 격려금 회식이면 격려 회식 등등 회식 주제를 분명히 밝혀줘야 한다. 이유가 막연하게 '회식'이나 하자고 그러면 직원들은 불안해한다. 도대체 무슨 말을 하려고 우리를 강제소집하려는 걸까 궁금하기 때문이다. 투명하게 주제를 공개하고 예고하라. 그래야 부하직원도 잔머리 굴리지 않고 마음 편하게 참석할 수 있다.

셋째, 대화를 관리하라.

엄밀히 말해 젊은 직원들이 싫어하는 것은 회식자리가 아니라 회식의 분위기다. 그들 입장에서는 얻는 것 없이 시간을 뺏기면서 상사와 술 마시고 주사도 받아줘야 하는데, 여기에 더해 상사 자신부터 먼저 새겨들어야 할 훈계까지 늘어놓으니 좋을 리가 있겠는가.

회식자리에 가서까지 소위 '공장' 이야기만 늘어놓으면 진상 상사되기 십상이다. 회식자리에서 일 이야기는 참아준다 치더라도 질책까지 따발총처럼 퍼부으면, 부하들은 그만 고개를 돌리고 만다. 관심과 배려는 없고 항상 끝은 업무로 귀결되면 부하들은 회식의 '회' 자만 꺼내도 슬슬 피할 것이다. 모든 것을 일로만 연결하는 상사가 예전에는

'미덕'이었을지 몰라도, 요즘에는 '악덕'으로 통한다.

회식을 일 말고도 여러 가지 다양한 취미와 인간미가 있다는 사실을 보일 수 있는 기회로 삼아라. 회식은 상사가 부하를 평가하는 자리이기도 하지만, 부하가 상사를 평가하는 자리이기도 하다. 괜히 부하를 어르고 야단치려 하거나, 여직원에게 "요즘 살 빠졌네, 예뻐졌네" 등 객쩍은 말로 '관심'과 '희롱'의 위험한 경계를 오락가락하지 말라. 회식은 조회나 설교 자리가 아니다. 내가 무슨 말과 행동으로 직원들에게 에너지를 전해줄 수 있을까 연구하고 준비하라.

혹자는 아무리 사무실 이야기를 하지 말라고 해도 저절로 화제가 그쪽으로 흐른다고 토로한다. 그렇다면 상사인 당신은 듣기만 하고 절대 먼저 물꼬를 트지 말라. 로마에 가서 로마의 법을 따르듯, 사무실에서는 사무실의 법을, 회식에서는 회식의 법을 따르라.

넷째, 술 강요하지 말라.

집이 멀거나, 신념에서 혹은 체질적으로 마시지 못하는 사람들에게 술 강요는 고문이다. 이때 상사들은 흔히 술도 '업무의 연장'이라고 말한다. 이들은 사무실에서보다 회식자리에서 오히려 더 권위적으로 굴면서 2, 3차 술자리에까지 남아 자기보다 먼저 들어가는 직원들을 용납하지 않는다.

술을 강권하며 부하가 집에도 못 가도록 질질 끌며 붙잡아놓고선 마지막에 더치페이를 외치거나, 부하에게 덤터기를 씌우면 그 원망은 하늘을 찌르게 된다. 원하지 않는 긴 술자리에, 주량을 넘는 폭음으로 지쳐 다음 날 업무에 지장까지 주게 된다면, 당신은 부하들의 가정파괴범을 넘어 회사성과 파괴범의 역할까지 하는 셈이다.

K대리가 지금도 학을 떼며 인생 최악의 진상 상사로 꼽는 이는 억지 춘향 회식으로 항상 회사 근처의 찜질방에서 자고 출근하게 한 S부장이다. 회식 때문에 와이프와 다퉜다고 말해도 받아들이기는커녕, 귀에 거슬리는 얘기를 했다고 인사평가시 낮은 점수까지 준 그 부장에 대한 원망은 지금껏 잊혀지지 않는다는 고백이다. 과도한 음주강요는 업무파괴다. 절대 술 강권하지 말라.

다섯째, 개인기를 만들어라.

모 유업회사의 H전무는 체질적으로 술이라곤 입에 한 방울도 대지 못하는 '모태 비주류파'다. 혹자는 한국사회에서 임원 이상이 되려면 폭탄주 10잔 이상은 필수라고 농반진반으로 말하곤 한다. 또 끈끈한 팀워크의 도구로 술이 사용되고, 주량은 은근히 자신의 체력을 과시하는 역할도 한다.

H전무처럼 술 없이 조직에서 살아남은 이들은 '이 없으면 잇몸'으로 산 경우다. 즉 술 마신 사람 못지않게 그 사이에서 섞여 재미있게 놀 개인기를 가진 것이다. 노래, 성대모사, 개다리 춤 등, 뭐든 홀로 외떨어지지 않고 분위기 휘어잡을 '18번'을 확실히 가져라. H전무는 부장 시절부터 매년 자기가 직접 부른 노래를 CD로 만들어 부하들에게 연하장 대신 돌리곤 한다. 그만큼 끼가 넘친다는 이야기다.

모든 리더는 같이 일하고 싶은 상사가 되어야 한다. 하지만 그것만으론 부족하다. 노는 자리에서도 같이 놀고 싶은 상사가 되어야 한다. 자신이 좋아하는 "콩밭 매는 아낙네야~"만 죽도록 고집하지 말라. 부하들이 귀 기울여 들을 만한 그들 취향의 요즘 노래 2곡 정도는 항상 준비해두라.

여섯째, 중간에 빠져라.

상사들이 오해하는 것 가운데 하나가 "부장님, 조금만 더 계시다 가세요"를 진심이라 믿는 것이다. 1차에서 빠져라. 당신이 아무리 좋은 상사라 해도 상사인 이상 불편할 수밖에 없다. 그들이 편하게 즐길 수 있도록 자리를 비워주는 것도 상사로서 매너다.

Y사장의 별명은 '11시렐라'다. 밤 11시만 되면 어김없이 스프링처럼 먼저 일어나 자리를 피해주기 때문이다. 시간 가늠이 안 되면 아예 휴대폰에 알람을 맞춰놓든, 술집 주인에게 미리 부탁해서든 일어날 시간을 엄수하라. 상사가 술자리에 오래 있어봐야 자신이 실수하거나, 부하가 실수하거나 둘 중 하나이기 십상이다. 상사가 회식의 개회사는 하되, 폐회사까지 할 필요는 없다.

일곱째, 회식 다음 날에 더 모범을 보여라.

회식 다음 날에는 평소보다도 태연하게 더 열심히 일하라. 출근도 더 일찍 하고, 한낮에도 자리를 지켜라. 아무리 마시고 같이 취했어도 다음 날 상사는 더 빨리 출근해야 한다. 술에 취해 실수하면 안 된다는 것은 기본이다. 그다음 날 부처님처럼 정좌하고 있는 그 자체가 부하에게는 무언의 경계요, 위엄으로 비친다.

회식 효험파의 겉을 한 겹 벗겨보면, 이 같은 '규범의 진실'이 존재하는 경우가 많다. 비록 새벽 2시까지 마셨어도 새벽 4시에 사우나 갔다 와서 오히려 평소보다 일찍 출근해 앉아 있는 상사의 절도가 있었기에 부하들이 '악' 소리 못했던 것이다. L사장은 술고래에 폭탄주 예찬론자이지만, 반드시 토를 단다. "주량은 얼마나 많이 마시느냐가 아니다. 마시고서 다음 날 출근이나 업무에 얼마나 지장을 안 받느냐가 척도다."

직원의 고난,
마음을 얻는 절호의 기회다

부하를 아끼고 존중하는 마음이 진정으로 드러날 때가 언제일 것 같은가? 바로 부하에게 닥친 위기 순간이다. 평화시에는 용장이 활약하지 않듯이, 진정한 상사력은 부하가 위기에 처했을 때 적나라하게 드러난다. 부하가 사적으로 어려운 일을 당했거나 공적으로 과오를 저질렀을 때 상사가 어떻게 처신하느냐에 따라 상사력이 한 번에 빛나기도 하고, 와르르 무너지기도 한다. 부하의 실수와 고난에 대처하는 그 순간이야말로 상사력을 증명하는 '진실의 순간'이다.

직원이 원거리에서 상을 치러야 한다면 비록 5분을 조문하기 위해 5시간 운전해야 하는 수고를 들여서라도 얼굴을 비춰라. 효율성만 따져서는 평생 부하를 감동시키기 힘들다. 나는 살아가면서 눈도장이 단지 무성의한 '면피' 전략이 아니라 성의의 표현임을 실감하곤 한다.

학교 수업도 그렇고, 행사 참여도 그렇고 뭐든 성의가 없으면 눈도장조차 찍기 힘들다. 오죽하면 출석 점수가 권력에 비례한다는 말이 있겠는가. 눈도장은 상사뿐 아니라 부하에게도 유효하다.

모 회사 사장은 평상시 직원감동 경영을 입에 달고 다니던 사람이다. 그런데 어느 날 그 회사 직원이 산업재해로 목숨을 잃고 말았다. 직원들이 회사 차원에서 함께 조문 가자고 했더니 그는 차가운 표정으로 "얼굴도 모르는데, 나까지 굳이 갈 필요 있겠나" 하며 뒤로 빼더란다. 아무도 사장 앞에서 토를 달지는 않았지만, 그날 이후 부하들은 사장이 표방하는 직원감동 경영의 진정성을 믿지 않게 되었다.

L사장은 요즘 고심 끝에 어려운 결정을 잘 내렸다고 스스로 머리를 쓰다듬어주곤 한다. 아버지가 사고를 당한 직원에게 2주일의 유급휴가를 준 것이다. 물론 사규에는 규정이 없지만, 이는 천재지변에 해당한다고 생각해 이같이 결정했다. "당장 직원들의 사기가 마음에 걸렸습니다. 우리 회사는 피도 눈물도 없는 비인간적인 회사라고 생각하지는 않을까 싶었지요. 당장은 손해를 보는 듯하지만, 이렇게 힘든 직원을 위로해준다는 것을 알게 되면 결국 남는 일이 되지 않을까요. 또 만일 이 직원에게 휴가를 주지 않는다 하더라도 어떻게든 근무 중 왔다 갔다 하며 자리를 비우게 돼 있을 겁니다. 그러느니 아예 마음 편하게 곁에서 아버지 간병을 해드리게 하는 게 낫지요." 직원에게 힘든 일이 터졌을 때 리더는 항상 부분적 손해보다 큰 그림을 봐야 한다는 게 L사장의 철칙이다.

K차장은 직장을 옮긴 지금도 예전 상사였던 L사장이 죽으라면 죽는

시늉까지 할 정도로 충성한다. 이런 부하를 보고 L사장의 동료들은 그의 부하 복福을 부러워한다. 그러나 알고 보면 공짜로 얻어지는 충성은 없다. K차장이 임신이 안 되어 퇴직까지 고려하며 고민할 때, L사장은 주위의 반대를 무릅쓰고 휴직을 허락해줬다. "반드시 성공하고 와라. 단, 연말은 마감하느라 바쁜 시기이니 그때까지는 출근하라고 부탁해도 되겠나?" 하고 물었다. 퇴직까지 고려하는 마당에 연말 근무가 문제이겠는가. 게다가 L사장은 큰돈은 아니지만 임신 성공 기원금까지 쥐어주었다. 그런 L사장을 보며 K는 감동을 넘어 충성을 결심하지 않을 수 없었다. 그녀는 다행히도 임신에 성공했다. 직장을 그만두지 않고 자신이 그토록 좋아하던 일을 계속할 수 있었던 그녀에게 L사장은 상사를 넘어 '은인'이다.

반면에 위기를 당해 가뜩이나 힘들어하는 부하를 모질게 대해 오뉴월에 서리가 내리는 한을 사는 경우도 있다. "프로는 아프지도 말아야 한다. 아픈 것도 자기관리를 못하는 본인의 책임"이라고 말하는 상사에게 부하들은 오만정이 떨어진다. 부하의 아픔과 고민에 외면하지 말고 동참해줘라. 내 딸이라도, 내 아들이라도 같은 결정을 하겠는지 생각해보라. 상사가 부하의 불행을 외면하는 것을 떠나 모르는 것 자체도 리더십의 손상이다. 상사로서의 작은 손해와 불편이 부하에게 충성을 불러일으킨다. 명심하라. 뿌리지 않고 수확하는 열매 없듯이, 부하를 감동시키지 않고 공짜로 얻는 충성은 없다.

부하의 위기는 공적인 일에서 실수했을 때, 흔히 말해 '사고 쳤을'

때 최고조에 이른다. 당신은 상사로서 상황을 수습하느라 경황이 없을 것이다. 그 여파로 함께 덤터기를 쓸 수도 있고, 경력에 치명적 피해를 입을 수도 있다. 그렇더라도 부하를 일방적으로 몰아붙이지 말라. 한 번의 포용이 10번의 칭찬보다 힘을 발하고 충성심을 불러일으킨다. 상사의 월급엔 부하의 실수책임 수당도 포함돼 있다고 생각하라.

사람의 마음을 움직일 줄 알던 리더 공자에게 이런 일화가 있다. 어느 날, 공자가 귀히 여기는 백마를 둔 마구간에서 불이 났다. 정사를 보다가 이 소식을 듣고 부랴부랴 돌아온 공자는 문전에 들어서며 "사람은 다치지 않았느냐?"고 하며 말에 대해서는 묻지 않았다. 그리고 관리를 못한 책임자를 문책하며 노발대발 화를 내지도 않았다. 무엇보다 사람을 우선으로 삼았던 것이다. 관리를 맡았던 제자는 얼마나 마음을 졸였겠는가. 그가 사람을 말보다 중시하는 공자를 보며 감동을 받았을 것은 불문가지다.

칭찬보다 더 힘이 센 것이 실수에 대한 포용이다. 칭찬이 고래를 춤추게 한다면 실수에 대한 포용은 호랑이를 춤추게 한다. 남들처럼 하는 칭찬은 기억에 남지 않는 반면, 남들처럼 하는 질책은 상처를 남긴다. 위기상황에서 리더가 실수한 부하를 벼랑 끝까지 몰아붙이거나 함께 우왕좌왕하면 인재는 이직으로, 둔재는 나태로 보복할 것이다. 그 대신 위기를 감동을 줄 수 있는 절호의 기회로 활용해보라. 부하의 실수를 수습하고, 처리해줘라. 그것이 길길이 뛰며 야단치는 것보다 훨씬 효과적이고, 부하의 업무능력 향상에도 도움이 된다. 사고를 수습하는 모습과 배려와 격려의 방식에서도 상사력은 발휘될 수 있다.

조직에서 한두 번 큰 좌절과 위기를 겪지 않는 직장인이 어디 있겠는가. 앞서 본 여러 일화들에서 언급한 결정적 실수가 '우발적 사고'라면, 승진 좌절이나 소외 등은 '정기적 코스'에 가깝다. 이럴 때 상사가 건넨 따뜻한 한마디의 말은 보약 한 재보다 값지다.

시세이도화장품의 마에다 신조 사장은 좌절감에 빠져 힘든 시간을 보내고 있을 때 자기에게 큰 용기를 준 상사를 한 언론 인터뷰를 통해 공개한 적이 있다. "제가 직접 제안해 출범한 시세이도의 독자 브랜드 판매가 저조하여 결국 본사로 소환됐습니다. 저로서는 큰 충격이었습니다. 보직을 맡았지만 두 달가량 아무 일도 주어지지 않았습니다. 사실상 실직 상태였죠. 참다못해 회사를 그만두려 했을 때 한 상사가 전화를 걸어와 술 한잔 하자고 하더군요. 그분은 같은 부서는 아니었지만 멀리서 저를 보시면서 '아, 저 친구가 이제 한계에 왔겠구나'라고 판단하고 전화를 준 겁니다. 술자리에 가서 그만두려 한다는 말을 꺼내기 전, 그분이 먼저 '그만두면 안 돼'라고 말하더군요. '아, 이렇게 부하의 고민을 자신의 일처럼 함께 고민해주는, 가슴이 따뜻한 상사가 계시는 곳에 더 있어야겠다'란 생각을 그때 했습니다. 회사에는 그런 상사가 있어야 한다고 봅니다."

지금 당장 당신 주위에 어깨를 축 늘어뜨린 채 고민하고 있는 부하는 없나 둘러보라. 그에게 조용히 데이트를 청하라. 그리고 북돋워줘라. "인생은 마라톤이고, 나 역시 한때 인생의 진도표가 마음처럼 쭉쭉 안 나가 좌절한 적이 있었다"고, 때로 인생의 쉼표, 도돌이표는 숨고르기 위해서 필요한 법"이라고. 따뜻하게 건넨 당신의 이 한마디가

사표 내고 싶은 마음을 되돌리고 사기를 높일 수 있다.

부하가 힘들어할 때 기댈 어깨와 손을 빌려줘라. 위기가 기회란 것은 거창한 전략에서만 적용되는 이야기가 아니다. 부하들과의 관계에도 그대로 통한다.

웅변보다 대화를,
집회보다 미팅을 하라

영국 여왕 엘리자베스 1세는 자신의 뜻을 관철시키고자 할 때에는 의회와 지역구에 기반을 가진 추밀원 의원들을 개별적으로 혹은 소규모로 만났다고 한다. 오만한 귀족들을 한 자리에 모아놓고 자신의 의견을 개진하는 것이 비효율적임을 깨닫고 있었기 때문이다. 워렌 베니스는 "나는 직원들을 대할 때 '전체가 아닌 오직 그 한 사람을 만난다'는 것을 신조로 삼았다. 진정한 리더란 개인의 권리와 흥미, 의견, 개성을 존중하는 지도자를 가리킨다"라고 지적했다.

감동과 소통의 효과는 근본적으로 대화 집단의 규모에 반비례한다. 의사소통 집단의 규모가 작을수록 소통의 효과는 높아지고, 대규모일수록 떨어진다. 물론 경제성을 놓고 보면 한 번에, 1대 다수로 집회를 통해 전달하는 게 가장 효율적이다. 하지만 부하들을 '소중하고 특별한 사람'으로 개별적으로 대할 때, 그들은 리더를 따르고 그와 많은 공감대를 쌓을 수 있다. 고성과의 강한 리더들이 회의와는 별도로 1대 1 개인미팅이나 소수 간담회를 가져 공감의 침투력을 높이려고 하는 것도 이 때문이다. 10번의 회식보다 한 번의 면담이, 600명의 청중 앞에서 웅변하는 것보다 60명씩 소그룹을 만들어 각 그룹을 돌며 소통하는 것이 감동과 소통의 효과를 더 많이 기대할 수 있다. '여러분'이란 말 대신 개별화해서 각각을 존중해 말하라. 여러분이라고 도매금으로 처리하면 아무도 듣지 말라는 소리와 같다.

사람을 소중하고 각별하게 생각한다면서 효율적이란 이유로 대화할 시간을 내는 데 인색하게 굴고, 한꺼번에 모두 전달하는 대규모 집회와 웅변만을 선호한다면, 구성원이 조직에 대해 느끼는 소외감은 커질 수밖에 없다. 이것은 곧바로 조직의 성과저하와 직결된다. 상사들은 직원 1명 1명이 능동적으로 일하기를 바라면서, 본인은 정작 그들과의 개별 대화에 무관심한 경우가 많다. 당신은 어떤가?

G사에서 일하는 후배가 최근에 사표를 냈다. 업무과중과 경직된 조직문화 때문에 입사한 지 1년 6개월 만에 이직을 결정했다고 한다. 그의 얘기를 듣다 보니 그 회사의 조직문화를 짐작할 수 있었다. 입사 이후 소속 임원과 한 번도 개인적 대화를 나눠본 적이 없었고, 퇴사 문제로 비서를 통해 면담을 신청했지만 종무소식이어서 결국 면담 한 번 못한 채 회사를 그만두었다는 것이다.

반면 내가 처음 언론사에 입사했을 때 우리 부장은 늘 부원을 각각 불러 "자네에게만 주는 건데…" 하며 5만 원짜리 구두 상품권을 한 장씩 건네곤 했다. 그때의 뿌듯함과 설렘이란…. 부장이 나만 특별히 인정해 '하사'하는 것이니, 다른 부원에게 들키지 말아야겠다고 생각하며 비밀스레 간직했던 그 자부심 말이다. 그런데 나중에 알고 보니 그건 부장의 작전이었다. 명절이면 모든 부원이 그렇게 각각 '자신만의' 상품권을 하사받은 것이었다. 만일 부장이 부원들을 전부 모아놓고 "여기 상품권 들어온 게 있는데, 한 장씩 나눠가져" 하고 우르르 줄서서 받았다면 어땠을까? 똑같은 액면가의 상품권이라 하더라도 감동은 그 액면가 이하로 디스카운트되고, 나는 그렇게 설레는 마음으로 받지 못했을 것이다.

"김 대리, 정말 보고서 하나는 알아줘야 해. 똑 부러지게 쓴단 말이야" 하고 각각의 특성을 콕 찍어 인정하고 격려해줄 때 좋아하지 않을 사람은 없다. 인정받는 것은 기쁜 일이다. W대표는 자신을 밑바닥에서 정상으로 달리게 한 원동력은 "역시!"라는 한마디였다고 한다. 그놈의 '역시' 때문에 쉬지 못하고, 힘든 줄도 모르고 내달릴 수 있었다는 것이다.

방법은 각각 다르지만 핵심은 직원의 자존감 부여다. 이 같은 감동 아이디어를 창의적으로 내기 힘들다면 최소한 부하 신상정보를 기억하는 것도 방법이다. 간단하지만 '감동발'은 확실하다. 한 임원은 직원들과 간담회 등에서 나눈 담소들은 잊지 않고 메모해놨다가 그 내용을 복습하고 다음 모임에 임한다고 한다. "아들이 고3이라고 했지요. 온가족이 고생이 많으시겠습니다" 하고 먼저 말을 건네면, 직원 입장에서는 당연히 놀랄 수밖에. 지나가는 말이었는데 우리 전무님이 지금껏 기억하시다니, 충성 백배, 조직 몰입 백배할 수밖에 없는 것이다.

세계적인 리더십 컨설턴트 스티븐 코비에 의하면, 회식 등 집단적 대화를 수십 번 해도 이것으로 모든 개인이 갖고 있는 '마음의 문턱'을 넘을 수는 없으므로, 리더는 부하직원과 적어도 분기별 1회 이상은 1대 1 데이트 면담을 하는 게 효과적이라고 했다. 기꺼이 시간을 투자할 만큼 '당신은 소중한 사람'이라는 메시지가 부하에게 전해졌다면 대화는 성공한 것이다. 반면에 '내 스케줄에서 너 따위에게 낼 시간은 없어'라는 메시지가 부하에게 암암리에 전해졌다면 그 대화는 실패다.

공이 주거니 받거니 오가야 게임이 되지, 내려치는 스매싱만 반복되는 게임은 일방적일 뿐 아무런 재미가 없다. 웅변과 대중 집회보다 소규모의 대화시간을 늘려라. 부하직원 각각의 개성을 존중하면서 이들과 공감을 쌓는 노력들이 돌아가는 길처럼 멀게만 보이지만, 이 길이 오히려 지름길이다. 당신은 직원들과 1대 1로 얼마나 자주 대화를 하는가? 아니, 그보다 소통의 통로는 마련해놓고 있는가?

조영탁 휴넷 사장은 소모임 예찬론자다. "저는 되도록 직원들과 1대 1 만남이나 소모임을 자주 가지려고 노력합니다. 제안사항을 편안하게 전달할 통로를 구조적으로 마련해놓는 게 목적이지요. 8개 팀을 만들어 1주일에 한 팀과 한 번씩 돌아가며 정기적으로 점심을 같이합니다. 또 하루에 두 차례 정도는 커피 전문점 같은 곳에 가서 회의를 합니다. 회의실과는 또 다른 친밀한 분위기에서 진행되는 장점이 있습니다. 이때 30분 정도는 직원의 신상에 대해 얘기를 나누고, 나머지 30분은 회의하는 식으로요. 물론 트위터나 메신저 등 디지털 소통수단도 있지만, 역시 아날로그 방식일 때 소통의 효과가 큽니다. 직접 대면하지 않고 전달할 경우 오해를 불러일으킬 소지가 많아집니다. 직접 만나거나 소규모로 대화하는 게 제 소통의 기본원칙입니다."

강윤선 준오헤어 대표는 매주 화요일마다 직원 6~7명과 조찬간담회를 갖는다. 해외출장이 있을 때를 제외하고는 아무리 바빠도 이 모임을 최우선 스케줄로 꼽는다. 읽었던 책 중에 좋았던 책이 있으면 자신의 메시지와 사인을 담아 선물하고 함께 사진도 찍으며 '정情 타임'을 갖는다. 그리고 개인적으로나 현장에서 힘든 점을 공유하며 각각에게 개별적인 피드백을 준다. "안아만 봐도 이 친구 마음이 어디에 가 있는지 안다"는 강 대표는 포옹을 해야 포용성도 생기는 법이라며, 1명씩 포옹해주면서 미팅을 마무리한다.

진정으로 강한 상사의 소통 특징은 부하가 상사의 책상에 가는 것을 꺼리지 않는 것이다. 용건 없이 찾아가도 환영받을 수 있고, 편하게 차 한잔 같이 마실 수 있는 조직일수록 업무성과가 높다. 직원들과의 면담 스케줄은 잡아놓고 있는가? 바쁘다고? 무엇 때문에 바쁜가? 혹시 위기에 처한 직원이 보내는 SOS가 혼자 울리도록 방치하고 있는 것은 아닌지 점검해보라. 항상 문을 열어놓고 환영하기 힘들다면, 적어도 1주일 중 하루는 직원 면담일로 배정해놓아라.

강한 상사일수록 직원과의 개별면담을 가장 중요한 스케줄로 생각한다. 직원들이 언제 어디서고 힘들면 찾아와 의논하고 의지할 수 있는 '유비쿼터스' 상사가 되어라. 정 바빠서 시간을 따로 낼 수 없다면 이메일이나 전화 등을 활용하거나 점심시간을 이용해 이야기를 나누는 것도 방법이다. 직원이 보내는 메일에 빠른 피드백을 주는 것도 방법이 될 수 있다. 부하직원이 요즘 업무상 어떤 고민을 하는지, 이를 도와줄 부분은 없는지 찾아보라. 복도나 엘리베이터에서 우연히 마주치는 짧은 순간에라도 어깨를 두드리며 격려하고 관심을 보여줘라.

물론 1대 1로 만나 담소를 나누거나 소규모로 대화를 해보겠다고 의욕적으로 결심하더라도 막상 초반에는 어색할 수 있다. 또한 많은 상사들이 말하는 것에만 익숙해져 듣는 것 자체를 힘들어하는 경우도 있다. 이들을 위해 간략한 대화법의 팁을 주자면 다음과 같다.

첫째, 대화에만 몰두하라.

부하직원들과의 대화를 효과적으로 이끌어나갈 때 중요한 것은 집중이다. 부하를 앞에 앉혀두고 딴 일하지 말라. 어떤 경영자는 다른 결재서류를 들여다보거나 컴퓨터 모니터를 힐끔거리면서 혹은 스마트폰을 확인하면서 부하와 대화하곤 한다. 대화 사이사이에 시계를 힐끔대는 경우도 있는데, 그 순간부터 부하의 마음은 빨리 자리를 털고 일어나야 될 것 같아 초조해진다. 최고의 고객을 대하는 것처럼 부하를 대우하라. 책상 뒤편에 거리를 두고 앉지 말고, 소파에 앉아 마주보는 것이 좋다. 부하에게 일껏 관심을 표한답시고 속사포처럼 질문만 퍼붓고서는 대답도 채 듣기 전에 본인의 이야기만 장황하게 늘어놓거나 딴전 피우지 말라. 이야기를 제대로 들으려 하지 않거나, 제멋대로 정리해 엉뚱한 소리를 하면 부하의 입장에서는 '또 시작이군. 그 버릇 못 고치지. 이건 완전 1대 1 고문이네' 하고 혀를 찰 수밖에 없다.

둘째, 혼자서 생각해놓은 진도 뽑기에 열중하지 말라.

그들의 대화가 자연스레 끝나기를 기다려라. 부하의 처지를 파악하고 공감하는 기회를 대화의 목표로 잡아라. 부하들이 직장생활을 하면서 개인적으로 어떤 점들을 어려워하는지 잘 알고 있는가? 어떻게 지원해줄 수 있는가? 최대한 직원의 성장을 도와줄 수 있는 쪽에 대화의 초점을 맞춰라. 당신의 말이 그의 상황에서 현실성 없이 붕 떠 있을수록 상사력은 떨어진다. 당신은 간결한 개방형 질문을 하고, 부하는 장황한 서술형으로 말할 수 있도록 하라. 중간 중간에 부하의 이야기에 맞장구치고 확인하면서 열심히 듣고 있음을 보여주고, 편하게 말을 이을 수 있도록 여유를 보여줘라.

무엇보다 잊지 말아야 할 점은 한 번의 어색함 때문에 중도 포기하지 말라는 것이다. 직원과의 대화도 연습이다. 지속적이고 정기적으로 하면서 신뢰를 구축하라.

손품보다 발품을 팔아라

L회장은 '대면 접촉' 신봉자다. 중요한 사안은 결코 이메일을 통하지 않는다는 게 그의 소신이다. 직접 만나서 처리하면 그 일이 100% 성사되지는 않더라도 제3의 대안은 도출되지만, 디지털 기기를 통한 '콜드 커뮤니케이션'에서는 '즉문즉답'이 이뤄지면서 재고할 여지가 있는 문제도 쉽게 폐기된다고 생각해서다. 그래서 그는 직원들에게도 "중요한 사안이라면 더욱 직접 찾아가 이야기하라. 안 되면 전화 통화라도 하라"고 강조한다. "소셜 네트워크도 좋고, 첨단 소통수단도 좋고, 모두 좋습니다. 하지만 직접 대화만 한 것은 없습니다. 상대의 표정도 보기 힘들고, 나는 나대로 내 얘기가 잘 전달될 거라고 확신하는 바람에 구체적인 설명을 건너뛰게 되는 경우가 많기 때문입니다. 그보다 안 좋은 것은 상대에게 거절할 명분과 틈을 줄 수 있다는 것이지

요.” 그래서 그는 늘 직원들에게 엉덩이가 가벼워야 한다고 주문한다.

부서 간 협조와 신뢰 구축도 마찬가지다. 직접 만나서 부딪쳐라. 모든 문제가 컴퓨터로만 똑딱똑딱 오가다 보면 문제의 본질을 놓치기 쉽고, 서로 무심하거나 아니면 과민해서 극단으로 치닫기 쉽다. 아무리 손품을 들인 일도 발품을 들인 일을 당해내지 못한다. MIT의 토머스 앨런Thomas Allen 교수의 연구결과에 의하면, 의사소통의 빈도는 서로 간의 물리적 거리에 달려 있다고 한다. 두 사람 사이의 거리가 23~27cm 정도만 멀어져도 대화의 횟수가 눈에 띄게 줄어든다. 당신은 부하직원들과 얼마나 떨어져 있는가? 옆 부서와의 거리는 얼마인가? 의식적으로라도 직접 가서 만나고 이야기하려고 노력하라. 직원들이 서로 협력해서 팀워크를 갖게 만들라. 부서의 경계를 뛰어넘어 옆 부서와 소풍을 가고, 조인트 미팅을 하라.

미국 조지메이슨 대학의 케빈 록맨Kevin Rockmann 교수와 일리노이 대학의 그레고리 노스크래프트Gregory Northcraft 교수는 화상 회의나 이메일을 통한 첨단 의사소통 방식이 비용 면에서는 효율적일지 몰라도 업무 면에서는 효율을 떨어뜨린다고 발표했다. 이들은 200여 명의 대학원생을 3그룹으로 나누고 이견이 분분한 주제인 ‘핵무장 해제’와 ‘가격 담합’에 대해 토론하게 했다. 한 그룹은 이메일로, 다른 그룹은 화상 회의로, 그다음 그룹은 직접 만나 토론하게 했다. 그 결과 대면 회의를 진행한 그룹이 문제에 대한 가장 효과적인 방법을 제시한 반면, 화상 회의를 한 그룹은 대면 그룹보다 못했다. 이메일로만 의사를 나

눈 그룹은 상대방이 사안에 대해 얼마나 중요하게 생각하고 있는지 몰라서 서로에 대한 신뢰가 없었고, 이 때문에 협력과정이나 성과 면에서도 가장 뒤처진 결과를 보였다. 노스크래프트 교수는 "사람들이 서로 얼굴을 맞대고 있어야 서로에게 영향을 줄 수 있고 관계도 유지할 수 있다"며 "이런 신뢰를 재충전하기 위해서는 첨단 커뮤니케이션의 한계를 인정해야 한다"고 말했다.

대면 효과의 실효성을 보여주는 또 다른 연구결과도 있다. MIT의 알렉스 펜틀랜드Alex Pentland 교수가 모 기업의 콜센터 직원들을 관찰한 바에 따르면, 사적인 커뮤니케이션이 활발한 직원의 노동 생산성이 혼자서 조용히 일하는 직원보다 무려 30%나 높았다고 한다. 예를 들어 서로 얼굴을 맞대고 휴식시간이나 점심시간을 보내는 사람들은 그렇지 않은 사람보다 사회적 관계망 형성이나 커뮤니케이션 능력 면에서 뛰어났고, 결국 업무수행 능력도 앞섰다. 예를 들어 그들은 동료들의 현장 노하우를 옆에서 보고 익히면서 고객의 당황스러운 전화에 유연하게 응대할 수 있었다. 이와 관련해 제록스의 전 수석 연구원이었던 존 브라운John Brown 박사는 "서비스 기업에서 가장 중요한 업무지식과 능력은 교육 훈련을 받을 때보다 동료와 짬을 내서 커피를 마시거나 함께 점심을 먹으면서 주고받는 이야기를 통해 비공식적으로 습득된다"고 주장했다. 그만큼 동료직원과의 대면 커뮤니케이션이 중요하다는 말이다.

오죽하면 '이메일 파산e-mail bankruptcy'이란 새로운 용어까지 나왔겠는가. 이 말은 쉐리 터클Sherry Turkle MIT 교수가 처음 사용한 것으로, "이제는 수없이 들어오는 이메일을 읽고 답장을 보낼 생각이 없으니 다른 방법으로 연락을 취하라"고 선언하고 일정기간까지 온 메일을 읽지 않고 모두 삭제, 즉 '파산' 선언을 하는 것이다. H사장은 직원들에게 이메일을 보내고 수신했는지 알아보기 위해 "이 메일을 읽는 즉시 바로 퇴근하라"고 메시지를 보냈다. 그런데 90% 이상이 사무실에 남아 계속 근무하더라는 후일담도 있다. 당신의 메시지가 '휴지통'으로 직행하는 수모나 멸시를 피하고 싶다면 직접 다가가라.

모 문화재단의 K이사, 그는 군소 잡지사 기자 출신이다. 그 시절에 다른 기자들이 명사들의 기고를 이메일을 통해서 받을 때, 그는 꼭 직접 만나서 원고를 받아오곤 했다. 동료들은 사서 고생하면서 손품, 발품, 시간품만 판다고 내심 한심해했다. 그런데 웬걸, 원시적 '페이스 투 페이스face to face' 소통은 그의 네트워크를 넓히는 데 도움을 줬고, 결국 인생의 전환점을 마련하는 결정적 계기가 됐다. 시간과 비용 투자가 만만찮아 비효율적으로 보이는 만남을 통해 그는 많은 명사들과 인연을 쌓을 수 있었던 것이다.

모 대기업에서 H팀장을 만났다. 나를 보자마자 얼굴이 시뻘겋게 달아올라서는 "요즘 젊은 직원들은 일의 우선순위를 모르는 것 같아요. 내가 메일을 보냈는데 즉시 응답하지 않아서 하루 종일을 기다리다 도저히 참을 수가 없어 한소리 해주고 왔어요"라고 말했다. 그러고는 "왜 젊은 친구들은 바로 응답하지 않는 걸까요? 다른 것보다 상사의 메시지를 먼저 처리해야 하는 것 아닌가요?"라고 물었다. 나는 그녀에게 화내기에 앞서 직원들을 찾아다니며 직접 대화를 나누고 가능한 한 그 자리에서 지시사항을 전달하는 게 어떻겠느냐고 말해주었다. 엉덩이가 가벼운 상사, 찾아가는 상사가 존경을 받고 성과도 높일 수 있다. 이메일에 빨리 대응하지 않는다고 불평하지 말라.

10통의 이메일을 교환할 때보다 한 번 짧은 미팅을 할 때 더 많은 것을 동시에 해결할 수 있다. 사안이 급박하고 중요하다면, 직접 얼굴을 보고 절박감을 호소하라. 제스처를 동원하면서 상황을 설명하라. 마음이 담긴 대면접촉이 상황을 긍정적으로 전환시킨다.

업무 장소도 중요한 요소다. 조직의 중심부에서 떨어진 곳에서 일하는 사람일수록 중요한 활동이 벌어지는 곳으로 마실을 가고, 부하들을 직접 찾아가 소통하라. 메신저나 이메일을 통해서만 일하려 하지 말라. 정보를 가지고 직접 방문하고 점심약속을 이용해 중요 쟁점에 대해 토론하라.

아무리 디지털 문화가 발달했어도 여전히 서로 얼굴을 맞대고, 정보를 교류하며, 확인하고, 창출하는 아날로그 소통이 혁신과 성공에 더 결정적 역할을 한다. 부서 간의 벽을 허물고 직접 만나라. 다른 부서에 기꺼이 발을 들여놓고 함께 점심 먹을 기회를 제도적으로 만들라. 발품으로 쌓은 동료애, 손품이 당하지 못하는 법이다. 엉덩이 무거워 발품을 팔지 못하는 상사는 성과를 내기 힘들다.

자기노출에도 전략이 있다

영국 왕실을 다룬 영화 〈더 퀸The Queen〉을 보면 엘리자베스 2세가 낮은 목소리로 고독하게 읊조리는 장면이 나온다. "요즘 사람들은 감동과 눈물을 원해. 난 드러내놓고 표현하지 못해. 슬픔 같은 것은 묻어두라고 배웠고…. 하지만 이제 세상이 바뀌었어. 이제 내 생각을 바꿔야 해."

부하들을 너무 가까이하는 친화적 상사도 문제지만 부하들을 멀리하며 신비주의로 일관하는 상사도 문제다. 앞서 말한 바 있듯이 선은 넘지 말아야 하지만, 벽은 허물 필요가 있다. 엘리자베스 2세만큼은 아니더라도 요즘 세상에도 의외로 부하들을 무조건 멀리하는 게 자리 보전의 안전판이라고 착각하는 상사들이 있다. 그것이 청렴의 방법이라고까지 여기며 부하를 지나치게 멀리하는 경우도 보았다. 실제로 정직하고 청렴한 목민관으로서 '일절 민원 사절'을 슬로건으로 내건 모 지자체 단체장은 저녁 7시에 퇴근해서는 민원인이나 부하직원 그 아무도 만나지 않는 것을 철칙으로 삼았다. 공연히 입방아에 오르내리지 않으려는 결심 때문이었다. 스스로 유폐를 자초해놓고서는 집안에 틀어박혀 혼자 문고리 붙잡고 외로움에 울었다는 웃지 못할 실화다.

부하들과 건강한 경계를 두기 위해 적절한 거리를 유지한다는 것이 결코 이 같은 고립을 뜻하는 것은 아니다. 불을 멀리하면 얼어 죽듯이 부하들과의 거리도 마찬가지다. 리더가 쇼를 벌이며 구성원들의 환호와 갈채만 사려는 서커스 단장이 되지 말라는 소리지, 중세 성주가 되어 성 안에서만 있으라는 얘기가 결코 아니다.

오스카 와일드Oscar Wilde의 동화 《거인의 정원The Selfish Giant》을 보면 담을 높이 쌓은 거인의 정원이 결국 황무지로 변해버린다는 대목이 나온다. 상사와 부하의 관계에서도 마찬가지다. 부하들이 당신이 어떤 사람인지 알 수 없고, 이것을 또 비밀인 양 꽁꽁 싸서 다가서지 못하게 하면, 당신의 소통 마당에는 을씨년스럽게 낙엽만 흩날리게 된다. 이렇게 되면 본인의 외로움은 둘째 치고, 구성원에 대해 무지하게 돼 문제가 발생해도 해결은커녕 관리조차 힘들어진다.

부하와의 공감 형성을 위해 상사의 적당한 자기노출은 필요하다. 자기노출이란 스스로에 대한 정보를 자발적, 능동적으로 드러내어 타인과 공유하는 것을 의미한다. 그 범위는 간단한 인적사항에서부터 넓게는 자신의 감정과 내면에 자리 잡은 은밀한 모습에 이르기까지 다양하다.

당신부터 개방하라

개인 신상을 일일이 열어젖힐 필요는 없지만 마치 외계인처럼 당신과 관련된 모든 것을 봉인하고 있으면 신비스럽다기보다 의뭉스럽게 보인다. 가슴을 열라. 그들에게 마음의 벽이 아닌 따뜻한 가슴을 보여라. 부하를 무조건 멀리하는 게 상책이라며 부하와 밥도 술도 안 하는 것이 상사로서의 신비감을 조성하고 실수를 보여주지 않는 방법이라고 생각하면 오산이다. 부하들은 친근하면서도 보면 볼수록 카리스마를 풍기는 상사를 원한다. 자신과 유사한 면이 느껴지는 친밀한 리더를 선망하지, 저만치 홀로 떨어져 대망을 품은 리더는 결코 존경하지 않는다.

지난 미국 대통령 선거 홍보전을 기억하는가? 오바마 대통령의 부인 미셸은 선거운동 초반에 지지자들과 하이파이브를 하면서 미국 주부들에게 익숙지 않은 호전적 제스처를 보여줬다. 역대 퍼스트레이디들에게서는 볼 수 없었던 튀는 행동을 국민들이 과연 당당한 우먼파워로 받아들였을까. 아니었다. 그래서 그녀는 두 딸을 기르는 평범한 엄마로서의 모습과 아침식사 메뉴를 고민하는 주부로서의 모습을 보여줌으로써 국민들의 마음을 움직였다. 있는 그대로의 모습을 대중에게 보여주는 꾸밈없는 행동에 국민들도 진실성을 느끼게 된 것이다.

처음 만났을 때 사돈의 팔촌까지 물어가며 호구조사하는 것도 어찌 보면 나와 상대의 유사성을 찾으려는 무의식적 노력의 반영이다. 하다못해 젊은 시절 즐겨 찾던 종로 어귀의 허름한 카페를 서로 알고 있다는 사실만으로도 동질감을 느낀다. 이처럼 자기를 열어 보이는 것은 공감대 형성에 효과를 발휘한다. 마치 남자들이 한번 사우나를 함께 갔다 오면 친밀도가 증가하는 것과 같은 이치다.

친한 관계와 데면데면한 관계를 구별하는 척도가 무엇인지 아는가? 혹자는 같이 밥 먹는 횟수라고 하지만, 나는 같이 나눌 수 있는 사적 이야기의 범위라고 생각한다. 즉 부하에게 따뜻한 상사로 인식될 때는 '그도 나처럼 같은 고민을 하는 사람이구나' 하는 유사성이 느껴질 때다. 당신은 부하와 함께 나눌 이야깃거리를 얼마나 갖고 있는가?

이채욱 사장은 인천국제공항공사에 부임하면서 가장 먼저 자신의 프로필을 공개했다고 한다. 이력 중심의 개인정보가 아니라 말 그대로 '히스토리history'를 연설이 아닌 직원과의 간담회 자리에서 문답형식을 통해 공개했다. 이날 이후 이 사장은 이를 아예 기업문화로 정착시켜 인사발령을 받은 모든 새 팀장들이라면 이 통과의례를 거치도록 했다. 어차피 태양 아래 부끄러울 것이 없다면, 모든 것을 투명하게 공개해야 공감대와 신뢰가 형성될 수 있다고 보았기 때문이다. 시쳇말로 '민증' 꺼내 다 보여주면 뒷말, 군말 없어지지 않겠는가. 부하와 상사의 관계도 마찬가지다.

지하의 '카더라 통신'에서 맴돌던 질문을 이렇게 양지로 끌어올리면 그 음험함이 사라진다. 별별 사소한 질문이더라도, 심기를 상하게 하는 질문이더라도 리더는 다 대답해주는 게 원칙이다. 골프를 잘 친다고 하던데 어느 정도인지, 낙하산 인사라고 하던데 위에 '빽'이 있는지 등 껄끄러울 수 있는 질문에 솔직히 맞서고 나면, 조직의 응집력과 신뢰는 전과 비교할 수 없을 정도로 달라진다. 물론 이를 위해서는 정정당당해야 한다는 전제가 있다. 강한 리더는 자신을 드러낼 때 자기가 얼마나 대단한 인물인가를 부각하기보다 평범한 옆집 아저씨, 아줌마 같은 면을 돋보이게 하려고 노력한다. 사람은 자신과 닮은 모습을 반영한 친숙함에 끌리기 때문이다.

여기에는 과학적 근거가 있다. 독일의 심리학자 주디스 랭글로이스 Judith Langlois 연구팀은 남자들에게 33장의 여자사진을 보여준 다음, 가장 마음에 드는 사진을 고르게 했다. 그 결과 단연 1위로 꼽힌 얼굴은 이 세상에 존재하지 않는 얼굴이었다. 그 얼굴은 32명 여성들의 얼굴 사진을 모아서 눈, 코, 입, 얼굴형 등의 평균치를 찾아낸 다음 그것을 조합한 사진이었기 때문이다. 즉 가장 높은 선호도를 보인 것은 평균치의 얼굴이었는데, 왜 이런 반응이 나타난 것일까? 사람들은 익숙하지 않은 것에 대해서는 예측이 어려워 자신들에게 해가 되는 행동을 할까 봐 경계하는 본능이 있기 때문이다. 인간은 우수한 별종보다 자신의 모습을 반영한 동종의 친숙함에 끌림을 명심하라.

부하에게도 겸손하라

상사는 스스로를 낮출수록 오히려 부하들로부터 존경을 받는다. "나

이런 사람이야. 알아서 기어!" 하고 오만하게 굴수록 부하들은 멀어진다. 군수업체 레이시온의 CEO 빌 스완슨Bill Swanson은 그의 저서인 《스완슨의 알려지지 않은 매니지먼트 룰Swanson's Unwritten Rules of Management》에서 '웨이터 법칙'을 이야기했다. 이 법칙에 따르면, 웨이터를 매너 없이 무례하게 대하는 사람은 비즈니스 파트너로 위험하다고 한다. 아랫사람을 홀대하는 사람치고 신뢰할 수 있는 사람은 없더라는, 경험에서 도출한 법칙이다.

중국 당나라 때의 대학자이자 은둔자였던 조유趙蕤는 정치·외교·군사를 다룬 자신의 저서 《반경反經》에서 이렇게 말했다. "상대의 뜻을 존중해주고 허심탄회하게 그로부터 배우고 받아들이려 하면 자기보다 100배 강한 인재들이 올 것이오. 어진 선비를 구하기는 하지만 끈기 있게 기다리지 않고, 가르침을 구하기는 하는데 꾸준한 마음이 없으면 자기보다 10배 강한 인재를 얻을 것이며, 다른 사람이 능동적으로 찾아와야 비로소 영접하면 다만 자기와 비슷한 사람을 얻을 수 있을 것이오. 남을 마음대로 부린다면 다만 노복을 얻을 수 있으며, 방종하고 사나운 데다 큰소리치면서 호통만 친다면 노예를 얻을 따름이오."

부하들이 기피하는 상사들을 보면 대부분 오만방자 유형인 경우가 많다. 본인들은 정작 자신들의 말과 행동이 얼마나 상대에게 상처를 주는지 모르는 경우가 허다하다. 국내 유수 대기업의 S전무. 입사한 신입사원을 축하한답시고 그가 불쑥 던진 말은 "야, 너 산골에서 우리 회사 들어오고 출세했네. 너희 마을에 현수막 안 붙였냐?"이고, 좋은 아이디어를 낸 지방대 출신 직원에게 칭찬한답시고 하는 말이 "야, 그

학교 출신치고 제법인데? 잘했어"였다.

본인은 나름대로 칭찬과 축하를 했는지 모르지만, 듣는 부하로서는 상처가 되는 말이다. 친하지도 않은데 반말하는 것도 부하들이 기피하는 상사 유형이다. 심지어는 직급으로 밀어붙여 자신보다 나이가 많은 부하에게 당연한 듯 반말을 하는 경우도 있다. 자식뻘 부하라 할지라도 깍듯이 존댓말로 대하는 게 조직의 원칙이다. 반말이 친근감의 표시라고 강변하지만, 공식조직 내에서는 조직의 공식원칙대로 하라. 자기가 필요한 사람에게 친절하고 겸손하게 구는 것은 누구나 할 수 있다. 하지만 을의 입장에 있는 부하에게 친절하고 겸손한 것은 아무나 할 수 있는 일이 아니다.

《삼국지》에서 조조는 유비에 비해 여러 면에서 과소평가되었다. 사실 유비도 자신이 은혜를 입은 사람을 배신한 적이 많았다. 그럼에도 조조는 간웅이고, 유비는 인의의 기치를 높이 세운 인물처럼 전해지는 이유는 단지 유비라는 인물을 미화하고자 하는 의도 때문만은 아니다. 여기에는 유비의 겸손함도 한몫을 했다. 유비는 늘 인재뿐 아니라 항복한 장수에 대해서도 겸손한 자세를 잃지 않았다. 조조는 자신의 귀한 것을 주면서 거래하려 했던 반면, 유비는 자신을 낮춘 진정성으로 설득하려 했다. 그는 진채를 나와 항복한 패장 유장을 직접 맞이하고서는 섭섭하게 여기지 말라고 눈물까지 흘리며 간곡하게 당부했다. 술에 취해 신하인 방통에게 호통치고는 다음 날 먼저 다가가 잘못을 시인하고 사과할 줄 아는 겸손한 태도가 있었다. 제갈공명을 영입하려

할 때는 엄동설한 추운 날씨에도 세 번이나 찾아가는 수고를 아끼지 않았다. 제갈공명은 나이로 치면 유비에게 아들뻘이었다. 하지만 유비는 상대가 누구든 늘 가슴이 뭉클할 만큼 진정으로 자신을 낮출 줄 알았다. 여러 가지로 자원이 부족함에도 늘 주변에 부하가 아닌 동지가 많았던 이유 중 하나가 바로 겸손이었다.

단, 겸손하라면 무조건 몸을 낮추는 것으로 생각하는데, 정작 겸손과 오만의 차이는 예의의 문제만은 아니다. 가장 중요한 것은 나를 중심으로 생각하느냐, 상대를 중심으로 생각하느냐 의식의 문제다.

A사장의 자칭 별명은 '80점짜리 CEO'다. 그는 현장순시를 나가면, "내가 여러 가지로 부족해 80점밖에 안 되니 나머지 20점은 직원 여러분이 채워달라"고 고개를 조아린다. 직원들이 그런 그를 80점짜리라고 무시하겠는가? 오히려 한층 더 존경하고 따를 수밖에 없다. C사장은 회식 때 정중앙의 상석에 앉는 법이 없고, 늘 선착순대로 앉으라고 한다. 구내식당에서도 자신이 경영자라고 새치기하는 법이 없다.

마음을 다스리는 단계를 방심放心, 조심操心, 하심下心으로 분류한다면, 이 중 최고의 단계는 하심이다. 방심은 마음을 놓아버리니 실수를 하게 되고, 조심은 늘 마음을 흩트릴까 조심하니 실수하지는 않지만 불안하다. 반면 하심은 마음을 내려놓아 나를 낮추는 것이다. 부하에게 건강한 아부를 하기 위해서는 조심하는 것만으로는 부족하다. 하심을 하라. 나를 낮추고서 부하를 대하면 실수가 줄고, 감동은 배가 된다. 거래를 넘어 한 몸이 되고 싶다면, 기대 이상을 넘어 목표를 달성하고 싶다면, 당신을 낮추라.

호칭이 충성과 열광을 부른다

조폭과 중년 여성들의 공통점이 뭐라고 생각하는가? "만난 지 두 번 만에 형님이라고 부른다"가 정답이다. 많이들 우스갯소리로 들어봤을 것이다. 호칭은 무리의 성격과 상호 간의 관계를 읽게 해주는 중요한 시그널이다. 그래서 호칭만 들어봐도 조직문화를 얼추 짐작할 수 있다.

잘 부른 호칭은 충성을 부르는 반면, 잘못 부른 호칭은 조직의 사기 저하를 가져온다. 얼마 전 노조원 폭행 사건으로 물의를 빚은 모 재벌 2세는 모처럼 구내식당에 납셔서는 "모름지기 머슴을 잘 먹여야 한다"는 시대착오적 발언을 했다고 한다. 한 테이블에서 이 말을 들은 임원은 이런 사람을 상사로 모시면서까지 일할 수 없다고 생각했고, 결국 '머슴'이란 말은 그가 퇴직을 결심하는 데 결정적 계기가 되었다고 한다.

왕조시대에도 호칭을 통한 부하 존중은 중요했다. 청나라 건륭제乾隆帝는 선비를 존중하고 후하게 대했다. 뛰어난 지식인을 만나면 노소를 불문하고 '노선생'이라 불렀고, 자신은 '무생無生'이나 '만생卍生'이라 낮췄다.

당신은 조직에서 직원들을 어떻게 부르는가? 물론 머슴이라고 비하하지는 않겠지만, 이들의 사기를 고무시키는 구호와 호칭은 갖고 있는가? 예전의 영웅서사 영화를 보면 눈에 띄는 공통점이 있다. 장군이나 대왕이 병사들을 "형제여my brothers!"라고 부르는 것이다. 형제라 부르면 형제가 되고, 머슴이라 부르면 머슴이 되는 게 호칭의 생리다. 호칭 자체에 그들이 하는 일의 소중함과 가치 그리고 비전이 담겨 있다.

호칭이 충성을 부르고 열광을 부른다. 직원들에 대한 호칭이야말로 CEO의 직원에 대한 관심이자 창조경영의 단초다. 호칭에는 개개의 구성원이 대단히 중요하다는 리더의 철학이 은연중에, 아니 노골적으로 담겨 있다.

웅진 코웨이는 각 가정을 방문해 자사 렌털 정수기를 관리하는 여성 관리자들을 '웅진코디'라 부른다. 얼핏 코디네이터를 연상시키는 이 단어는 '코웨이 레이디'의 준말이다. 관리자와 고객 대부분이 주부라는 점에 착안해 붙인 이름이다. 만일 '정수기 방문 관리원'이라는 액면 그대로의 이름이 붙었다면 어땠을까? 직원은 물론이고 소비자 역시 이 호칭 속에서 다정하고 살가운 느낌을 받지 못했을 것이다.

리츠칼튼호텔은 직원들 스스로가 '신사 숙녀에게 봉사하는 신사 숙녀'임을 가슴에 새기게 했다. 그럼으로써 단지 고객의 시중을 드는 하녀나 시종이 아니라 스스로가 신사 숙녀로서 자부심을 갖게 한다. 이는 리츠칼튼의 창립자인 호스트 슐츠Horst Schulze가 "신사 숙녀에게 봉사하는 우리는 고객처럼 신사 숙녀가 될 수 있습니다. 이 업계에 있는 멋진 사람들은 이 사실을 반드시 명심해야 합니다"라고 내외부에 공지하기 위해 만든 모토다. 시종의 시중을 받기보다는 신사 숙녀의 시중을 받는 것이 고객으로서도 한층 격이 높아지지 않겠는가.

디즈니랜드는 모든 직원을 '캐스트cast'라고 부른다. 영화에서 '배역'을 뜻하는 단어를 직원을 지칭하는 말로 사용하는 것을 보면, 회사 내 이들의 비중이 얼마나 높은가를 짐작할 수 있다. 월마트는 비즈니스의 협조자란 점에서 모든 직원을 '어소시에이트asociate'라 부른다. 모두 "당신은 우리 조직에 없어서는 안 될 사람"이란 존중과 배려가 절절이 담겨 있다.

스티브 잡스는 한창 매킨토시 컴퓨터 개발에 열중할 때 자신에게는 '해적왕', 직원들에게는 '해적'이라는 호칭을 주면서 일에 몰입하도록 열정을 불어넣었다. 해적 깃발을 사옥 꼭대기에 내걸고, "우리는 해적이다"라는 문구가 적힌 티셔츠까지 단체로 입으면서 말이다.

전 세계 자동차 배기가스 계측기 시장의 80%를 차지하는 일본의 호리바제작소는 곳곳에서 재미를 강조한다. 예를 들어 이 회사의 연수원 이름은 '펀 하우스fun house'이고 직원들은 재미있고 즐겁게 일하는 스스로를 가리켜 '호리비언horibian'이라고 부른다. 패션그룹 구찌는 멤버들이 서로를 '갱스터'라 부르며 '조폭' 못지않은 끈끈한 동지애를 다진다.

휴렛팩커드HP는 종업원들을 '발명가inventor'라 부른다. 창업자들의 벤처정신을 부활시키자는 의미가 함축적으로 담겨진 것으로, HP는 직원들의 모습을 사내외에 적극적으로 알림으로써 리브랜딩rebranding에 성공했다. 그런가 하면 나이키의 판매사원들은 스스로를 '에킨스(EKINS, 나이키의 철자를 거꾸로 조합해 만든 단어)'라 부르고 이들 중 상당수는 자신들의 강한 애사심을 표현하는 수단으로써 다리와 어깨에 로고를 문신하기까지 한다.

이런 평상적 호칭만으로도 상대의 기분을 좋게 만들 수 있다. 내가 잘 아는 K사장은 툭하면 직원들을 '동지'라 부르며 어깨를 툭툭 쳐주곤 했다. 야단칠 때는 눈물이 쏙 빠지게 했음에도 소주 한잔 걸치며 부르는 동지란 말에 직원들의 원망이 눈 녹듯 사라진다.

그러나 가장 중요한 것은 무엇보다도 직원의 이름을 제대로 불러주는 것이다. P사장은 직원의 이름을 되도록 다 외워서 부르려고 한다. 물론 큰 조직에서 직원들의 이름을 모두 외우는 것이 현실적으로 불가능할 수 있다. 그러나 노력하는 자세만으로도 직원들은 감사한 마음을 느낀다. 그는 직원과 부딪혔는데 이름을 기억하지 못했으면 사무실에 돌아와서 그 이름을 찾아보고 적어도 두 번째 만났을 때는 제대로 이름을 불러주려 노력한다. 작은 일이지만 경영자가 자신의 이름을 불러줬을 때 가지는 자부심과 활력은 기대 이상의 효력을 발휘하더라고 했다.

이름을 외우는 것이 부하에 대한 관심의 전부는 아니지만, 다음 일화와 비교를 해보면 분명한 잣대인 것은 사실이다.

모 회사에는 지금도 웃지 못할 이야기가 전해져 내려온다. 외부행사를 위해 직원들이 지원을 나갔다. 그 자리에서 직원을 알아보지 못한 경영자가 직원에게 정중하게 술잔을 따르며 "잘 부탁드리겠습니다" 하고 인사를 청한 것이다. 당사자는 신원을 밝혀야 할지 말아야 할지 몰라 진땀을 흘렸다. 당한 사람이나 보는 사람이나 모두 뒷맛이 씁쓸했다고 한다.

K대리는 신입 시절, 42명이던 신입직원들의 이름과 얼굴, 특징들을 하나하나 공부하고 기억해준 J팀장을 지금까지 잊지 못한다. 교육 첫날 K팀장이 "사진과 실물이 전혀 다른 ○○ 씨"라며 자신의 이름을 다정하게 불러주었던 것이다. 스스로 동료의 이름을 외우는 데도 1주일이 걸렸기에 40명이나 되는 직원들의 이름을 외우는 팀장의 세심함과 열정이 더욱 고맙더라고 했다.

외우는 것에 머무르지 말고 늘 "○○ 씨, 좋은 의견입니다" 등 대화나 회의 도중에 자주 이름을 거명하라. 인심을 잃은 상사들을 보면 대개 부하 직원의 이름도 제대로 모른다는 공통점이 있다. 이런 상사에게 직원들은 "아무리 잘해줘봐야 이름도 기억하지 못하는 상사"라며 "인사고과는 어떻게 내리는지 궁금하다"며 마음을 돌린다. 천리 길도 한걸음부터다. 상사로서 존경받고 싶다면 당장 부하들의 이름부터 제대로 외워보자.

아름답지는 않더라도 깔끔하게는 이별하라

"10년 후 해고를 위하여!"

초등학교 1학년이었던 딸아이의 생일파티에 초대된 친구가 콜라 잔을 들며 이렇게 외쳤다. 깜짝 놀라기도 하고 마음이 짠하기도 해서 "너 해고가 무슨 뜻인지 아니?" 하고 물으니 그 아이가 천연덕스런 표정으로 "회사에서 '잘리는' 거요" 하고 답하는 것이었다.

평생직장의 시대가 사라지면서 해고가 일상적 풍경이 되고 있다. 사오정, 삼팔선, 체온퇴직(직장인들이 체감 정년을 36.5세로 보고 있음을 빗댄 신조어)이 말해주듯 해고는 이제 노년의 이야기가 아니다. 심지어 초등학생조차 해고란 말을 일상적으로 하게 됐다. 해고는 본인은 물론 칼 잡은 상사에게도 작지 않은 아픔이다. 하지만 리더의 해고전달 기술에 따라 어떤 조직은 "회사 쪽으로 오줌도 누지 않는다"라는 말을 들을 정도로 원한을 사는가 하면, 어떤 조직은 그래도 청춘을 바친 애틋한 친정이요, 기댈 언덕으로 추억되기도 하다.

해고에는 두 가지 경우가 있다. 직원의 능력이나 태도에 문제가 있는 경우와, 회사 상황이 어려워져서 일시에 대량 해고를 해야 하는 경우가 그것이다. 어떤 이유에서든 해고는 좋은 소식이 아니다. 하지만 감정의 앙금을 덜 남기도록 해결해나가는 것이 리더십의 최절정 전술이란 점에서는 이견이 없다. 미국 그린포인트 은행의 토머스 존슨 Thomas Johnson CEO는 사업승계를 받으며 선친으로부터 들었던 말을 생애 최고의 비즈니스 조언으로 삼았다. "누군가를 해고해야 하는 사태에 직면해야 진정한 어른이 된다. 그리고 좋은 어른이라면, 그 일을 겪을 때마다 불편함을 느낄 것이다."

건물은 그대로 두고 사람만 죽이는 중성자탄에 빗대어 '중성자탄 잭'이라는 불명예스러운 별명을 얻게 된 GE의 잭 웰치조차 해고의 불편함을 자주 토로했지만, 결코 그 악역을 다른 사람에게 떠넘기지 않았다. 그는 《위대한 승리Winning》에서 해고는 절대적으로 관리자의 몫이라며 너무 서두르거나, 투명하지 않은 방식으로 일을 처리하거나, 시간을 오래 끌지 말라고 충고했다. 회피할수록 직원에게 불신을 사고 무시당한다. 해고는 당사자의 반발을 떠나 조직 전체에서 리더에 대한 인식을 좌우하므로 신중에 신중을 거듭해야 한다고 강조했다.

아무리 인도적으로 하려고 해도 기본적으로 인도적이기 힘든 것이 바로 해고를 둘러싼 커뮤니케이션이다. 해고의 절차에도 분명 지켜져야 할 예의는 있다. 하지만 많은 리더들이 그 불편하고 미안한 소통을 피하려다 오히려 불필요한 부작용만 낳고, 결국 '비정한 리더'란 소리만 듣곤 한다. 리더가 반드시 거쳐야 하는 통과의례인 해고통보, 어떻게 해야 할 것인가? 적어도 아래의 방법으로는 해고를 통보하지도, 종용하지도 말라.

첫째, '고립전술'이다. 암묵적으로 고립시켜 스스로 사표를 쓰게 하는 것이다.

말 못하고 미적거리다가 결국 택하곤 하는 최악의 해고방식이다. 당사자에게 회사가 더 이상 필요로 하지 않는다는 암묵적인 메시지를 지속적으로 보낸다. 그리고 내심 부당해고 소송에 휘말리지 않도록 알아서 떠나주기를 바란다. 비록 칼자루는 당사자가 쥐고서 사표를 썼지만, 그렇게 하도록 떠밀었다는 점에서 잔인한 방법이다. 또 일터도, 자존심도 잃게 해 재기를 힘들게 만든다. 자극적인 TV 드라마에 자주 등장하는 해고수법이지만 피해야 할 방법이다.

상사의 미움을 산 부하에게 어느 날 한직 발령이 난다. 발령지에 도착해보니 이게 웬걸, 거미줄은 양반이고 각종 비품을 쌓아놓은 지하 창고에 변변한 사무의자 하나 없는 곳이 아닌가. '이래도 안 물러날래?' 하는 종용이다. 경우에 따라서 원한을 산 직원의 반발로 장기전으로 들어갈 수 있다. 모 호텔의 홍보임원은 객실관리로 발령받은 후 권토중래捲土重來를 다짐하며 사표를 쓰지 않고 버티기 작전을 벌이고 있다. 그는 매일 아침 객실 침대보를 털면서 '누가 길게 가나 두고 보자' 하고 속으로 결심을 다진다.

모 회사 Y전무의 이야기다. 그는 뛰어난 업무성과로 주목받으면서 조직의 떠오르는 별로 급부상했다. 하지만 '라이징 스타'가 '별똥별'이 되어 낙하하는 속도 역시 그만큼 빨랐다. 태평성대를 누리던 어느 날, 회사 게시판에 인사 방榜이 붙었다. 그런데 자신의 이름이 적혀 있지 않은가. 그것도 지방 한직 발령. 영업소 근무는 해보지도 않았던 그에게 청천벽력 같은 유배요, 귀양이었다. 결국 그는 몇 주를 버티다 회사를 사직했다.

비록 손에 피도 안 묻히고 상대를 그만두게 하려는 소기의 성과는 거뒀을지 몰라도 부작용은 그다음부터 발생했다. 그가 회사에 대한 원망과 비방을 외부에서 여기저기에 퍼뜨린 것은 그렇다 치더라도, 문제는 회사에 대한 직원들의 신뢰가 무너져 내렸다는 점이다. 지금은 한창 촉망받고 인정받고 있다 하더라도 단물 쓴물 다 빨아먹고 나면 언제든 퇴출당할 수 있다는 불안감이 조직 내에 팽배해졌다. 조직의 기본은 신뢰인데 이를 잃고 나니 충성심을 확보하기 어려워질 수밖에 없었다.

자, 이래도 고립전술로 직원의 자존심을 여지없이 으깨는 것이 좋다고 생각하는가. 해고방식이 비열할수록 그 부작용은 크다.

둘째, '모욕전술'이다. 모욕을 주고 스스로 사표를 쓰게 하는 것이다. 자존심으로 먹고사는 지식인 직업군에서 흔히 취하는 방식으로, 모욕감을 느끼게 함으로써 스스로 그만두게 하는 해고전술이다.

모 회사의 S사장은 공개적으로 말하곤 한다. 우리 회사에서 해고는 직원을 자르는 게 아니라 붙잡지 않는 것이라고. 대체 그 말이 무슨 뜻인가 알아보니 사장이 해당 직원을 불러놓고 그 앞에서 차마 견딜 수 없는 모욕적인 언사를 퍼붓는 것이었다. “당신, 리더 맞아? 아주 형편없는 사람일세. 직원들 불만도 이만저만이 아닌데, 내가 지금까지 사람을 잘못 봤네” 등 자존심을 긁어대며 인내심의 한계를 시험한다. 상대방의 인내심 정도에 따라 모욕의 강도는 점점 세진다. 짐작하다시피, 자기 손으로 직접 사표를 쓰게끔 하기 위한 처사다. 자존심 강하고 부유한 집안 출신 인재들이 많은 회사 특성상 모욕전술은 백전백승의 승률을 자랑하고 있다. S사장은 그 같은 사표 소동을 치르고 나면 흐뭇해하며 주위 사람들에게 승전보를 들려주곤 한다. “아, 그 직원 한 성깔 합디다. 내가 문제점을 지적해주니까 내 면전에서 욱하며 대들던데요.”

모욕전술 역시 고립전술만큼이나 영악할지언정 정당한 방법은 아니다. 더구나 그동안 쭉 지켜봤다고 하면서 느닷없이 과거의 문제를 지적하는 것은 덫을 놓고 함정에 걸리기만을 기다리는 치졸한 방식이다. 문제를 시정해볼 기회도 주지 않은 채 ‘실패 마일리지’가 쌓이기 무섭게 해고통고를 하려는 음모에 다름 아니다. 비록 성공한 전술처럼 보일지는 모르지만, 해고 과정을 지켜보면서 살아남은 자들이 느낄 열패감과 모욕감을 생각하면 장기적으로 봤을 때 이긴 게임이라고 결코 말할 수 없다. 해고는 아무리 정당한 사유라도 상대의 존재감을 해치지 않는 게 기본이다.

셋째. '일방통고'다.

모욕과 고립을 통한 해고방법이 유도에 가깝다면 느닷없는 일방통고 방식은 단도직입적이라 문제가 된다. 이 방식은 느닷없이 뒤통수를 쳐 배신감을 느끼게 한다. 일례로 모 은행에서 휴대폰으로 해고통보를 해서 큰 사회적 물의를 빚기도 했다. 개인의 결별도 그렇지 않은가. 마티 반하넨Matti Vanhanen 핀란드 전 총리는 휴대폰 문자메시지로 연인에게 결별을 통보함으로써 '오뉴월에 서리 맞는' 복수를 당해야 했다. 그 여성이 자신과의 은밀한 사생활을 폭로한 자서전을 발간하면서 가열찬 반격을 가한 것이다.

물론 나쁜 소식을 전하는 것은 지위, 나이, 성별을 막론하고 누구에게나 괴로운 일이다. 하지만 그럴수록 얼굴을 마주보고 이 해고의 상황과 이유에 대해 설명해줘야 한다.

푸틴 전 러시아 대통령은 "외부에서 보기에는 그냥 사람을 빗자루로 쓸어내듯 해고하면 될 것 같지만, 일이 그런 식으로 이뤄져서는 안 된다"며, "해고하려는 사람을 사무실로 불러 눈을 똑바로 쳐다보면서 해고사유를 구체적으로 설명해주고, '잘못된 부분이 있다면 반박하라'며 항변의 기회를 줘야 한다"고 말했다.

모 투자자문회사의 N대표는 동창의 추천으로 믿고 직원을 썼는데, 화려한 경력과는 달리 실적이 형편없고 조직 분위기를 해칠 정도로 태도까지 좋지 않아 속을 끓이고 있었다. 그렇게 2년을 속 태우며 지내다가 도저히 안 되겠다 싶어 해고를 통보했다. 본인이야 오랫동안 심사숙고한 것이었지만, 당사자로서는 아닌 밤중에 홍두깨였다. 그간에 부정적 피드백을 한 번도 받지 않은 것을 잘하고 있다는 신호로 받아들였던 것이다. 결국 그는 해고 절차를 무시한 일방적 해고통보라며 이를 문제 삼아 해고무효 소송을 냈다.

본인이 오래 생각했다는 것이 상대가 오래 생각했다는 것과 동의어가 아님을 명심하자. 느닷없는 일방통고로 상대를 놀라게 하지 말라. 사전 예고 없는 해고는 리더십은 차치하고 인간으로서 '도리'의 문제다. 해고당한 사람이 새로운 직업을 구하기 위해 구직 상담과 재교육을 받을 기회마저 박탈하기 때문이다.

이 외에도 나쁜 해고의 유형에는 희생 읍소와 트집 등이 있다. '희생 읍소형'은 "자네 하나가 그만둬야 우리 조직 2명이 사네. 자네가 좀 희생해주게" 하는 식이다. '트집형'은 통상적으로 그냥 넘어갔던 작은 실수나 부정행위를 꼬투리 삼아 기강해이나 비리를 명목으로 해고하는 방식이다. 가령 포스트잇이나 필기도구 등을 집으로 가져갔다고 사무용품 절취죄로 몰아 해고의 빌미로 활용하는 경우다.

해고의 하수들이 범하는 공통점은 당사자에게 불투명한 기준을 적용하고, 심한 모욕감을 준다는 점이다. 해고에 '성공'했다고 해서 만세를 부르는 것은 단견이다. 이 같은 해고방식은 조직에 대한 비난과 불신이라는 부메랑으로 돌아오게 되어 있다. 해고된 이들이 외부 사람들에게 회사를 욕하고, 업계 사람들에게 조직과 상사인 당신을 험담하고 다닌다고 생각해보라. 그 부정적 여파의 비용은 어떻겠는가. 그뿐 아니라 남은 직원들에 미칠 영향을 계산하라.

아울러 떠난 사람을 평가절하하면서 남은 사람들의 의욕까지 저하시키지 말라. 그들에게 해고는 '나만 아니면 된다'는 복불복 게임이 아니다. '언젠가 나도…'라는 불안감과 동시에 '살아남은 자의 슬픔'을 겪게 하는 일이다. 해고는 신중 또 신중, 정중 또 정중해야 한다.

그렇다면 노사분규가 고질화되고 상호불신이 고조된 회사에서 해고는 어떤 식으로 하면 좋을까? 감정이 격화된 상태에서 당사자들이 직접 나서서 마찰을 격화시키기보다는 전문가의 도움을 의뢰하는 것도 한 방법이다. 노조의 대립이 장기화된 회사에 부임한 Y사장이 가장 먼저 한 일은 전문 법무팀과 노무팀에 이 일을 전담시킨 것이었다.

"제가 부임해보니 직원들이 노조원들의 해고문제에 직접 나서서 동분서주하면서 본연의 업무를 못하고 있었습니다. 저는 머리를 쓸 일, 가슴을 쓸 일이 따로 있다고 생각했지요. 어제까지 한솥밥 먹던 직원들이 동료들을 막아서서 대치하는 것도 고역이고요. 갈등해결은 전문가에게 일임하고, 객관적 기준을 제시하고 나니 한결 회사가 활기차고 능률적으로 돌아가는 것이 한눈으로 느껴지더군요. 회사 현관에서 현수막 걸고 투쟁하는 노조원들과 출근을 이슈로 싸울 일도 없어지고요."

해고, 그 자체가 나쁜 소식임은 틀림없다. 하지만 나쁜 소식을 전하고 해결해나가는 것은 리더십의 최절정 전술이기도 하다. 해고에서도 정석과 금기는 분명히 존재한다. 절차상의 기준을 무시하고 암묵적으로 내친다든가, 모욕을 준다든가, 느닷없이 통보함으로써 당혹하게 하지 말라. 야박하고 비인격적인 상사라는 인상을 준 순간부터 리더십은 회복할 수 없는 큰 손상을 입게 된다. 좋은 리더라면 겪을 수밖에 없는 불편함과 미안함을 상대에게 진정으로 전달하라. 자기가 불편하다고 해서 대리인에게 전달시키는 것은 직무유기다. 아름다운 이별까지는 힘들더라도 깔끔한 이별은 하라. 자식은 아버지의 '뒤꼭지'를 보며 성장하고, 부하직원은 리더의 해고라는 곤란한 '일처리'를 보며 충성을 결심한다.

야단 잘 치는 상사가 진짜 강한 상사다

당신 회사의 '야단' 풍경은 어떤가? 재떨이가 날아가고, 육두문자가 쏟아지지는 않는가? 사무실 너머로 고성이 쩌렁쩌렁 울려 퍼져 다른 사람들까지도 얼어붙게 만들지는 않는가? 아니면 쥐 죽은 듯 조용해 직원들이 벽 쪽으로 귀를 쫑긋 세우고 바짝 긴장하지는 않는가?

"아, 요즘 그런 거 참고 견디는 직원이 어디 있습니까? 오히려 상사가 부하 눈치 보는 판인데" 하고 반박하는 사람도 있을지 모른다. 하지만 최근에도 회의에서 상사와 다른 의견을 냈다고 주먹과 쇠파이프로 상사에게 맞아 부상을 입은 직원이 업무상 재해 판정을 받은 사건이 있다고 하니, 여전히 '상사 야단 잔혹담'은 현재 진행형인 셈이다.

원래 야단惹端이란 불교에서 나온 용어로 '야단법석惹端法席'의 줄임말이다. 《우리말 유래 사전》에 의하면 '법석'은 원래 불교용어로, 대사의 설법을 듣는 법회에서 다함께 불경을 읽는 '법회석중法會席中'이 줄어서 된 말이다. 이처럼 엄숙한 자리에서 괴이한 일의 단서端緖가 야기惹起돼 매우 소란스러워졌다는 의미로 '야단법석'이라는 말을 사용했다. 여기에서 의미가 전이돼 여러 사람이 한데 모여서 서로 다투고 떠들고 하는 시끄러운 판을 뜻하게 됐고, 몹시 소란스럽게 꾸짖는다는 뜻의 '야단'이 파생된 것이다.

야단칠 때 법석을 떨면 백전백패다. 어원대로 부처님의 설법처럼 맑고 고요하게 전하라. 알고 보면 야단이야말로 리더십의 진수로 '프로 상사'와 '아마추어 상사'를 가르는 확실한 분수령이다.

흔히 '감성 리더'라 하면 칭찬 잘하는 리더를 먼저 떠올린다. 하지만 진짜 감성 리더는 야단에서 판가름 난다. 칭찬 못하면 동기부여를 제대로 못 시키는 데 그친다. 하지만 제대로 야단 못 치는 상사는 동기부여는 고사하고, 부하의 사기와 조직성과를 사정없이 떨어뜨린다. 테레사 글롬Theresa Glomb, 찰스 훌린Charles Hulin 그리고 앤드루 마이너Andrew Miner의 〈일지를 통해 본 직장 심리학 연구〉 보고서에 따르면 상사의 모욕, 조롱, 무시, 폭언, 경멸 등 도를 넘어선 부정적 대우가 당사자의 기분에 미치는 영향은 칭찬, 인정, 존중을 받았을 때 느끼는 긍정적 기분보다 무려 5배나 더 치명적인 것으로 나타났다. 즉 '잘못된 야단'이 그만큼 위험하다는 것이다.

윌리엄 맥나이트William Mcknight 3M 전 회장은 1907년에 경리사원으로 입사한 후 사장직만 20년을 역임한 전설적 인물이다. 그는 직원의 마음에 상처를 입힐 만큼 부정적으로 비판하는 야단은 창의성을 해친다며 이렇게 말한다.

"만약 직원이 본질적으로는 옳은 일을 하려다 실수를 저질렀다면 책임자가 그 직원의 실수를 바로잡아주면 됩니다. 대개 직원들의 실수는 경영자들이 저지르는 실수만큼 큰 문제가 되지 않습니다."

강한 상사를 살펴보면, 하나같이 효과적으로 야단치는 노하우를 개발해놓고 있다. 어떻게 하면 될지 감이 잡히지 않는다고? 노하우의 핵심은 간단하다. 당신도 부하 시절이 있었다. 그리고 상사에게는 여전히 부하다. 그가 어떻게 야단쳐주기를 바라는가? 그것이 부하를 야단치는 최선의 기술이다.

제때 제대로 야단쳐라

에이미 에드먼슨Amy Edmondson 하버드 경영대학원 교수는 하버드 메디컬스쿨의 8개 간호부서를 대상으로 리더십과 동료관계가 약품취급 시 발생하는 실수에 어떤 영향을 미치는지 설문조사를 실시했다. 조사 전, 그녀는 리더십과 동료의 협조가 좋을수록 실수가 적을 것이라고 가정했다. 당신은 어떻게 예측하는가? 조사결과는 반대였다. 가장 훌륭한 리더가 있는 부서가 최악의 리더가 있는 부서에 비해 10배나 실수가 더 많았다. 편안하게 실수를 인정할 수 있고, 따라서 보고하는 것도 당연하다고 믿었기 때문에 실수가 더 많이 노출된 것이다. 반면 나쁜 상사가 책임자로 있는 부서는 사정이 완전히 달랐다. 데이터상 실수는 적었지만, 간호사들 사이에는 실수에 대한 두려움이 팽배해 있었다. 실수를 하면 죄인시되고 인민재판에 회부되듯 몰아붙이니 모두들 실수를 덮느라 바빴다.

당신의 야단 스타일은 어떠한가? 버럭 호통치며 "죽고 싶어?" 하는 벼랑 끝 위협만 가득하지 않은가? 차라리 실수의 이유를 스스로 깨치고 고치도록 설득하라. 저성과 조직의 공통점은 실적이 떨어질 때마다 리더가 무엇이 문제인지 밝히기보다 누가 잘못했는지 책임소재를 색출하는 데 혈안이라는 점이다. 그럴수록 직원들은 문제가 생기면 개선책을 찾는 대신 서로에게 책임을 떠넘기기에 급급해진다. 책임소재를 밝히는 과거지향식 야단은 누구나 칠 수 있지만 시정과 개선의 미래지향적 야단은 강한 상사만이 할 수 있다.

대책 없이 몰아붙이는 상사의 야단에 질색하는 부하들의 하소연을 들어보자. 한번 시작하면 끝이 없는 무한 야단 상사, 한번 실수를 묵은 김장김칫독 파듯 매번 잊을 만하면 고정 레퍼토리 삼아 야단치는 상사, 기승전결 없이 무슨 말인지 모르게 야단만 치는 상사, 쌓아놓았다가 기다렸다는 듯이 작은 것까지 하나하나 다이어리 봐가며 들춰내는 상사, 공개적으로 인민재판하는 상사…. 이런 상사들의 개념 없는 야단에 부하직원들은 잘못을 알고 충분히 반성하다가도 적대심과 반항심만 더 일어난다고 고백한다. 심지어는 가끔씩 계급장 떼고 한판

붙어보고 싶기까지 하다고 한다.

같은 내용이라도 기 살려주는 야단과 기죽이는 야단이 있다. 기 살리는 상사는 "능력을 가진 당신이 왜 이 정도밖에 못하느냐"며 인정과 신뢰를 기본으로 깔고 꾸짖는다. 반면 기죽이는 상사는 "왜 실적이 이 정도밖에 안 되나? 그러니 만날 이 모양이지, 월급이 깎여봐야 열심히 할 거야?"라고 다그치기만 한다. 기 살리는 상사는 신뢰를 보여주면서 보완점만 고치면 최고가 될 수 있다고 말한다. 하지만 기죽이는 상사는 개선의 여지란 결코 없다는 식으로 비아냥댄다.

야단을 칠 때는 내용과 형식이 듣는 사람에게 어떤 영향을 끼칠지 예측해야 한다. 혹독한 비판의 결과는 파괴적이게 마련이다. 분노와 참담함 같은 감정적 반발을 낳기 때문이다. 심한 야단은 잘못을 시정하게 하기는커녕 면죄부를 줘 가책을 느끼지 않고 심지어는 파괴적 앙갚음을 낳게도 한다.

야단 기술이 없는 상사들이 범하는 또 다른 실수는 간접 야단이다. 즉 정면돌파 회피로 쓰리쿠션 야단을 치는 상사다. 특정 부하에게 불만이 있을 때 그 사람에게 직접 말하지 않고 다른 부하에게 말을 흘림으로써 그 말이 한 다리 건너 당사자의 귀에 들어가게 하는 것이다. 예컨대 사무실에 있는 사람들 다 들으라는 듯이 다른 방에 있는 대리에 관해 "대체 C대리는 왜 그것 하나 제대로 못한대?"라며 다른 사람의 입을 통해 듣도록 의도적 꼼수를 쓴다. 겉으로 봐서는 호통파보다 조용하지만 이것은 조직의 분위기를 더 악화시키고 당사자의 불안과 불만을 더 자극한다. 말을 건네 들은 부하는 직접 찾아가 묻기도, 변명하기도 난감하니 감정만 더 상한다. 반론의 기회 자체가 차단되면서 대응하거나 해명할 기회가 없다는 것도, 자신의 실수나 잘못이 공공연하게 입방아에 오르내리는 것도 불쾌하기 짝이 없기 때문이다.

'제대로' 야단치는 것만큼 '제때' 야단치는 것도 중요하다. 절대로 야단의 벌점을 마일리지처럼 쌓아두었다 한꺼번에 쓰지 말라. 갑자기 분출하지 않기 위해서는 구체적이고 즉각적인 피드백을 그때그때 해주는 것이 필요하다. 대립을 피하고 무조건 참는다고 해서 문제가 저절로 해결되지는 않는다. 착한 상사가 되려고 갖은 노력을 하는 상사들일수록 야단을 피한 채 차곡차곡 쌓아두었다가, 부하가 보기에 별것 아닌 일로 폭발한다. 상사로서는 한두 번 참은 게 아니지만 부하로서는 '뭐 그 정도로 저렇게 벌컥 화를 내는지' 싶어 당황스럽다. 더구나 어떨 때에는 잘 넘어가더니, 어떨 때에는 과도하게 분출하니 혼란스럽기조차 하다. 혈압이 머리끝까지 치밀어 오른 다음 폭발시켜서는 안 된다. 한꺼번에 분수처럼 분출하지 말고, 필요할 때마다 시냇물처럼 졸졸 흘려라. 제때 얼굴을 마주하고 제대로 야단쳐라.

'버럭'할수록 카리스마는 떨어진다

손욱 전 농심 회장은 "야단에는 반드시 뒤끝이 남아야 한다"며 '뒤끝 야단'을 주장한다.

"뒤끝 없다고 말하는 상사치고 부하직원들이 좋아하는 경우가 없습니다. 맞은 자가 발 뻗고 잔다는 것은 때린 자의 자기기만입니다. 리더의 기본 자질은 감정절제입니다. 자신의 감정을 있는 대로 다 표출하고 나면 오히려 해롭지요. 나중에 술 한잔 독작하며 삭힐망정 감정처리는 혼자 해야 합니다. 강압적으로 명령하고 구둣발로 정강이를 걷어차는 것은 정말 구시대 얘기지요. 제 마음이 석탄 백탄이 될망정 감정의 100% 배설은 금물입니다."

자신의 실수를 분명히 자각하고 있는 부하직원의 상처에 소금을 뿌리지 말라. 차라리 의기소침한 부하의 마음에 약을 발라줄 때 부하의 충성심과 성실함은 배가될 것이다.

당신은 부하를 대할 때 얼마나 감정을 통제하는가? '예전 상사들은 조인트도 깠다는데 나 정도는 약과지' 하며 스스로 위로하지는 않는가? 있는 말, 없는 말로 속을 후벼파고는 '난 뒤끝은 없으니까' 하고 잊어버리지는 않는가? 때로 생각보다 감정이 앞서 말을 뱉어놓고는 "아, 이건 아닌데. 진도가 너무 나갔어. 미안" 하며 수습불가의 상황에서 후회한 적은 없는가? 혹은 전화로 직원에게 퍼붓다가 도중에 거칠게 끊은 적은 없는가?

《삼국지》에서 이러한 울끈불끈 감정폭발형의 대표형은 장비다. 용감무쌍한 장수였지만 그가 생을 마감한 곳은 전장이 아니라 그의 처소였고, 그의 목을 벤 자는 적장이 아니라 부하였다. 의형제를 맺은 관우가 오나라에 붙잡혀 죽자 유비와 장비는 원수를 갚으러 대군을 이끌고 쳐들어갔다. 슬픔에 빠진 장비는 관우를 추모하기 위해 전군이 흰

옷을 입어야 한다며, 부하 장달과 범강에게 사흘 안에 소복을 준비하도록 명한다. 수십 명도 수백 명도 아닌 수만 명을 위한 소복을 3일 내에 마련하라니, 실무책임자로선 황당할 것이 눈에 그려지지 않는가. 현실적으로 불가능하다고 보고하자, 장비는 이들에게 치도곤을 놓는다. 결국 장달과 범강은 이래도 죽고 저래도 죽을 것, 이판사판이라며 장비를 죽이고 만다. 장비가 화를 제대로 다스리고 야단을 쳤던들 그처럼 허망한 죽음을 당했을까.

중국의 전설적인 거상巨商 호설암胡雪巖은 "호랑이는 아무 데서나 성깔을 부리지 않는다"면서 능력 있는 인물일수록 자신의 감정을 잘 통제해야 함을 강조했다. 한국학중앙연구원 박현모 교수는 《조선왕조실록》을 통해 조선시대 역대 왕이 재임기간 동안 화를 낸 횟수를 조사했는데, 그 결과에 따르면 어진 정치를 편 임금일수록 화를 낸 횟수가 적었다고 한다. 세종대왕은 379개월의 재임 기간 동안 크고 작은 화를 모두 합해 21회밖에 내지 않았다고 한다. 월평균 0.06회인 셈이다.

화를 낼수록 본인의 상사존경지수가 올라갈 것이라고 생각하면 착각이다. 화를 낼수록 '무서운' 상사가 되기는커녕 '우스운' 상사가 되기 쉽다. 그러니 뒤끝 없는 '기분파'가 되기보다 화를 생산적으로 다루는 '관리파' 상사가 되어라. 관리파는 억지로 화를 참느라 화병에 걸리지도, 참았다가 한꺼번에 터뜨리지도, 시도 때도 없이 식식거려 주위를 불안하게 하지도 않는다. 다만 똑 부러지게 표현할 뿐이다. 더 생산적이고 덜 파괴적인 방법으로 분노를 다뤄라.

만일 화가 나서 제대로 표현하는 게 힘들 것 같으면 차라리 식힐 시간을 청하라. 당신이 지금 화가 머리끝까지 치민 상태이니 잠시 휴지기가 필요하다고 청하는 것이다. 그렇게까지 할 필요가 있느냐고? 화가 머리끝까지 올라 할 소리, 안 할 소리 다 해놓고서는 나중에 뒤집어쓸 비난의 화살, 스스로의 가슴을 칠 자책을 생각해보라. 차라리 식히며 전략을 짜는 것이 당신에게도 부하에게도 이익이다. "이 이야기를 하고 싶네만, 지금은 적당한 시간이 아닌 것 같네. 내일(또는 1시간 후) 같이 이야기하도록 하지" 하고 당신의 감정을 식힐 시간을 갖도록 하라. 상사의 카리스마는 분노 관리와 비례한다.

문제는 야단의 콘텐츠다

너무나 당연한 기본인데도 많은 상사들이 화가 치밀어 흥분한 나머지 비본질적인 감정을 토로하느라 본질적인 핵심을 놓친다. 그러고는 부하가 자신의 말을 알아듣지 못했다고 탓하는데, 사실은 자기가 말을 제대로 하지 못한 경우도 많다.

야단의 효과를 높이고자 할 때 강도보다 더 중요한 것은 야단의 콘텐츠다. 야단이 단지 화풀이 수단에 그치지 않기 위해서는 '어떤 일로 왜' 야단치는지에 대한 명확한 판단이 서 있어야 한다. 다시 말해 성실성과 노력이 떨어져서인지, 단순한 실수나 업무상의 지식이 부족해서 잘못을 저질렀는지를 구분할 줄 알아야 한다. 전자의 경우라면 따끔한 야단이 필요하지만, 후자의 경우라면 관대한 포용과 격려가 더 효력을 발한다.

설득력 있고 세련되게 야단을 치기 위해서는 우선 '일'에 초점을 맞춰야 한다. 사람에 초점을 맞출수록 부하는 자신의 방어기제를 더 강화하고, 상사의 충고를 거부감을 가지고 밀어낸다. 마치 죄인을 심문하듯 "네가 그런 거 맞지, 잘못했다고 어서 인정해" 하며 독 안에 든 쥐처럼 마구 몰아붙이며 추궁하는 야단은 백전백패다. '너를 위해' 야단을 친다는 게 잘 전달돼야 한다. 이때 보완책을 조언해주며 더 잘할 수 있다는 격려로 마무리 지으면, 야단의 긍정적 효과를 바로 경험할 수 있을 것이다.

알맹이 없는 야단으로 부하의 심기를 상하게 해서도 안 되지만, 쳐야 할 야단을 '그냥 내가 한번 참고 말지' 하며 넘어가는 것도 상사의 자세는 아니다. 야단의 이유를 설명하라. 야단도 설득이다. 당신의 좋은 의도를 설명하기보다 상대방에게 돌아갈 불이익을 설명해줘야 한다. 그렇게 하면 어떻게 해서라도 이해하고 수용하려 들게 돼 있다. 콘텐츠가 있는 야단은 칭찬 못지않게 상사와 조직에 대한 만족도를 높여준다. 누구 책임인지 따지느라 시간을 쏟기보다 이런 사태가 재발하지 않으려면 어떻게 해야 하는지 수습책에 초점을 맞춰라.

또한 부하가 무엇을 잘했고, 무엇을 잘못했으며, 그것이 어떻게 바뀔 수 있는지를 구체적으로 전달하라. 나쁜 상사는 부하직원의 실수를 수습하거나 대처방안을 찾아보지도 않은 채 "너 때문에 미치겠다"는 둥 짜증만 내며 정작 수습은 뒷전이다. 당장 업무가 틀어지게 되더라도 내 일이 아니라고 수수방관하지 말라. 잘못된 점이 마감시한인지, 일의 내용인지, 관리방식인지 구체적으로 이야기해줘라.

얼굴 붉히지 않고 부하직원의 정신을 번쩍 차리게 하는 방법이 간절하다면, 다음의 원칙을 기억하라.

첫째, 경위를 알아보라.

야단칠 때는 엘리베이터를 타듯 비약하지 말고, 계단을 오르듯 차근차근 지적해야 한다. 설령 당신이 현장에 있었다고 해도, 당신이 미처 모르는 근원적인 원인이나 문제가 있을 수도 있다. 기억하고 싶은 것만 기억하는 '라쇼몽 효과Rashomon effect' 때문이다. 이를 고려하지 않고 사실 확인도 하지 않은 채 거두절미하고 대뜸 결론으로 치달으면 본전도 못 건지기 십상이다.

K전무는 '엘리베이터 야단'을 치는 바람에 잃은 점수를 만회하느라 지금까지 고생하고 있다. 어느 날 자기 부하가 거래처로부터 접대를 받았다는 제보가 동창으로부터 들어왔다. 가뜩이나 윤리경영이 화두가 되는 마당에 이 무슨 개념 없는 행동인가 싶어 그는 직원에게 직행해서 다짜고짜 호통부터 쳤다. 그런데 그 부하가 당황하기는커녕, 눈에 쌍심지를 켜고 영수증을 일일이 보여주며 무고라고 반박하는 것이 아닌가. 해당직원뿐 아니라 부서장까지 "전무님이 우리를 그렇게 못 믿으실 줄은 몰랐다. 어떻게 직원 말보다 외부 사람 말을 더 믿느냐"며 서운해하는 등, 사태는 수습불가 상황으로 치달았다.

업무파악 능력이 떨어지는 상사일수록 "이유가 뭐든" 하며 논리를 무시하고 호통부터 친다. 하루 종일 밥도 못 먹고 일한 부하가 저지른 작은 실수를 갖고 기관총처럼 퍼붓지는 않는가? 거두절미하고 비난의 종주먹부터 들이댈 때 부하들은 상사에게 등을 돌린다. 다 듣고 야단쳐라.

둘째, 해결책에 초첨을 맞춰라.

직원을 야단칠 일이 생기면 일단 불러 지금 상황을 설명하고, 이 상황에 대해 "내 생각은 이런데, 당신 생각은 어떠냐"며 의견을 물어보는 것도 현명한 야단의 기술이다. 굳이 큰소리나 꾸지람이 없이도 상대로 하여금 잘못을 인식하게 하는 데 유용하다. 직원이 업무 실수를 한 상황에서 꼭 큰소리 내고 기분 나쁜 말로 표현하지 않아도 충분히 부하직원은 위축돼 있다. 목소리 높였다고 개전의 정이 더 생기는 것은 아니다.

사실 대부분의 문제는 당사자가 더 잘 아는 경우가 많다. 그들에게 몇 마디라도 말하게 하라. 어디서 말대답이냐고 삼천포로 빠지지 말라. 해결책을 함께 모색하고 개선책을 다짐받아야 생산적 야단이 될 수 있다. 그렇지 않으면 부하 입장에서 문제 상황은 그대로 있는 상태이기 때문에 같은 실수를 반복할 수밖에 없다. 야단을 치고서도 사기가 충천하게 하는 방법? 문제해결책을 같이 제시하고 모색해나가는 것이다.

셋째, 가끔은 쇼도 필요하다.

모든 야단은 기본적으로 비공개 1대 1로 하는 게 기본이다. 하지만 모두를 향해 공개적으로 질책할 거리가 있게 마련이다. 모두를 향해 두루뭉술하게 야단치면, 문제의 심각성이 피부에 와 닿지 않을 수 있다. 이럴 때는 평소 유능한 부하나 신임하는 부하를 잠시 '희생양'으로 삼는 것도 유용하다. 잘하고 신임하는 부하를 야단칠 때 다른 부하들은 '저렇게 잘하는 사람도 야단맞는데, 정신 똑바로 차려야겠는걸' 하고 긴장한다.

단, 주의해야 할 점이 있다. 내성적인 부하보다는 외향적인 부하가 희생양으로 바람직하다. 내성적인 부하들은 이 같은 피드백을 민감하게 받아들일 수 있기 때문이다. 또한 조직 내 약자를 희생양으로 몰아치면, 원하던 자극효과를 거두지 못하고 오히려 그 직원에 대한 '동정표'만 쏟아지면서 역효과를 빚기 쉽다는 점을 기억하자.

결자해지를 잊지 말라

맺히게 한 사람이 풀어주어라. 다혈질인 상사인데도 직원들에게 인기 있는 경우가 있다. 자세히 보면 이들만의 결자해지結者解之 노하우가 있다. 야단을 쳤으면 반드시 이른 시일에 감정을 풀어주는 것이 필요하다. 야단치고 품어줘라. '사람'이 미운 게 아니라 '잘못'이 미운 것임을 보여줘라. 병 주고 약 주고 어색하지 않느냐고? 병 주고 나서 약을 주지 않으면 더 문제 아닌가.

야단만 잘 쳐도 부하와의 인간관계에서 80%는 성공한 셈이다. 야단을 무조건 치지 말라는 것이 아니다. '문제' 대신 '인간'에게 삿대질을 하는 것이 나쁘다는 이야기다. 꾸짖은 뒤에는 다독거려라. 비온 뒤에 땅이 굳어지듯 오히려 더 가까워졌음을, 신임하기에 야단도 쳤음을 느끼게 해라.

H사장은 야단을 치고 나면 며칠 내에 전화를 걸어 부하에게 데이트를 청한다. 소주 한잔 걸치며 "내가 당신 덕에 살아, 알지?" 하며 아부를 떤다. 직원들은 그게 농담인 줄 알면서도, 사실은 자기를 인간적으로 미워해서가 아니라는 것을 느끼고 눈 녹듯 마음을 풀고 다시 헤헤거리게 된다. 또 다른 Y사장은 서점으로 데려가 부하가 처한 상황에 힘이 될 만한 책에 작은 쪽지를 넣어 선물하곤 한다.

야단은 바로바로 쳐라. 무엇을 어떻게 잘못했고, 어떻게 진행했어야 하는지 그때그때 지적해줘라. 단, 푸는 것도 그때그때 즉시 풀어줘라. 주말에 운동 등을 같이 하는 것도 방법이다. 기본적으로 상사가 하는 질책은 결과적으로 내가 잘되는 쪽으로 이끌고, 결과적으로 회사의 이익을 높이기 위해서란 것을 공유할 수 있으면, 책이든 술이든 운동이든 해결은 쉽다. '병 주고 약 주고', 그것이 우리의 인생 아니겠는가. 야단을 쳤으면 반드시 해원解冤의 시간을 마련하라.

자신 있는 '느낌표 상사'보다 겸손한 '물음표 상사'가 돼라

"하여(何如, 나의 공이 어떠한가)!" vs. "여하(如何, 어떻게 하면 좋겠는가)?" 당신은 어느 스타일인가? 하여와 여하는 항우와 유방의 리더십 스타일을 한마디로 압축해 보여주는 단어다. 글자 순서 하나로 이들 운명은 승자와 패자로 엇갈렸다.

항우는 늘 "나의 공이 어떠한가?" 하고 과시하느라 부하들의 의견은 듣지 않았다. 반면 유방은 "어떻게 하면 좋겠는가?" 하고 몸을 낮춰 부하의 의견을 구했다. 항우 앞에서 부하들은 숨을 죽인 반면 유방 앞에서 부하들은 있는 의견, 없는 의견을 다 내고자 했다. '하여'의 느낌표 항우가 '여하'의 물음표 유방을 이길 수 없었던 것은 필연이었다. 부하들의 의견과 조언에 귀를 막은 독단성의 당연한 귀결이었다.

직급이 올라갈수록 성과가 떨어지는 리더들이 있다. 그 이유를 분석해보면 대부분 개인 역량은 뛰어난 반면, 리더십 역량은 떨어지기 때문이다. 풍부한 경험과 지식, 뛰어난 능력을 갖춘 자신이 가장 유능한 해결사라고 생각하는 리더들은 팀원들에게 의견을 묻지도, 들으려 하지도 않는다. 독단적 리더십 스타일로 이들은 늘 자기가 최고이며, 자신을 따르는 것만이 정답이고, 또 그것을 동조하는 말만이 여론이라고 믿는다. 그러고는 늘 "무능한 부하 때문에 제 명에 못 살겠다, 부하들이 나만큼만 하면 소원이 없겠어"라는 말이 입에서 떠나지 않는다. 같이 일하는 팀원들은 '잘해봐야 본전'이라며 자신의 아이디어를 말하지 않고 방어하기에 바쁘다.

자신감이 독단에 빠지면 '자만심'이 된다. '나는 일류, 너희는 삼류'라는 자만에 빠져 "내가 곧 법이다"를 노골적으로 강조하면, 그것은 이미 '통솔'이 아니라 '지배'다. 통솔과 지배의 경계는 부하들의 이야기에 귀를 기울이느냐 여부에 의해 갈라진다. 가슴에 손을 얹고 생각해보라. 마음속 한 귀퉁이에서라도 '내가 계몽해야 할 이 어리석은 부하'라고 무시하는 속삭임이 들리지는 않는가. 부하들의 이야기를 안 듣는 상사의 말에는 부하들도 귀를 막는다. 자신감으로 무장된 강한 리더는 부하의 의견에 귀를 기울이고 그들을 존중하고자 한다.

그렇다면 조직이 하나 되는 것을 막아 관리자와 구성원이 물과 기름처럼 겉돌게 만드는 상사는 어떻게 행동할까?

첫째, 세상에 오직 자기만 잘났다고 과시한다. 모 은행의 K팀장은 전국 차석으로 서울대에 입학했을 정도로 자타 공인 수재다. 부하들도 그에게 업무상 배울 점이 많다는 것을 인정한다. 문제는 그가 '천상천하 유아독존' 나르시시스트라는 점이다. 구성원들이 아이디어를 내면 바로 무시하고 시키는 대로 하라고 했다. 어쩌다 할 말 있으면 해보라고 하지만 끝까지 듣는 법은 없었다. 애초에 경청하겠다는 마음이 있었는지조차 의심스러울 정도로 자기 생각과 다른 의견이 나오면 감정적으로 인상을 쓰며 "아, 됐고, 이렇게 하는 거잖아. 안 그래?" 하며 말을 끊어버리기 일쑤였다.

이런 상사 밑에서 부하들은 수동적인 자세로 일했고, 상사 스스로도 자기발전이 없기 때문에 조직은 '윈윈'이 아닌 '루즈루즈lose-lose'의 게임판으로 치달았다. 어떤 의사결정 과정에도 참여하지 않기에 '내가 하고 있는 일이 대체 어떻게 돌아가는지 모르겠다'고 느끼는 부하들의 불만은 커져만 갔다. 참지 못하고 바른 소리하는 만만치 않은 직원은 이탈하거나 방출되고, 경력 짧은 직원들만으로 조직을 꾸려야 했다. 경력직원의 노하우가 사라지니 성과가 떨어질 수밖에 없었고, 결국 그 '나 잘난 상사'는 한직으로 밀려났다.

둘째, 전체 그림을 그려주지 않고, 늘 부하를 '도구' 취급한다. '까라면 까'라며 자신의 타입대로 부하들이 해야 직성이 풀린다. 머릿속에 자신만의 생각이 가득하기 때문에 결론만 전달하고 그 배경과 진행상황 등에 대해서는 아무것도 알려주지 않는다. 부하들이 해야 할 말은 오직 "Yes, Sir"다. 황당하지만 엉덩이에 불을 붙인 채 총총히 따라가야만 한다.

이들은 일을 시키면 일사천리로 진행해서 즉시 성과를 보고해야 한다고 생각한다. 조금이라도 지체되는 것 같으면 이것저것 사소한 것까지 직접 짚고 넘어간다. 문제는 그것이 일을 진행하는 데 도움은커녕 오히려 방해가 된다는 점이다. 의견을 수렴한다고 하지만 반대의견을 수용하지 않는 것은 물론이고, 자신의 뜻대로 일이 진행되지 않으면 어떻게 해서든 방향을 바꾸도록 집요하게 강요한다. 직원의 의견이 괜찮더라도 결코 자신의 의견을 포기하는 법이 없다. 나만 옳다는 사고를 가진 그와 대화하는 것은 기분만 상하고 시간낭비다. "네 맘대로 하세요~" 하며 부하들은 자포자기한 듯 마지못해 따라간다.

셋째, 모든 잘못을 부하에게 떠넘긴다. 나쁜 상사의 유형을 취재하면서 의외였던 것은 독단형뿐 아니라 책임회피성 참여형 상사에 대한 부하들의 원성이 하늘을 찔렀다는 점이다. 심지어 '나 잘난 상사'나 '까라면 까 상사'보다 질타 수준이 더 높았다. 어떤 면에서 훨씬 지능적으로 부하들을 곤경에 빠뜨리고 기를 죽인다는 게 직원들의 하소연이었다.

백기복 국민대 교수의 연구결과에 의하면, 한국의 경영자들이 미국의 경영자들보다 오히려 참여적 의사결정을 더 많이 한다고 한다. 문제는 그 이유가 민주적인 의도에서 비롯되지 않았다는 것. 부하들은 상사가 혼자 책임지지 않으려고 자신들을 끌어들인다고 해석한다. 상사가 나서야 할 때에도 그 결정을 부하직원에게 전가하고, 일이 잘못되면 "자네들이 내린 결론"이라며 책임을 미룬다는 것이다. 결국 직원들은 자신이 내린 결론을 통해 성취감을 맛보기는커녕 이용당한다는 피해의식만 커져 의견을 내기도, 결정하기도 무섭다. 조직 전체의 성과가 떨어지는 것은 당연한 수순.

수렴이든 용단이든, 중요한 것은 '옳은 결정'이다. 수평적인 소통방식을 통해 의사결정하되, 리더가 판단해야 할 것은 미루지 않고 하는 융통성과 책임감이 필요하다. 결정에 따르는 책임을 스스로 지겠다는 용기 없이는 아무리 의견을 경청해도 쇼이고, 책임전가일 뿐이다.

등잔 밑을 밝혀라

세계적 컨설팅회사인 왓슨와이어트가 CEO들에게 과거로 돌아갈 수 있다면 무엇을 가장 바꾸고 싶은지 물었다. 가장 많은 응답자가 '직원들과 의사소통하는 방법'이라고 답했다. 그렇다면 어떻게? 그 방법은 바로 현장에 있다. 독단적 리더가 되지 않고 의견을 수렴할 줄 아는 열린 상사가 되기 위해서는 문제의 해법을 현장에서 찾아야 한다.

흔히 "등잔 밑이 어둡다"고 한다. 해답은 등잔 밑을 밝히는 것이다. 조직에서 등잔 밑 밝히기는 바로 현장직원과의 대화로 이루어진다.

사우스웨스트항공의 창립자 허브 켈러허Herb Kelleher가 훌륭한 경영자가 될 수 있었던 이유는 바로 현장경영의 중요성을 알고 실천했기 때문이다. 새벽 3시에 도넛 봉지를 들고 정비소를 찾는 현장 마인드가 있었기에 직원들의 유머 코드도 읽을 수 있었다. 허공에 맴도는 펀 리더십은 세상에 없다. 직원들이 '도대체 우리 사장(팀장)이 내가 뭔 일을 하는지 알고나 있을까?' 하는 의문에 '예스'라고 자신 있게 말할 수 있는 상사가 진정한 리더다. 현지인, 현장 사람들과 친하지 않은 리더들은 진정한 답을 찾기 힘들다.

단, 이때 명심해야 할 것이 있다. 사전통보를 하거나 임금님 행차하듯 유난을 떨며 방문해서는 안 된다. 사전에 알려 철저히 준비하게 한 현장방문은 이벤트일 뿐, 의견수렴을 위한 진정한 노력이 아니다. 민낯을 봐야 진짜 얼굴을 알 수 있지 않은가. 현장경영도 마찬가지다.

김윤환 토즈 대표는 각 지점을 돌 때 절대 사전 예고를 하지 않는다. 암행어사 감찰을 하기 위해서가 아니다. 오히려 '고객과의 접점'에서 늘 긴장해 있는 직원들을 조금이라도 더 편안하게 해주는 것이 경영자로서 자신의 역할이라고 생각하기 때문. "현장을 돌며 눈에 거슬리는 게 있더라도 되도록 부정적 피드백을 하지 않고자 합니다. 꼭 지적할 게 있으면 지점장을 통해서 하지, 직접 하지는 않습니다. 그러니 직원들이 사장이 온다고 해서 무서워하지도, 꾸미지도 않아 사실 그대로의 현장 분위기를 파악할 수 있더군요."

현장에서 환영받는 상사가 되기 위해서는 아무리 원칙이 옳더라도 그 사이에 마블링처럼 곳곳에 껴 있는 장애물과 문제점도 아울러 읽을 수 있는 안목을 갖춰야 한다. 그러기 위해서는 간담회 등 많은 소통의 장을 통해 일선 관계자들의 의견을 수렴해야 한다. 물론 이는 바람직한 시도이기는 하지만, 현실에서 장벽이 없는 것은 아니다. 가장 긴장하고 불편해하는 게 중간관리자들이다. 이때 경영자들의 처신이 특히 중요하다. 일선 말단부하들에게 들은 불평을 있는 그대로 중간관리자에게 전해 '후폭풍'이 일게 해서는 안 된다.

J사장은 일선 부하들에게 현장의 문제점이나 고충이 있으면 언제든지 편하게 메일을 보내라고 했다. 하지만 아무도 보내오지 않는 게 이상해서 알아보니 중간임원 단계에서 사장에게 온 메일을 체크하더라는 것이다. 그 후 J사장은 현장 말단직원에게 받은 이메일은 받자마자 다운받고 즉시 지운다. 정보원을 보호해주기 위해서다. 현장의 불만, 아이디어를 듣자마자 곧이곧대로 시정을 명하거나, 언급된 인물에게 호통을 쳐 정보원을 노출시키지 말라. 그다음부터 현장의 소리는 차단되기 시작할 것이다.

정확한 판단과 현실파악을 하려면, 필요한 현실정보를 얻는 것이 필수다. 진정성 있는 상사는 결코 탑의 꼭대기에 위치하지 않는다. 원의 중심에 서서 현장과 사방팔방 교류한다.

그런데 때로는 독단적이지 않은 사람이 상사로서 독단적이란 평가를 듣기도 한다. 이들의 공통점은 바로 바쁘다는 점이다. 스케줄이 많아 늘 부산하다.

Y사장은 인적자원 관리로 박사학위까지 받은 분이다. 그런데도 구성원들에게 비민주적 리더로 원성이 자자했다. 알고 보니 외부행사가 지나치게 많아서, 여유가 없으니 회의에서 자기 말만 하기에 바빴던 것이다. 몸이 바쁘면 마음까지 바빠지게 마련이다. 스케줄을 비워두

라. 직원들의 의견을 듣는 것을 최우선 업무로 두면 무엇을 서둘러 빨리 끝내고 뒤로 미뤄둘지가 분명해질 것이다.

이 외에 아이디어를 내느라 골몰하는 '골방 아이디어파' 역시 독단적 상사로 평가받기 쉽다. 이들이 저지르는 오류는 혼자 열심히 아이디어를 내다 보니, 남들도 자기만큼 알고 있다고 생각해 앞뒤 맥락 설명을 뚝 자르기 쉽다는 것이다. 듣는 구성원들은 어느 맥락에서 이해해야 할지 곤혹스럽다.

리더에게 긴요한 것은 창의성이 아니라 분명한 커뮤니케이션이다. 상사라면 아이디어에만 골몰하지 말고 직원들에게 영감을 어떻게 줄지 고민하라. 아이디어는 나중에 그들과 함께 완성해도 늦지 않다. 그것을 왜 해야 하는지, 무엇에 쓰는지 충분히 설명하는 것이 먼저다.

질문은 리더십의 핵심이다

많은 상사들이 의견을 수렴해야 한다고 생각하면서도 부하를 만날 때 '무엇을 말할까'를 고민한다. 하지만 이보다 더 고민해야 할 것은 '무엇을 물어볼까'다. 많은 상사들이 부하들에게 몰라서 질문하면 나약해 보이지 않을까 고민하지만, 사실은 사려 깊은 리더가 질문도 할 수 있다. 예리한 질문에서 현명한 답을 얻을 수 있기 때문이다. 질문이야말로 리더십의 핵심이다. 잭 웰치 전 회장도 "리더는 조직 내에서 가장 질문을 많이 하는 사람이 되어야 한다"고 지적한 바 있다. 많은 경우, 고성과를 낸 강한 리더들이 높은 평가를 받는 이유는 그가 탁견의 소유자여서가 아니다. 부하로 하여금 집단의 결정이 리더 혼자의 독단적 결정이 아닌 우리 모두의 결정, 자신의 의견이 반영됐다고 여기게끔 만드는 데 탁월한 능력을 가져서다.

이같이 '질문을 많이 하라', '다양한 의견을 수렴하라'는 이야기가 나오면, 관리자들의 불평 섞인 반응은 대체로 두 가지다. 부하들이 먹통이라서 의견을 내지 않거나, 반대로 온갖 말도 안 되는 잡동사니 의견을 아이디어랍시고 쏟아내서 건질 것이 없다는 하소연이다.

먼저 잡동사니 아이디어가 난무한다는 불평부터 살펴보자. 이 경우 더더욱 '질문 리더십'이 필요하다. 잡동사니 아이디어라도 쏟아진다는 것은 직원들의 의욕이 넘친다는 뜻이다. 뭔가 생산적인 일을 한다는 데 고무돼 의견이 쏟아진다면, 상사인 당신이 요점을 물어 적절히 조절해주면 된다. 즉 직원의 아이디어에 빠져 있는 필수사항이나 구제적인 계획 등에 대해 걸러주거나 심층 질문을 던짐으로써 자연스럽게 방향을 조율해주는 것이다. 질문을 통해 직원들 스스로가 자신의 업무방식이나 성과에 대해 돌아볼 수 있다는 점에서도 이 방법은 전횡적 진행이나 일방적 호통보다 훨씬 더 효과가 크다.

질문을 통해 리더십을 발휘한 동양의 대표적 리더는 공자다. 공자는 그야말로 질문 리더의 최고봉이었다. '공자왈 맹자왈'이 따분한 설교라는 의미로 쓰이나, 사실 《논어》를 읽어보면 공자가 제자들에게 '나 홀로' 장광설을 늘어놓는 경우는 없다. 늘 문답식이고, 그 또한 결론을 내리기보다 질문을 통해 제자 스스로 생각하게끔 한 경우가 많다.

일례로 공자는 제사를 지내면서 전임자에게 일일이 이것저것 물었다. 이를 지켜보던 사람이 "예禮의 대가라더니 저렇게 기본적인 것까지 몰라 물어보면서 무슨 예절을 안다고 하느냐"고 비아냥거렸다. 그에 대한 공자의 대답이 걸작이다. "이렇게 하나하나 묻는 것 자체가 예절이오." 이는 조직에서도 통하는 논리다. 업무와 관련해 실무자에게 묻는 것을 회피하지 말라.

공자가 질문형 리더의 면모를 보여주는 장면을 하나 더 보자. 여느 때와 다름없이 공자가 제자들에게 둘러싸여 담소를 나눌 때 갑자기 긴급 전갈이 당도했다. 제나라가 공자의 조국인 노나라를 공격하려고 군대를 일으켰다는 소식이었다. 이때 공자는 자신이 나서서 해결책을 단칼에 제시하지 않고, 제자들에게 의견을 구했다. "제나라가 노나라를 공격할 것이라는 예상은 했지만, 이렇게 빨리 올 줄은 몰랐구나. 우리 노나라가 초나라에 의지하면 진晉이 가만두지 않으려 하고, 진에 의지하면 초나라가 공격하려고 덤벼들고, 제나라를 조심하지 않으면 언제 그들에게 공격을 당할지 모르는 형편에 처해 있다. 노나라는 이처럼 강대한 세 나라의 틈바구니에 끼어 있는데, 어떻게 해야 이 어려운 상황을 빠져나갈 수가 있겠느냐?"

이 질문에서 눈여겨 볼 점은 바로 배경설명 부분이다. 전쟁 발발 소식이 도달했다며 다짜고짜 "전쟁이 터졌는데 어쩌면 좋겠는가?" 하고 물었다면, 제자들 역시 대답하기 곤란했을 것이다. 상사가 부하들에게 이처럼 막연하게 질문하면 질문의 진정성은커녕 성의까지 의심받게 된다. '그냥 한번 떠보는 건가?'라는 생각이 들지, 진정으로 답을 요구하는 것처럼 느껴지지 않기 때문이다.

하지만 이 질문을 보면 다급한 상황이었음에도, '전체적 상황 설명(노나라의 피침)과 예상되는 문제점(초-진-제나라에 의지할 때 예측되는 불안한 미래), 해결책 질문(세 나라의 틈새에서 빠져나갈 방안)'의 3단계를 밟고 있다. 리더들이 위기에서 직원들에게 그 사실을 알리고 조언을 구할 때도 마찬가지다. '전체적 상황 설명 → 예측되는 위기상황 각각에 대한 설명 → 구체적인 해결책'의 순으로 질문을 하면 한층 영양가 있는 답변을 얻을 수 있다.

당신이 원하는 것이 객관적 판단인지, 또 다른 대안인지 확실히 하는 것도 방법이다. 만일 공자가 좀 더 구체적인 의사결정이 필요하다면, 여기다 이런 질문을 덧붙일 수 있었을 것이다.

"제자들이여, 내가 이야기한 3가지 안案 중에서 가장 좋다고 생각하는 대로 순위를 매겨주기 바라네. 그것이 가장 좋은 계책이라고 생각한 이유도 함께 이야기해주면 더욱 좋겠군."

명심하라. 대답의 순도와 밀도는 질문의 그것에 비례한다. 부하의 대답이 마음에 들지 않는다면, 결코 부하의 자질 때문만은 아니다.

의견수렴에서 다음으로 문제되는 것은 직원들이 말을 하지 않는다는 불만이다.

많은 리더들이 "나라고 아이디어를 듣고 싶지, 혼자 계속 떠드는 연설이나 하고 싶겠는가?" 하고 울화통을 터뜨린다. 아무리 의견을 말해보라고 해도, 의견은 고사하고 '좋다, 싫다'조차 제대로 표현하지 않아 답답하다는 것이다. 결국은 침묵이 흐르는 '마魔의 10분'을 견디지 못하고 자신 혼자 떠들다 보면, 회의는 끝나게 되더란다.

아이디어 회의든, 의사결정 회의든 직원들이 의견을 발표하지 않는 것은 그간의 학습효과 때문이다. 이야기해봐야 소용없다는 무기력, 또는 상사의 의중과 엇나가는 얘기를 눈치 없이 했다가 질책이라도 받을까 싶은 두려움이 어우러진 학습효과가 구성원들의 입에 지퍼를 채운다.

이런 문제로 고민하는 리더에게는 '커뮤니케이션 에이전트'를 활용할 것을 추천한다. 직급, 연령 모두 당신과 직원들의 중간 교량 역할을 할 수 있는 정도면 커뮤니케이션 에이전트로 적당하다. 중요한 것은 이들이 당신의 신임뿐 아니라 부하들의 신망도 함께 받는 직원이어야 한다는 것. 조직 분위기상 적합한 직원이 없다면, 순번을 정해 돌아가며 하는 것도 방법이다.

큰 문제가 없다면 주제와 토의시간만 정해주고 아이디어, 토론, 회의 등에서 자리를 비워줘라. 토론사항은 커뮤니케이션 에이전트가 요약한 회의록을 통해 전달받으면 된다. 물론 발설자는 일절 밝히지 않도록 한다. 비밀이 보장된다는 점, 회의에서 신경 쓰이는 상사가 자리에 없다는 점만으로도 토론은 살아 숨 쉬게 돼 있다. 회의록에 당신의 의견을 사후 보완해 공유하거나 토의하면, 한결 건설적이고 생산적으로 의견수렴이 진행될 수 있다.

직원들의 참여가 중요 요소로 작용하는 의사결정의 경우, 커뮤니케이션 에이전트를 통한 사전 '애드벌룬 작전'도 가능하다. 전 사원들의 참여와 동의가 필요한 정책을 발표하기 전에 여론의 동향을 미리 알아보는 것이다. 직원들의 분위기도 제대로 읽지도 못한 채 대뜸 발표부터 하면, 부하들은 선전포고처럼 받아들이기 쉽다. 다만 대놓고 앞에서 반대하기 어려워서 만족스럽지 않아도 가만 있는 것뿐이다. 그러다 보니 여기저기 구시렁거리는 소리를 보도하려고 '복도 통신'만 바빠진다.

여론을 미리 알아보고 직원들 스스로 결정하게 하라. 사람들은 자신에게 선택권이 있다고 생각할 때 한층 자발적으로 움직이고 정책의 타당성에 동의를 표한다.

조직에서 부하들의 침묵은 결코 금이 아니다. 부하들을 침묵하게 하지 말라. 그들의 침묵은 리더의 책임이다. 질문을 하든, 커뮤니케이션 에이전트를 활용하든 구성원들의 입을 열게 하라. 그들이 의견과 아이디어를 거리낌 없이 낼 수 있도록 기를 불어넣어줘라. 당신이 '물음표'로 질문하면 부하들이 '느낌표'로 화답할 것이다. 상사인 당신이 먼저 과시와 독단의 느낌표 깃발을 흔들지는 말라.

에필로그

강철의 규율로 리더십의 뼈대를 만들어가라

《우리는 강한 리더를 원한다》. 이 책의 제목이다. 얼핏 최근의 리더십 대세와 거꾸로 가는 컨셉이라 생각할 수 있다. 제목에서부터 센 기운이 강하게 느껴지지 않는가? 더욱이 나의 전작 《하이터치 리더》와는 일견 상반되는 내용처럼 보인다. '하이터치'와 '강함'의 간극만큼이나 세월이 각박해진 것일까? 왜 지금에 와서 새삼 강한 리더를 말하는가?

지금까지 이 책을 충실히 읽으신 독자라면 이 질문에 대한 답은 스스로 찾으셨으리라 생각한다. 강함이란 감성과 배치되는 독단성이 아니라, 포용력과 추진력을 겸비해 고성과를 창출하는 힘을 뜻한다.

포용력과 추진력이 동시에 요구되는 이유는, 우리의 현실이 이상적 리더와 이상적 팔로워가 만드는 유토피아가 아니기 때문이다. 반짝인다고 해서 모두 황금이 아니듯, 리더십 이론 역시 그렇다. 꿈꾸는 이상적 조직과 현재 벌어지고 있는 조직현실의 간극은 크다. 소프트 리더십의 대가로 소개되고 있는 경영자들도 직접 만나보면 그 이면엔 강한 규율과 저돌적 추진력이 평형을 이뤘다는 비하인드 스토리가 존재한다. 이 점을 몰랐던 시절, 나는 조직생활을 하며 이상적인 리더십 이론을 적용시키려 무던히 고민하고 좌절했다.

"좋은 리더십 이론이라고 해서 따라 해보았는데 왜 나는 안 되고, 우리 조직엔 안 먹히는가? 잘되기는커녕 왜 예전보다 더 못해지는가? 왜 그들의 이야기는 변화를 가져왔다는데 내 이야기는 허공의 메아리로 끝났는가? 무엇이 문제인가?"

그때의 나처럼 좌절을 겪고 있는 이들을 위해 이 책을 썼다. 조직의 성과는 강철의 규율과 온정의 포용 리더십이 함께할 때 발생한다. 인체도 그렇지 않은가. 뼈를 보호하기 위해 살이 있어야 하지만, 살만으로 인체는 지지될 수 없다. 다만 살이라는 부드러움 속에 가려 뼈가 보이지 않을 뿐이다. 리더십도 마찬가지다. 소프트 요소도 물론 중요하지만, 그 밑에 가려져 있는 엄정한 요소도 자세히 살펴야 한다.

이 책을 통해 조직의 성과를 만드는 리더십의 뼈대를 만들어가기를 바란다. 골격이 바르게 섰을 때, 리더와 팔로워라는 입장 차이가 조화되고, 수치 지향의 성과와 가치 중시의 인간미가 평형을 이루는 운영의 묘妙를 찾을 수 있을 것이다. 이 책을 준비하며 나 스스로도 많이 반성하고, 배웠고, 변화됐다. 독자들 또한 나의 경험을 공유할 수 있다면 더 바랄 나위 없겠다. 마지막으로 이 책의 편집을 위해 애써준 멋진 스파링 파트너 쌤앤파커스에 감사드린다. 또 집필 내내 따뜻하게 격려해준 나의 남편, 두 딸 홍진과 예진에게도 뿌듯한 감사의 말을 전하고 싶다.

김성회

《논어》, 김학주 역, 서울대학교출판문화원.

《사마천 사기》, 이성규 편역, 서울대학교출판부.

《삼국지》, 나관중 지음, 이문열 옮김, 민음사.

《정관정요》, 오긍 지음, 김원중 옮김, 글항아리.

《초한지》, 이문열 평역, 민음사.

《한비자》, 한비 지음, 김원중 옮김, 글항아리.

《FIRST, BREAK ALL THE RULES》, 마커스 버킹엄·커트 코프만 지음, 한근태 옮김, 시대의창.

《SQ 사회지능》, 대니얼 골먼 지음, 장석훈 옮김, 웅진지식하우스.

《공피고아》, 장동인·이남훈 지음, 쌤앤파커스.

《권력의 경영》, 제프리 페퍼 지음, 배현 옮김, 지식노마드.

《기업이 원하는 변화의 기술》, 존 코터·댄 코헨 지음, 김기웅·김성수 옮김, 김영사.

《동기부여를 위한 효과적인 의사소통 기술》, 로버트 우볼딩 지음, 신난자 옮김, 사람과사람.

《동기부여의 기술》, 나이젤 니콜슨 외 지음, 박세연 옮김, 21세기북스.

《동기부여의 힘》, 존 발도니 지음, 이진원 옮김, 더난출판.

《또라이 제로 조직》, 로버트 서튼 지음, 서영준 옮김, 이실MBA.

《리더십 코드》, 데이브 얼리치 · 놈 스몰우드 · 케이트 스윗먼 지음, 김영기 옮김, 나남.

《리더십의 딜레마》, 워렌 베니스 외 지음, 김정혜 옮김, 21세기북스.

《모략의 즐거움》, 마수취안 지음, 이영란 옮김, 김영사.

《서번트 리더십》, 제임스 헌터 지음, 김광수 옮김, 시대의창.

《설득의 심리학 2》, 로버트 치알디니 외 지음, 윤미나 옮김, 21세기북스.

《성공한 사람들의 정치력 101》, 캐서린 리어든 지음, 조영희 옮김, 에코의서재.

《성과를 향한 도전》, 피터 드러커 지음, 위정현 옮김, 간디서원.

《성과향상을 위한 코칭 리더십》, 존 휘트모어 지음, 김영순 옮김, 김영사.

《신뢰의 속도》, 스티븐 코비 지음, 김경섭 · 정병창 옮김, 김영사.

《열정 컴퍼니》, 존 카첸바흐 지음, 이상욱 옮김, 세종서적.

《위대한 나의 발견 강점혁명》, 마커스 버킹엄·도널드 클리프턴 지음, 박정숙 옮김, 청림출판.

《이기고 시작하라》, 안세영 지음, 쌤앤파커스.

《이나모리 가즈오에게 경영을 묻다》, 이나모리 가즈오 지음, 정택상 옮김, 비즈니스북스.

《인적자원관리》, 제프리 페퍼 외 지음, 현대경제연구원 옮김, 21세기북스.

《일을 했으면 성과를 내라》, 류랑도 지음, 쌤앤파커스.

《제왕》, 우한 엮음, 김숙향 옮김, 살림출판사.

《조직 커뮤니케이션 이해》, 황상재 지음, 법문사.

《조직행동연구》, 백기복 지음, 창민사.

답을 내는 조직: 답이 없는 것이 아니라 생각이 없는 것이다

김성호 지음 | 15,000원

《일본전산 이야기》의 저자가 4년 만에 내놓은 후속작. 지금 우리에게 필요한 것은 돈도, 기술도, 자원도 아닌, 기필코 답을 찾겠다는 구성원들의 살아 있는 정신이다. 이 책은 어떻게 하면 답을 찾는 인재가 될 수 있는지 크고 작은 기업들의 사례를 통해 속 시원히 밝힌다. (추천: 잠들었던 의식을 일깨우고 치열함을 되살리고 싶은 모든 이들)

일본전산 이야기

김성호 지음 | 13,000원

장기 불황 속 10배 성장, 손대는 분야마다 세계 1위에 오른 '일본전산'의 성공비결. 기본기부터 생각, 실행패턴까지 모조리 바꾼 위기극복 노하우와 교토식 경영, 배와 절반의 법칙 등 '일본전산'의 생생한 현장 스토리가 우리들 가슴에 다시금 불을 지핀다. (추천 : 감동적인 일화로 '사람 경영'과 '일 경영'을 배운다.)

현대카드 이야기: 비즈니스를 발명하는 회사

이지훈 지음 | 16,000원

연회비 200만 원짜리 VVIP 카드, 슈퍼 콘서트, 슈퍼매치, 슈퍼토크… 하는 일마다 세상의 이목을 집중시키며 "카드 회사 맞아?"라는 감탄과 궁금증을 자아내는 독특한 회사, 현대카드. 현대카드의 성공을 가능케 한 그들만의 독특한 기업문화와 일하는 방식을 밝힌다! (추천: 일과 경영에서 '퍼스트 무버'를 꿈꾸는 이들에게 건네는 살아 있는 교과서)

제대로 시켜라

류랑도 지음 | 15,000원

명쾌한 분석과 현실적인 지침! 대한민국 최고의 성과창출 전문가인 류랑도 대표가 말하는 성과코칭의 모든 것! 목표를 주지시키고, 일을 배분하고, 스스로 일하게 하는 방안이 7단계 로드맵으로 생생하게 펼쳐진다. (추천 : CEO, 임원, 본부장, 팀장, 지점장, 파트장, 사수… 누군가에게 일을 시키는 모든 리더들을 위한 책)

일을 했으면 성과를 내라

류랑도 지음 | 14,000원

성과의 핵심은 오로지 자신의 역량뿐! 이 책은 누구도 세세히 일러주지 않은 일의 전략과 방법론을 알려줌으로써, 어디서든 '일 잘하는 사람, 성과를 기대해도 좋은 사람'이란 평가를 받게끔 이끌어준다. (추천: 일에 익숙하지 않은 사회초년생과 그들을 코칭하는 리더, 그리고 현재의 역량을 배가하고자 하는 모든 직장인들을 위한 책)

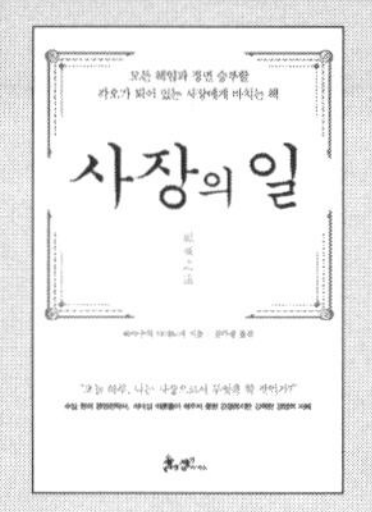

사장의 일

하마구치 다카노리 지음 | 김하경 옮김 | 15,000원

사장이 흔들리면 회사가 흔들린다! 사장은 직원의 생계와 미래를 모두 책임져야 하는 막중한 자리다. 이 책은 사장이라면 마땅히 품어야 할 사명과 더불어, 책임을 현명하게 감당하게 해줄 지혜의 말을 담고 있다. 현역 사장에게는 조직의 앞날을 내다볼 통찰이, 사장이나 리더를 꿈꾸는 이들에게는 사장으로 거듭날 계기가 되어줄 것이다.

혼·창·통: 당신은 이 셋을 가졌는가?

이지훈 지음 | 14,000원

세계 최고의 경영대가, CEO들이 말하는 성공의 3가지 道, '혼(魂), 창(創), 통(通)'! 조선일보 위클리비즈 편집장이자 경제학 박사인 저자가 3년간의 심층 취재를 토대로, 대가들의 황금 같은 메시지, 살아 펄떡이는 사례를 본인의 식견과 통찰력으로 풀어냈다. (추천 : 삶과 조직 경영에 있어 근원적인 해법을 찾는 모든 사람)

모든 비즈니스는 브랜딩이다

홍성태 지음 | 18,000원

브랜딩은 더 이상 마케팅의 전유물이 아니다! 이 책은 살아남은 브랜드와 잊혀져가는 브랜드의 사례를 토대로, 브랜드 컨셉을 어떻게 기업의 문화로, 가치로 녹여낼 수 있는지를 쉽고 친근하게 설명한다. 브랜딩이 단순한 마케팅 기법이 아니라 경영의 핵심임을 일깨워주는 책. (추천 : 마케팅 담당자뿐 아니라 모든 부서의 직원들을 위한 책)

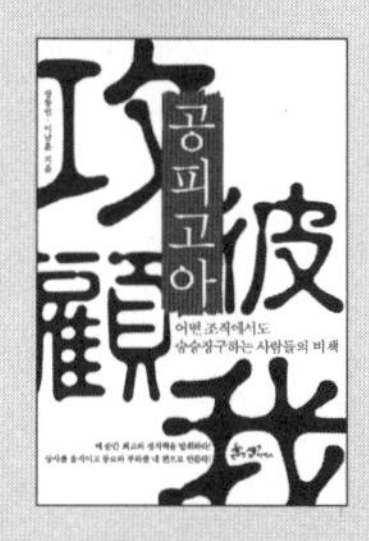

공피고아 : 어떤 조직에서도 승승장구하는 사람들의 비책

장동인 · 이남훈 지음 | 14,000원

회사에서는 일만 잘하면 된다고 생각하는 순간, 당신의 조직생활에 위기가 시작된다. 일을 제대로 하고 싶다면, 당신과 그 일을 함께할 '사람'을 먼저 배워라. 조직과 사람이 움직이는 원리를 관통하는 10가지 키워드와 명쾌한 대응전략! (추천 : 가장 현실적인 '직장생활의 정공법'을 익히고 싶은 이들을 위한 책)

이기는 습관

1편 동사형 조직으로 거듭나라 | 전옥표 지음 | 12,000원

2편 평균의 함정을 뛰어넘어라 | 김진동 지음 | 12,000원

'총알 같은 실행력과 귀신 같은 전략'으로 뭉친 1등 조직의 비결과 실천적인 지침을 담았다. 1편에서 고객 중심의 실행력과 조직력을 설명했다면, 2편에서는 원칙과 기본기에 충실히 임하여 이기는 기업으로 우뚝 설 수 있는 방법을 제시한다.